HÉROÏNE DIGITALE

Les secrets de l'addiction aux écrans

BOUSSAD ADDAD

Boussad Addad

Dédicace

On est au matin du 1er janvier 2021. Je n'ai pas eu le temps de prendre de nouvelles résolutions que suis déjà rattrapé par une promesse. Au lendemain d'une nuit d'un réveillon bien animé passé en grande famille, bien loin des consignes d'un monde qui n'est pas le mien, mon fils de 5 ans court vers moi et me réveille : « Papa, papa, tu nous écris le poème que tu nous as promis ? » Connaissant son pouvoir d'insistance, je me lève illico : « Mon loulou, tu aurais pu quand même attendre un peu, on est fatigué là ! Mais bien sûr que je vais te l'écrire. » Et je m'exécute :

** Liberté **

Sur mes cahiers d'écolier

Sur mon pupitre et les arbres

…

Pierre sang papier ou cendre

J'écris ton nom

Deux jours plus tard, lui et son frère jumeau me récitèrent par cœur ces parties du poème de Paul Eluard, un résistant de la première heure[1], qui a marqué mon enfance. C'est un poème que j'ai appris quand j'avais le double de leur âge, à mes 11 ans, soit après deux années d'apprentissage de la langue française que je découvre dans mon école primaire perchée sur les montagnes de Kabylie.

Le poème appris par mes petits, je me dis que l'année 2021 commence bien. Je peux désormais dormir l'esprit tranquille et pour longtemps…

C'est à eux que je dédie ce livre, à mes trésors Rayane et Rémy. Pour qu'ils grandissent en hommes libres.

---

[1] Pendant la période de l'occupation allemande, Paul Eluard a fait partie de la résistance. Il a participé à la littérature clandestine au sein du Comité national des Écrivains. Son poème *Liberté* écrit en 1942 a été parachuté à des milliers d'exemplaires sous forme de tracts par des avions anglais au-dessus de la France occupée.

INTRODUCTION

« À moins que nous ne voulions être des canaris dans la mine de charbon de chaque nouvelle dépendance, les gens dont le triste sort devient une leçon pour les générations futures, nous devrons trouver par nous-mêmes ce qu'il faut éviter et comment »,

– Paul Graham

Tout a commencé par une remise en question…

Tout a commencé lors du confinement lorsque le monde a basculé dans l'inconnu. Oui, l'inconnu, car contrairement au Moyen Âge où cette mesure appliquée lors de la peste bubonique de l'année 542 a réduit les liens sociaux à leur minimum, il en est autrement aujourd'hui avec Internet. Ce réseau, qu'on appelle aussi Web ou Toile, maintient ces liens et en favorise même l'extension par la force des algorithmes. L'utilisation des réseaux sociaux et autres plateformes a donc explosé et les géants d'Internet ne se sont jamais aussi bien portés que durant la crise… alors que les autres entreprises souffrent. La toile est virtuelle certes, mais ses effets passent la barrière des écrans et se retrouvent dans la vie de tous les jours. Le comportement de nombreuses personnes est bouleversé, le mien y compris.

Étant éloigné de la télévision depuis des années, je me suis tourné comme beaucoup de monde vers la toile, notamment les réseaux sociaux, Facebook et LinkedIn, pour m'informer de la crise que nous traversons. Au fur et à mesure que le temps passe, je me suis rendu compte que je passais de plus en plus de temps à faire défiler le newsfeed (fil d'actualité), sans trop savoir ce que je recherchais vraiment. Je ne publiais que rarement, une fois par semaine au plus fort du confinement, et beaucoup moins plus tard, une fois par mois tout au plus. Cela se limitait au seul réseau professionnel LinkedIn, qui disons-le est devenu un défouloir sur n'importe quel sujet, mais cela me posait problème au fond. J'ai remarqué que certaines personnes postaient quotidiennement tellement dc publications, qui inondaient mon fil d'actualité à chaque fois que je me connectais, que je me demandais si elles ne faisaient rien d'autre à côté dans la vie. Évidemment que non, ce sont toutes des personnes bien instruites et qui affichent des situations professionnelles plutôt stables. Mais il fallait bien du temps pour rédiger toutes ces publications et surtout les « maintenir » en répondant aux commentaires et autres critiques. C'est naturellement chronophage.

Après quelques petites recherches, j'ai compris que quelque chose ne tournait pas rond. D'après certaines enquêtes, 90 % des 18-29 ans dorment avec leur smartphone, 80 % de tous les utilisateurs le consultent dans les 15 minutes suivant leur réveil, et 50 % le brandissent durant la nuit sans réelle raison[2]. Plus inquiétant encore, un utilisateur sur trois préférerait sacrifier les relations sexuelles que de perdre le téléphone, et un sur deux est prêt à sacrifier les vacances ou le salaire d'une journée de travail chaque semaine, plutôt que de le délester de son joujou ![3] Cette peur de se retrouver sans téléphone porte désormais un nom : nomophobie. Des chercheurs ont même proposé en 2014 déjà[4] de l'inclure officiellement dans la 5e version du manuel des troubles mentaux DMS-V[5]. Ils la définissent comme « un trouble de la société numérique et virtuelle contemporaine qui fait référence à l'inconfort, l'anxiété, la nervosité ou l'angoisse causés par le fait de ne pas avoir à sa portée un téléphone portable ou un ordinateur. De manière générale, c'est la peur pathologique de rester déconnecté de la technologie ».

---

[2] Laurie Fullerton, "Four out of five smartphone users check their phones within 15-minutes of waking up, reports suggests", www.thedrum.com, 18 January 2017.

[3] Rich Miller, "Give Up Sex or Your Mobile Phone? Third of Americans Forgo Sex", www.bloomberg.com, 15 janvier 2015.

[4] Nicola Luigi Bragazzi, Giovanni Del Puente, "A proposal for including nomophobia in the new DSM-V", Psychol Res Behav Manag. 2014; 7: 155–160.

[5] Le manuel diagnostique et statistique des troubles mentaux (DSM), créé par l'Association américaine de psychiatrie (AAP), définit le trouble mental comme « un syndrome psychologique associé à une souffrance présente ou à une incapacité ou à un risque accru de souffrance, mort, peine, incapacité ou une perte importante de liberté.

Les chiffres sont effarants. En 2019, on consultait son smartphone en moyenne 96 fois par jour, soit toutes les dix minutes ! C'est une augmentation de 20 % par rapport aux résultats d'une étude réalisée deux ans plus tôt[6]. Et visiblement tous ces chiffres sont sous-estimés. D'après un ancien cadre de chez Nokia citant un rapport interne lors d'une conférence, c'est plutôt 150 consultations par jour depuis 2010 déjà ![7] C'est dire si dans la vie quotidienne la concentration sur une tâche nécessitant un peu de réflexion et de temps est à coup sûr compromise. On y reviendra. Tous ces chiffres concernent les Américains, mais ce n'est pas très différent pour les Européens[8]. Les mêmes causes créent les mêmes effets. Les phénomènes liés à la technologie arrivent généralement sur le Vieux Continent, avec un léger retard certes, mais arrivent quand même. On n'y échappe pas.

Mon comportement personnel sur la toile me posait problème depuis des années déjà à cause du nombre de fois par jour que je consultais ma boite email personnelle[9]. Ce nombre devait sans doute se situer autour de dix à vingt. Et je ne comprenais pas pourquoi. Une seule fois devrait suffire, non ? Si la première ouverture du matin était souvent riche en contenu, de mails provenant parfois de mes contacts et souvent des newsletters auxquelles je suis abonné, le reste de la journée se révèle souvent une pêche non fructueuse. Pêche de quoi d'ailleurs ? Je ne savais pas, mais cela ne me gênait pas tant que ça, car ça ne me prenait après tout que quelques secondes à chaque visite. Du moins ce que je pensais. Mais le confinement est passé par là et le plongeon que j'ai effectué dans les réseaux sociaux a été une vraie révélation. À vrai, dire, une forte claque dans la figure.

---

[6] https://www.asurion.com/about/press-releases/americans-check-their-phones-96-times-a-day

[7] https://techcraver.com/2012/02/average-person-glances-at-their-phone-150-times-per-day/

[8] Adrienne Matei, "Shock! Horror! Do you know how much time you spend on your phone?", www.theguardian.com, 21 Aug 2019.

[9] Paradoxalement, je n'ai pas ce souci avec la boite email professionnelle que je consulte que rarement durant la journée (cinq fois tout au plus). Mon ordinateur d'accès aux emails est différent de celui sur lequel je travaille la majeure partie de mon temps.

Le comportement que j'ai vu sur LinkedIn, chez les autres et dans une moindre mesure chez moi (déni de réalité ?), me semblait tout à fait comparable à une addiction. Pour moi, c'était problématique. Je n'ai jamais accepté de gouter à la cigarette et je réponds toujours la même chose chaque fois que je suis questionné sur le sujet (vraiment désolé aux fumeurs qui lisent ce livre) : « Je ne veux pas être esclave d'une feuille morte [Tabac], broyée puis enrobée d'une autre feuille tout aussi morte. Je ne veux pas être esclave d'un objet. » Je réponds ainsi sans aucune intention de nuire, mais juste pour montrer clairement et franchement ma vision de la chose.

En écrivant ce livre, j'ai découvert l'origine du mot « addiction », que je ne connaissais pas avant. Il vient du mot *addictus* qui, en bas latin, signifie « adonné à ». Ce terme était utilisé en droit romain pour désigner la situation du débiteur qui, incapable de payer ses dettes, se trouvait « adonné » à son créancier. Ce dernier avait alors le droit de disposer entièrement de sa personne comme d'un esclave. Être addicté signifiait donc bien être esclave. Mon intuition sur le tabac n'était pas si farfelue.

De la même manière donc, l'écran d'un téléphone portable ou d'un PC ne m'est pas moins objet que la feuille de tabac et je ne veux pas en devenir esclave, ou plutôt le rester. Je le suis devenu sans même m'en rendre compte. En faisant mes recherches, j'ai d'ailleurs découvert que je ne suis pas le seul à faire l'analogie entre la toile et l'industrie du tabac[10], domaine que nous retrouverons un peu plus longuement dans le premier chapitre du livre. Ian Bogost, éminent professeur et chercheur en design mobile de l'Institut de Technologie de Géorgie, parle des nouvelles technologies transformant nos habitudes comme étant « la cigarette du siècle ». Il compare la banalisation de nos habitudes actuelles autour des écrans comme celle de l'accoutumance au tabac dans les années 1960. Il ironise : « Maintenant, nous vérifions tous nos emails (ou Twitter, ou Facebook, ou Instagram, ou…) de manière compulsive à la table du dîner, ou au feu de signalisation. Maintenant, nous rangeons tous nos appareils sur la table de chevet avant de nous coucher et les vérifions dès le matin. Nous le faisons tous. Ce n'est pas

---

[10] Elizabeth MacBride, "Is Social Media The Tobacco Industry Of The 21st Century?", www.forbes.com, Dec 31, 2017.

anormal et ce n'est pas seulement pour les affaires. C'est juste ce que font les gens. Comme fumer en 1965, c'est juste la vie. » [11]

Comme nous verrons, la réalité est que l'addiction à la toile est peut-être encore pire que celle du tabac, l'alcool, les jeux de hasard, ou même la drogue. Avec les écrans, le bureau de tabac, la cave à vin, le casino, et le dealer du coin sont dans la chambre à coucher, sur le lieu de travail, ou même dans les toilettes. Ils hantent nos vies en permanence et nous rappellent à l'ordre à chaque moment d'attention que nous prenons pour nous-mêmes. Chronomètre à la main, le répit ne doit pas dépasser quelques dizaines de secondes comme nous verrons. Nous sommes véritablement devenus des esclaves. Paul Graham, investisseur et célèbre informaticien diplômé de *Harvard*, confesse : « Ce qui me fait le plus mal est que j'ai évité la plupart des dépendances, mais Internet m'a attrapé parce qu'il est devenu addictif pendant que je l'utilisais. La plupart des gens que je connais ont des problèmes de dépendance à Internet. Nous essayons tous de comprendre nos propres habitudes pour nous en débarrasser. C'est pourquoi je n'ai pas d'iPhone, par exemple ; la dernière chose que je souhaite, c'est qu'Internet me suive partout. » Et il avertit sur le devoir de prise de conscience assez rapidement pour éviter le désastre tel que celui causé par le tabac : « À moins que nous ne voulions être des canaris dans la mine de charbon de chaque nouvelle dépendance, les gens dont le triste sort devient une leçon pour les générations futures, nous devrons trouver par nous-mêmes ce qu'il faut éviter et comment. »[12]

C'est exactement le sens de ce livre, trouver la porte de sortie par nous-mêmes et nous libérer.

Mon sentiment aujourd'hui est que personne n'est à l'abri des pièges de la toile, pas même les personnes qu'on définit comme intelligentes. Désolé, mais comment peut-on sérieusement se considérer comme tel si on passe nos journées sur la toile ? La simple question de la gratuité des plateformes devrait à elle seule nous interpeler et pousser à une remise

---

[11] Bogost, Ian, "The Cigarette of This Century", The Atlantic, June 6, 2012.
http://www.theatlantic.com/technology/archive/2012/06/the-cigarette-of-this-century/258092/
[12] http://www.paulgraham.com/addiction.html

en question. Comment peut-on croire à la gratuité des réseaux sociaux, des plateformes dont chaque datacenter consomme en électricité l'équivalent d'une grande ville ? Rien n'est gratuit dans la vie, pas même les tests PCR comme le profèrent les ministres lors de chacune de leurs interventions dans les médias. C'est le contribuable qui paie, présentement ou dans le futur, à travers la dette. C'est ça la réalité. Sur la toile, quand c'est gratuit, c'est l'internaute le produit. Son « temps de cerveau disponible » est le vrai produit pour être plus précis. C'est ce que l'ancien PDG du groupe TF1 Patrick Le Lay a déclaré précisément en 2004 : « Ce que nous vendons à Coca-Cola, c'est du temps de cerveau humain disponible. » Sur les plateformes Internet, c'est la même chose, en pire. Le PDG de Netflix, Reed Hastings, n'a-t-il pas déclaré que « son plus grand rival n'est pas Amazon Video ou YouTube, mais le sommeil » ? Oui, vous avez bien lu, ces plateformes sont des marchands de l'attention, de notre attention. Leurs techniques pour la capter sont aussi vieilles que la ruse de l'homme, mais redoutablement bien rodées depuis l'explosion du marché de la publicité. Des milliards sont actuellement en jeu et nos cerveaux sont plus que jamais une cible. Ils sont si sollicités et conditionnés que la concentration de l'homme sur des tâches utiles en dehors de la toile est réduite à sa plus simple expression.

Mais le mal de la toile dépasse celui de la seule addiction. La manipulation informationnelle qui y règne est tout aussi dévastatrice. L'opacité qui caractérise les algorithmes qui y sont déployés en masse pour nous vendre du junkfood, ou de la pensée, est aveuglante. Elle joue sur nos émotions, paralyse la part rationnelle de notre cerveau, et réveille en nous les seuls instincts primaires pour nous pousser à consommer encore et encore. Je choisis donc pour le reste de ce livre de mettre un T majuscule au mot *Toile,* non en traduction littérale du mot *Web* mais pour désigner ce nouveau monde numérique de manipulation de masse, cette galaxie spirale dominée par la matière noire dont il est difficile de s'extraire si on est pris dans son champ gravitationnel. Cher lecteur, cher internaute, je vous souhaite la bienvenue à bord pour un tour galactique époustouflant ! On passera probablement par des régions qui vous sont déjà familières et sans doute d'autres, remplies de découvertes. Attachez vos ceintures, décollage immédiat…

Avant d'entrer dans le vif du sujet et comprendre la Toile et les nombreux phénomènes qui y règnent à travers la psychologie comportementale, les neurosciences, et les algorithmes, nous allons d'abord faire un petit flashback historique dans le monde de la publicité et la communication. Tout ce beau monde est en réalité bien lié. Je terminerai le livre par la présentation d'une méthode, fruit de toutes mes recherches et réflexions, pour me libérer de la Toile. Elle a été fructueuse pour moi comme nous verrons, alors pourquoi pas vous ? Accrochez-vous, ça va secouer les neurones.

CHAPITRE I : L'histoire aussi mérite un peu d'attention

« Si vous ne payez pas pour quelque chose, vous n'êtes pas le client ; vous êtes le produit vendu »,

– Andrew Lewis

En 2021, les dépenses de communication des grandes entreprises sont supérieures à 1500 milliards de dollars dans le monde entier. En France, les dépenses atteignent 46,2 milliards d'euros chaque année, dont 31 milliards d'euros dans la publicité et le marketing[13]. Si c'était un budget d'un ministère de l'État, il serait deuxième, dépassant celui de l'enseignement Supérieur et de la Recherche ou même de la Défense nationale. Le travail de la publicité est celui de la marchandisation de l'attention. En 2004, Patrick Le Lay, alors président-directeur général du groupe TF1, a fait une déclaration entrée dans l'histoire quant à ce qu'il vendait à ses annonceurs : « Ce que nous vendons à Coca-Cola, c'est du temps de cerveau humain disponible. » [14] Facebook ne fait rien d'autre que cela, la captation de l'attention…

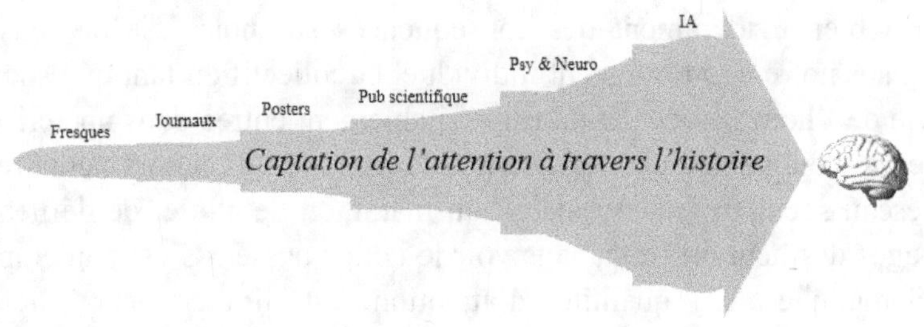

---

[13] https://www.datapressepremium.com/rmdiff/2005515/DPBigCorpo.pdf
[14] « Ce que nous vendons à Coca-Cola, c'est du temps de cerveau humain disponible », L'Express, 9 juillet 2004.

Figure 1 : Quelques jalons historiques sur la captation de l'attention.

De l'homo sapiens à *l'homo distractus*

L'art d'attirer l'attention remonte sans doute à la nuit des temps. On en trouve trace dans les fresques dessinées dans les grottes ou encore dans les affiches utilisées à l'Antiquité par les Grecs, Romains, Égyptiens, Chinois, Mayas, etc. Certains graffitis mis au jour dans les murs intacts de la cité ensevelie de Pompéi montrent clairement des publicités pour des services érotiques[15]. Cependant, la marchandisation de l'attention à l'échelle industrielle remonte vraisemblablement au 19e siècle quand, à New York, les premiers journaux sont devenus totalement dépendants de la publicité où à Paris quand l'art commercial attirait l'attention des gens dans la rue. Mais si les méthodes étaient primitives durant cette période, la marchandisation de l'attention a pris une tout autre dimension maintenant pour faire entièrement partie du modèle économique. Tout nouveau média, à l'exception de certains qui comptent sur des abonnements par exemple, convertit l'attention en revenu à travers la publicité. Et chaque petit morceau de cette attention est pourchassé, souvent avec des méthodes discutables. C'est le cas très souvent sur la Toile quand un service est affiché gratuit alors qu'il n'en est rien. Un adage bien connu maintenant est : « Quand c'est gratuit, c'est vous le produit. » Plus exactement, c'est notre attention le produit que ces fournisseurs de soi-disant choses gratuites vendent à des tiers, des annonceurs qui sont là pour écouler des produits ou services.

Cela a bien évidemment des conséquences sur notre vie de tous les jours, sur notre comportement individuel et collectif en tant que société. La vie de l'homme occidental est véritablement entrée dans une crise de l'attention où une simple notification de réception d'un commentaire sur un réseau social se transforme en un marathon de clic et de défilement de pages des heures durant sans voir le temps passer. C'est évidemment problématique. La quantité d'attention est limitée, car elle est proportionnelle au temps qui est lui-même non extensible. C'est un

---

[15] McGinn, Thomas A.J, "The Economy of Prostitution in the Roman World", Ann Arbor: The University of Michigan Press, 2004.

problème à somme nulle. L'attention accordée à des médias est autant de temps non consacrés pour les autres aspects de la vie comme parler avec ses proches, éduquer ses enfants, lire, soigner son jardin, pratiquer une activité sportive, etc. Et au final, n'cst-ce pas la répartition de cette attention qui dessine la qualité de notre vie ? Je parle naturellement de la vraie vie, pas la virtuelle qui se résume au nombre de vues ou commentaires obtenus après une publication sur Internet.

Aux sources de la marchandisation de masse de l'attention

En 1833, les seuls journaux de New York étaient *The Morning Courier* et *New York Enquirer* (4 pages en tout) avec un tirage ne dépassant pas 2600 exemplaires dans une ville de 300 000 âmes. Avec un prix de 6 centimes, c'était un luxe réservé à une certaine élite, les hommes d'affaires et les politiques. C'est là qu'un propriétaire d'une boutique d'impression, un certain Benjamin H. Day, a senti un filon. Sans visée politique, il décide de créer son propre journal avec comme seul but de développer le business de l'impression. En visant un prix de 1 centime, ce qu'il faut payer en ce temps pour s'acheter un savon ou une brosse, il pensait atteindre une bien plus grande audience que ses rivaux. Le problème est que ce prix dépassait le coût de production du journal. Cependant, Day a compris, avant tout le monde, que les lecteurs ne sont pas ses clients, mais son produit. Il créa donc le *New York Sun* qui apparaitra pour la première fois le 3 septembre 1833. C'est la naissance des *penny papers*. Il a adopté au passage un format d'écriture plus petit que la norme pour faire des économies. Pour ce premier numéro, le journal était rempli de publicités pour des commerces qu'il n'avait pas sollicités au préalable. C'était donc de la publicité gratuite en quelque sorte. C'était sa manière d'attirer les annonceurs comme on pouvait le lire sur la Une : « L'objet de ce journal est d'exposer, avec un prix à la portée de tout le public, toutes les informations du jour, et *en même temps un moyen avantageux de faire de la publicité.* » Pour attirer beaucoup de lecteurs, rien de bien plus attirant que des faits divers qui font sensation comme le suicide d'une célébrité ou l'emprisonnement d'une autre. Day vend 300 exemplaires de son nouveau quotidien. C'est un bon début, mais ce n'est pas suffisant pour devenir rentable. Il décide donc d'enrichir le contenu en l'alimentant des histoires qui remplissent les parloirs de la cour de justice. Il fait alors appel à une personne, un certain George Wisner (payé 4 $ par semaine) pour couvrir ces histoires, créant au passage probablement le premier reporter de l'histoire des États-Unis. Le *Sun* couvrait également les faits relatifs à la traite d'esclaves à New York, phénomène encore présent malgré son abolition dans cet État en 1827. Et ça marche ! En l'espace de trois mois, Day réussit à capter l'attention de plus de lecteurs et vendre des milliers d'exemplaires par jour, mettant en péril la concurrence. En moins d'une année, le journal devient rentable avec les revenus publicitaires qui dépassent les coûts de production. De là, c'est le décollage vers des sommets. À la fin de l'année 1834, le *Sun* revendique 5000 lecteurs par jour, prenant ainsi la tête de la presse new-yorkaise. La concurrence ne va pas tarder à découvrir le secret de la réussite et se lancer à son tour la quête de l'attention. L'un des premiers à s'y lancer est *New York Transcript*, ancêtre du groupe ESPN, focalisé sur le sport. Il s'en suivra le *Morning Herald* créé en 1835 par James Gordon Bennett, un journal qu'on dira « trash » de nos jours tant il est focalisé sur les faits divers les plus morbides. Le public est conquis et le *Herald* va vite atteindre, en l'espace de moins d'une année, le tirage de 7000 exemplaires quotidiens. La course à l'attention est ainsi lancée. La limite dans les contenus ? Aucune. Le *Sun* se lance alors dans un feuilleton haletant pour relater les exploits d'un astronome, Sir John Hershel, qui, grâce à un nouveau télescope, a réussi découvrir la lune dans ses moindres détails, y compris « les êtres vivants qui l'habitent, assez semblables à des humains ». Tout cela a fait sensation et a été accepté, faisant une confiance aveugle à un reporter qui prétendait reproduire le contenu d'un journal respectable d'Edinbourg, Écosse. L'histoire a tellement captivé les gens que tous les exemplaires étaient écoulés en quelques heures. Pour les numéros suivants, les foules étaient amassées aux portes des boutiques pour ne pas les rater, rappelant un phénomène que nous voyons actuellement à la sortie d'un nouvel iPhone ou une console de jeu. Le sommet de 19 000 exemplaires quotidiens est pulvérisé par le *Sun*, surpassant même les journaux britanniques créés des décennies auparavant. La première *fake news* de masse, revendue à prix d'or, est ainsi parue.

La publicité ne se limitait naturellement pas aux journaux. Elle était par exemple diffusée sur les posters de rues apparus autour de 1796. Ce moyen prendra de l'ampleur à la Belle Époque, à la fin des années 1860, avec l'apparition dans les rues parisiennes de portraits gigantesques, très colorés et contrastés, montrant généralement des femmes dévêtues. « C'était l'éducation de tout le monde à travers la rétine... en lieu et place des murs nus. Ces portraits attiraient les gens, comme toutes sortes de chromolithographies[16] de salon, a écrit un journaliste de l'époque. Ces portraits ont été inventés par Jules Chéret (1836-1932), peintre et lithographe français, maitre populaire de l'art de l'affiche. Les rues de la capitale étaient couvertes de milliers de ses posters. Chéret travaillait pour des marques commerciales, mais la majorité de ses affiches était consacrée à la publicité de spectacles et divertissements en tout genre comme la musique ou le théâtre. L'invention de ces posters a été le deuxième jalon de l'industrialisation de la captation de masse de l'attention.

Figure 2 : Exemples de posters de Jules Chéret.

La marchandisation de l'attention est un art difficile

Malgré la progression des techniques de l'art d'attirer l'attention au 19e siècle, leurs effets étaient relativement limités. Les gens étaient en effet très occupés avec le travail et autres tâches quotidiennes tellement plus essentielles dans la vie. Et le cerveau humain a une capacité

---

[16] La chromolithographie est un procédé d'impression lithographique en couleurs (1837), fondé sur l'impression couleur par couleur, jusqu'à 16 différentes.

essentielle, celle d'ignorer l'accessoire. Les 5 sens du corps lui transmettent quelque 11 millions de bits d'information par seconde. Il ne peut traiter cette quantité incroyable sans la filtrer pour ne se concentrer que sur une chose. Cette fermeture des vannes pour ne laisser passer que certains bits d'information est ce que les neuroscientifiques, les psychologues, ou les chercheurs en intelligence artificielle appellent « attention ». Ce mécanisme naturel permet de déverser une quantité gérable par le cerveau limité par sa capacité de calcul et de mémoire. Les chercheurs ont essayé de mesurer la quantité réelle d'information que le cerveau humain peut traiter lors d'une activité cognitive consciente comme la lecture ou le piano. Ils sont arrivés à la conclusion que celle-ci ne dépasse pas 50 bits par seconde[17]. C'est très peu sachant que le cerveau contient quelque 100 milliards de cellules. La bande passante de ce gros ordinateur est dans sa grande majorité dédiée à l'activité cognitive inconsciente ou automatique. La théorie de l'animal-machine de René Descartes n'est finalement pas complètement farfelue quand on y pense. Et là est la brèche dans laquelle s'engouffre la manipulation dans toutes ses formes, la publicité en particulier, pour faire croire au cerveau des choses éloignées de toute réalité. C'est le monde des illusions. On y reviendra.

Notre capacité à ignorer est limitée par un autre fait : nous faisons attention tout le temps à quelque chose. L'énergie du corps humain n'est pas celle d'une batterie stockée puis utilisée à souhait. Il faut la dépenser quelque part, tout le temps. Tout comme les déchets qui doivent être évacués, l'énergie également doit trouver une porte de sortie. Autrement dit, prêter attention à quelque chose. Et c'est à ce niveau-là qu'interviennent les marchands de l'attention : détourner la porte de sortie vers des objets qui font leurs affaires. Bien évidemment, il faut nous motiver ou manipuler pour détourner cette attention vers ces issues-là. C'est tout un art.

On a depuis longtemps compris, intuitivement et empiriquement, que les couleurs fortes et contrastées des posters, surtout de femmes en tenues légères, sont impossibles à ignorer et attirent systématiquement

---

[17] https://www.britannica.com/science/information-theory/Physiology

l'attention. C'est le cas aussi des représentations d'objets semblant en mouvement qui ne laisse jamais indifférent. Cela est d'autant plus vrai que les moments pour les contempler sont souvent des intermèdes de repos entre des activités mentales plus engageantes. C'est le cas lorsqu'on se retrouve sur le quai d'une gare, sur le chemin du travail ou de l'école, ou encore le soir sur le canapé. Ces moments de vide peuvent devenir très ennuyeux, comme si les vannes étaient bouchées et l'énergie n'arrive pas à trouver un chemin de sortie. Quoi de mieux alors que de combler ce vide en attirant l'attention et en la marchandisant. La partie reptilienne (primitive) du cerveau ne manque en effet pas de se précipiter vers ces points de sortie. Tout ce qu'il faut pour y arriver est la présentation de signaux de motivation ou des déclencheurs. La tâche du marchand de l'attention est finalement de trouver les meilleurs déclencheurs.

Avant le développement du neuromarketing, la méthode était simplement faite par une succession d'essais-erreurs, jusqu'à tomber sur ce qui marche : les couleurs, la nudité, le mouvement, les photos de bébé ou d'animaux, etc. La tâche n'était naturellement pas facile, car l'humain est très complexe. Le cerveau s'adapte généralement et finit par ne plus répondre à certains stimuli. C'est la lassitude. Parfois, cela se termine même en révolte, car l'exploitation à outrance de l'attention finit par être vue comme de la manipulation sans scrupules des personnes. Ne voit-on pas de plus en plus de courants en faveur de la limitation des panneaux publicitaires dans les rues, considérés comme une pollution visuelle ? Les marchands doivent donc bien fixer le curseur et innover sans cesse. C'est un jeu d'équilibriste. Il faut atteindre sans heurter.

La méthode essai-erreur est également coûteuse, car toute chose essayée non fructueuse est synonyme d'une perte sèche d'argent, d'autant plus que la mesure même de l'effet réel d'une publicité donnée n'est pas évidente. Et c'est à ce niveau que viendra une révolution grâce à un certain Claude C. Hopkins. Il a été un maitre dans la conversion de l'attention en cash comme l'a écrit un expert en marketing, le Britannique Drayton Birds : « si la publicité a produit un génie à part entière, cet homme serait Claude C. Hopkins. »[18] C'est en effet l'homme qui marquera un nouveau jalon historique, celui de la publicité scientifique.

Quand la science s'en mêle

Claude Clarence Hopkins (1866-1932) était promis pour une carrière de prêtre au service de Dieu, mais cet homme accro au travail finit par avoir une crise de foi et quitter le clergé avant ses vingt ans pour aller « profiter des joies inoffensives de la vie ». Après avoir pris un travail comme employé de bureau misérable chez *The Felt Boot Company* à Grand Rapids, fort de son succès et sa popularité grandissante, Hopkins prend le large. Il rencontre l'homme d'affaires Melvin Bissell, président de *Bissell Carpet Sweeper Company*, une entreprise de fabrication de balais mécaniques (ancêtre de l'aspirateur). Surpris de voir en lui un jeune homme animé d'une grande force de travail, le PDG l'embauche sur le champ. Claude Hopkins devient un employé de bureau incontournable et gravit rapidement les échelons.

En 1890, Hopkins travaillait dans le département de comptabilité. Il a réussi à convaincre Charles Judd, alors manager et vice-président de l'entreprise, de lui donner une chance en tant que publicitaire. Un des premiers coups de Hopkins a été de désigner le balai Bissel comme « le plus populaire cadeau de Noël du monde » et de le promouvoir dans des brochures illustrant un père Noël le livrant à une femme au foyer. Cela a bouleversé la stratégie marketing de cette entreprise fondée sur la supériorité technologique de ses produits. Dans ses brochures de 1889, on mettait l'accent plutôt sur les pièces mécaniques et les brevets qui les protégeaient. Quand les managers de l'entreprise ont critiqué la nouvelle méthode non technique d'Hopkins, il leur répond : « Je parle aux femmes. Ce ne sont pas des mécaniciens. Je veux parler de choses qu'elles comprendront et apprécieront ». En 1890, la société a informé les distributeurs qu'elle fera la promotion de ses produits avant Noël avec des publicités dans près de deux douzaines de magazines populaires et plus d'un millier de journaux. En 1894, la société fournit

---

[18] Tim Wu, "The Attention Merchants: The Epic Scramble to Get Inside Our Heads", Knopf, (2016).

aux distributeurs un livret de seize pages avec comme titre : « La reine des cadeaux de Noël : la balayeuse de tapis Grand Rapids de Bissell, comment le suggérer. »

Figure 3 : Publicité pour les balayeuses Bissel.

Sur 5000 lettres envoyées aux distributeurs, il reçoit 1000 commandes. Bientôt il devient le meilleur vendeur de la marque en lui créant une identité forte et en multipliant les offres. En 1891, Hopkins a eu l'idée de commercialiser les balayeuses Bissell dans différents bois et finitions, créant des associations distinctives, élégantes et même exotiques pour le produit. Par exemple, Hopkins a capitalisé sur l'énorme publicité générée par l'Exposition universelle de Chicago de 1893 pour annoncer que Bissell avait « pris douze sortes de bois du bâtiment forestier de l'Exposition universelle et constitué une ligne de balayeuses Bissell d'une richesse unique ». Un peu plus tard, en 1894, Hopkins met en avant le bois vermillon venu d'Inde dans sa première grande campagne publicitaire, avec des techniques dignes du neuro marketing moderne en usant de l'effet de rareté et de l'urgence. Dans la lettre envoyée aux distributeurs, il précise bien l'origine exotique du bois (« ça nous vient d'Inde »), sa rareté (« le gouvernement indien le coupe et le contrôle, dans une quantité limitée »), et son long cheminement jusqu'aux ateliers Bissel (« un long voyage de six mois, 19 000 miles »). Hopkins est allé bien au-delà des premiers publicitaires en faisant d'un produit utilitaire telle une balayeuse un cadeau stylé et élégant. Dans ses différentes campagnes, il a tenté de créer de l'urgence (« quand celles-ci auront disparu, elles ne seront probablement plus refaites dans l'histoire de l'entreprise »), du snob (« le bois le plus riche du monde ») et de la nouveauté (« tout sera distinct de tout ce que nous avons fait auparavant »). C'est fort intéressant quand on se rappelle que les produits Bissel étaient vendus principalement sur la base de brevets, ce qui laisse supposer qu'au contraire il y a une certaine stabilité et non un renouvellement permanent. Et ça marche ! Alors que l'entreprise fabriquait 1000 balayeuses par jour au début des années 1890, elle affirme en 1893 que plus de deux millions de balayeuses avaient été vendues. Hopkins a décrit la campagne comme le plus grand succès de *Bissell*, déclarant que l'entreprise a gagné plus d'argent en six semaines au printemps 1894 qu'elle ne l'avait fait au cours d'une année entière auparavant[19].

---

[19] Rob Schorman, "Claude Hopkins, Earnest Calkins, Bissell Carpet Sweepers and the Birth of Modern Advertising", April 2008Journal of the Gilded Age and Progressive Era 7(02):181 – 219.

Figure 4 : Publicité de Claude Hopkins pour Palmolive (1915), utilisant la méthode du coupon (on aura noté les belles couleurs, le bébé, le regard de l'enfant…, autant d'éléments pour attirer l'attention).

Au début de l'année 1895, Hopkins quitte Grand Rapids pour Chicago où il se fait embaucher comme manager publicitaire chez Swift & Company, une entreprise spécialisée dans l'emballage et transport de viande fraiche. Il n'y restera que deux années pour cause de relations tendues avec le fondateur de la société. Il part alors travailler comme directeur de publicité chez *Dr C. I. Shoop*, une société qui fabrique des médicaments. Hopkins expliquera plus tard que les médicaments brevetés constituent la meilleure formation pour tout créateur de publicité et que « les plus grands publicitaires de mon époque ont été formés dans le domaine de la médecine. Il est parfois difficile de mesurer exactement ce que fait la publicité. Pas tellement pour un médicament. La publicité fait tout ». En effet, aujourd'hui encore, on voit tout l'effort déployé par l'industrie pharmaceutique en packaging et lobbying afin de mettre en avant les médicaments et autres compliments alimentaires.

Pour mener une campagne nationale pour la petite marque régionale *Dr Shoop*, Hopkins s'est inspiré du succès de deux anciens colporteurs, Aaron Montgomery Ward et Richard Sears, dont les catalogues de vente par correspondance ont permis de bâtir une entreprise florissante. Pour ce faire, ils se sont appuyés sur une entreprise de transport subventionnée par l'État fédéral. C'est ainsi que le bureau de poste américain est devenu la première plateforme commerciale de collecte de l'attention, longtemps avant Facebook ou Google. Hopkins a commencé par envoyer quelque 400 000 brochures de *Dr Shoop's* chaque jour. Il a ainsi atteint des millions d'Américains. C'est la naissance du publipostage, ou ce que nous appelons maintenant sur la Toile le *spam*. Hopkins était un accro du travail et malgré ses réussites, il en voulait encore et passait son temps à réfléchir pour créer de nouvelles techniques : « Je n'ai jamais pensé au sommeil. Toute mon ambition était de trouver des moyens d'amener les gens à acheter, et je les ai trouvés en abondance. Ce que j'ai trouvé alors a été à la base de tout le succès que j'ai gagné. »

En 1898, Hopkins va travailler en freelance pour un ex-agent du cabinet Lord & Thomas, parti fonder sa propre société. Le fabricant de bière Schlitz est le premier client qui lui sera affecté. La production de bière doublait tous les dix ans aux États-Unis entre 1870 et 1910, les moyens de conservation et transport ayant bien progressé durant cette période. Hopkins avait donc du pain sur la planche, mais quand il visite l'usine de fabrication de la boisson, il a compris immédiatement la bonne manière de procéder. Rien dans les procédés ne différencie Schlitz des autres fabricants, mais Hopkins mettra en avant ce que personne n'a fait auparavant : la pureté de la bière obtenue grâce à la stérilisation, réfrigération, et l'hermétisme des bouteilles. Autrement dit, c'est un produit sain et bon pour la santé. Et très vite le public fera l'association entre les termes « pureté » ou « santé » et la bière Schlitz. C'est vite ancré dans les esprits sans que personne ne se pose de question, d'autant plus que Hopkins a pris les médecins à témoin lors de ses campagnes. « Demandez à votre médecin » clamait-il. Le fameux argument d'autorité.

Un siècle après leur apparition, les publicités de Hopkins sont encore étudiées comme modèle publicitaire. Un manuel de marketing des années 1990 parlait encore de la campagne Schlitz et concluait ainsi : « Le principe que Hopkins décrit ici est intemporel. Seuls les outils et techniques médiatiques ont changé. »[20] La marque Starbucks n'est-elle pas associée au haut de gamme, alors que son café, servi dans un gobelet non recyclable, est saturé en sucre et matière grasse ? Son pompeux Hot Mulled Fruit explose tous les records. Il contient l'équivalent de 99 grammes de sucre (25 cuillères), soit quatre fois la dose journalière recommandée par l'OMS ![21] C'est la magie du marketing que de transformer un poison en luxe.

En 1907, alors âgé de 41 ans, Hopkins rejoint l'agence Lord & Thomas de Chicago comme concepteur-rédacteur publicitaire. Il est embauché par le fameux publicitaire Albert Lasker, alors patron de l'agence, lui offrant un salaire considérable pour l'époque, 185 000 dollars par an, soit l'équivalent de 6 millions de dollars actuels ! En 1908 il accède au poste de président et enregistre des succès éclatants dans des campagnes pour des produits aussi variés que les automobiles *Reo* et *Overland*, le dentifrice *Pepsodent*, les haricots *Van Camp*, le savon *Palmolive*, et les pneus *Goodyear*. Un collègue, rédacteur à l'agence, a rappelé une longue liste des réalisations de Hopkins et a conclu que « beaucoup de ses succès [étaient] à la limite du miracle — des miracles qui n'auraient jamais pu se produire si ce n'est sa touche magique »[22]. L'un des faits d'armes de Hopkins a été de populariser l'habitude du brossage des dents, en faisant une campagne pour le dentifrice *Pepsodent*. Il lança également le savon *Palmolive*, pour la *B. J. Johnson Soap Company* de Milwaukee (Wisconsin) grâce à une technique de couponing, qui en fit en un très court laps de temps, le savon le plus vendu aux États-Unis et dans le monde, dès 1911. Forte de ses succès, la compagnie rachète la *Colgate Soap Company* et devient progressivement le plus grand conglomérat de l'industrie aux États-Unis.

Ce bref rappel biographique sur l'ascension de Claude Hopkins ne donne que la partie émergée de l'iceberg publicitaire qu'il a créé. À vrai dire, Hopkins a fait élever la publicité au rang de discipline scientifique. Comme il le dit dans son livre, « le moment où la publicité a atteint entre certaines mains le statut de science est venu. Elle est basée sur des

---

[20] The Great Marketing Turnaround (Englewood, NJ, 1990), 189—90.
[21] Documentaire "*Starbucks sans filtre*", diffusé sur Arte le mardi 28 aout 2018.
[22] Harden Bryant Leachman, "The Early Advertising Scene", 1949; New York.

principes fixes et est raisonnablement exacte. Les causes et les effets ont été analysés jusqu'à ce qu'ils soient bien compris. La bonne méthode de procédure a été prouvée et établie. Nous savons ce qui est le plus efficace et nous agissons conformément aux lois fondamentales ». En effet, la science est basée sur des lois déduites d'expériences répétables, c.-à-d. d'observations des causes et des effets qu'elles produisent. La loi n'est rien d'autre que cela : les mêmes causes produisent les mêmes effets. Hopkins a donc établi un certain nombre de lois qu'il détaille dans un livre intitulé « Publicité scientifique »[23]. Nous en donnons ici quelques-unes et invitons le lecteur intéressé à consulter cet excellent ouvrage pour en découvrir davantage. Elles peuvent parfois paraitre évidentes, car elles font désormais partie de la pratique courante du commerce, mais c'était avant-gardiste pour l'époque. Certaines sont clairement inoxydables et les retrouvons largement dans la conception des plateformes des géants de la Toile.

– Juste vendeur : selon Hopkins, pour bien comprendre la publicité ou pour apprendre ses rudiments mêmes, il faut commencer par la bonne conception. La publicité est un art de la vente. Ses principes sont les principes de la vente. Chaque question publicitaire doit trouver réponse à travers les normes du vendeur. Hopkins insiste sur un point : « Le seul but de la publicité est de réaliser des ventes. Elle est rentable ou non selon ses ventes réelles. » Elle n'est pas là pour produire un autre effet que l'acte de vente. La publicité doit être traitée comme un vendeur. Elle doit être « forcée à se justifier ». Elle doit être comparée avec d'autres, son coût évalué, ainsi que ses résultats. Aucune excuse ne doit être acceptée, pas plus que celle d'un vendeur.

– Offre un service : les personnes auxquelles la publicité est adressée « sont égoïstes, comme nous sommes tous », selon Hopkins. Elles ne se soucient pas de nos intérêts ou de nos bénéfices. Elles recherchent un service pour elles-mêmes. Ignorer ce fait est une erreur courante et une erreur coûteuse en publicité. Les meilleures annonces ne demandent à personne d'acheter. Cela ne sert à rien. Souvent, elles n'indiquent même pas de prix. Les annonces sont entièrement basées sur le service. Elles

---

[23] Claude Clarence Hopkins, "Scientific Advertising", Merchant Books, 1923.

offrent des informations utiles. Elles pointent les avantages pour les utilisateurs.

– L'importance du publipostage : le test le plus sévère d'un publicitaire est la vente par correspondance. Le coût et le résultat sont immédiatement apparents. Les fausses théories fondent comme neige au soleil. La publicité est rentable ou non, clairement au vu des retours. Les chiffres ne mentent pas et affichent immédiatement les mérites d'une annonce. On voit clairement ce qui marche et ce qui ne marche pas. Cela ne trompe pas. Cela met les hommes devant leur responsabilité. Toute conjecture est éliminée. Chaque erreur est flagrante. On apprend à quelle fréquence un jugement est erroné neuf fois sur dix. On apprend que la publicité doit être faite sur une base scientifique pour avoir une vraie chance de succès.

– Titres : Hopkins accorde une grande importance au ciblage et le vendeur est là pour capter l'attention et vite. Il ne faut pas oublier que les gens sont pressés. Pour lui, un titre doit s'adresser à une cible bien déterminée et non tout le monde pour ne pas noyer le message. « Quand vous voulez parler à quelqu'un dans une foule, la première chose que vous dites est "Eh Bill Jones", pour obtenir l'attention de la bonne personne ». C'est la même chose avec la publicité. Aussi, la qualité des titres doit être irréprochable. Hopkins écrit qu'il « passait bien plus de temps dans l'écriture des titres que le contenu. Il passait des heures sur un seul titre et quantité de titres sont écartés avant d'en sélectionner le bon ». Ça doit être accrocheur.

– La psychologie : le bon publicitaire doit comprendre la psychologie. Plus il en sait, mieux c'est. Il doit apprendre que certains effets mènent à certaines réactions machinalement « La nature humaine est perpétuelle. À bien des égards, il en va de même aujourd'hui qu'à l'époque de César », écrit Hopkins. Les principes de la psychologie sont fixes et durables. Voici quelques exemples donnés par Hopkins :

o Nous apprenons, par exemple, que la curiosité est l'une des plus fortes motivations humaines. Nous l'utilisons chaque fois que nous le pouvons.

o Nous apprenons que le bon marché (prix bas) n'est pas un attrait fort. Les Américains sont extravagants. Ils veulent de bonnes affaires, mais pas spécialement des prix bas. Ils veulent sentir qu'ils peuvent se permettre de manger, de posséder, et de porter le meilleur. Si on les traite comme s'ils ne pouvaient, ils se fâcheront.

o Nous apprenons que les gens jugent largement par le prix. Ce ne sont pas des experts. Quand une personne passe à côté d'un objet de valeur, elle n'y fait parfois aucune attention. Mais après l'avoir découvert sur un catalogue avec son prix élevé bien visible, elle retournera au magasin et s'y attardera à le contempler et éventuellement l'acheter.

o Les gens sont dans leur majorité honnête et il faut leur faire confiance. Un vendeur annonce : « Essayez-le pendant une semaine. Si cela ne vous plait pas, nous vous rembourserons votre argent. » Ensuite, un autre vendeur a conçu l'idée d'envoyer des marchandises sans aucune avance de fonds en disant : « Payez dans une semaine si vous aimez le produit. » Cette seconde approche s'est avérée beaucoup plus fructueuse. De plus, les pertes sont négligeables, car la plupart des gens paient.

o Un annonceur a offert un ensemble de livres à des hommes d'affaires. Sa publicité a été un échec. Il consulte un autre expert pour avis. Ce dernier lui annonce que sa méthode est irréprochable, mais lui fait une suggestion : « ajoutons une petite touche que j'ai trouvée efficace. Proposons de mettre le nom des acheteurs en lettres dorées sur chaque livre. » Après avoir écouté le conseil, sans rien changer d'autre, il a vendu des centaines de milliers de livres. Flatter l'égo du client est vendeur. Les gens aiment se sentir valorisés.

o Dans le même esprit, il est avéré que l'exclusivité d'offre réservée à une certaine classe ou groupe restreint fonctionne mieux. Tout comme une promotion limitée, l'homme pense en tirer un certain avantage à côté duquel il ne veut pas passer.

– L'art en publicité : les photos coûtent cher. Il faut donc les utiliser, non pas pour plaire, mais seulement quand c'est un vrai argument de vente, pour attirer l'attention de la bonne cible et la pousser à acheter. L'image peut s'avérer très utile, notamment pour valoriser l'objet à vendre. C'est le cas pour des vêtements sur les catalogues ou des panneaux publicitaires où ils sont montrés avec des formes parfaites, sans déformation aucune, et portés par des personnes d'une rare beauté ou statut social comme des acteurs célèbres. Une telle image suggère que s'offrir l'objet peut aider l'acheteur à arriver au même niveau.

– La stratégie : pour Hopkins, la publicité est comme la guerre, les morts en moins. Cela commence par trouver le bon nom pour un produit. Celui-ci doit lui donner un sens et le valoriser (*Monsieur Propre* pour un nettoyant, *Le Terrible* pour un sous-marin). Le prix est un autre paramètre à choisir avec prudence. Un prix élevé peut créer de la résistance et un prix trop bas peut dévaloriser l'objet. Il faut naturellement tenir compte des coûts, de la concurrence, pouvoir d'achat et culture de la région ciblée, etc.

– La spécificité : Claude Hopkins insiste sur le fait qu'un argument doit être spécifique. Son conseil est le suivant : « Dites qu'une lampe à tungstène donne plus de lumière que celle à charbon et vous laisserez trainer le doute. Dites qu'elle offre trois fois plus de lumière et les gens réaliseront que vous avez effectué des tests et des comparaisons. » Ça fait penser évidemment à la calculette que tout commercial actuel sort pour effectuer des pseudos calculs afin d'arriver à la ristourne magique qu'il vous fera à la fin, car « c'est spécifiquement vous » !

– L'échantillon : le meilleur vendeur d'un produit doit être le produit lui-même. L'offre d'échantillons est donc primordiale. De plus, cela permet d'intégrer un mot clé d'une grande importance dans l'annonce : GRATUIT. Ce mot, tout comme les étiquettes des soldes, capte inévitablement l'attention. L'échantillon « génère l'action ». Aussi, un client qui découpe un coupon puis l'envoie ou le présente, après avoir rempli un petit formulaire avec nom et adresse, est un prospect potentiel à démarcher ultérieurement. Le lien est noué définitivement. Un point très important avec l'échantillon est le coupon codé. Chaque code étant lié à une publicité donnée, il permet de savoir quelle formule a fonctionné, aussi bien la publicité, la méthode, le packaging, etc. Ce retour d'expérience permet d'ajuster les produits au mieux.

Sur Internet, le résultat d'une campagne publicitaire se mesure à la fois au nombre de clics et de transformations en actes d'achat (taux de conversion).

– Campagne de test : Le principe est de compter sur des milliers de personnes à qui on fait tester un produit pour décider de ce que feront les millions. Un test permet à la fois de limiter les coûts et d'en tirer une conclusion assez bien généralisable pour le reste de la population. Ce principe rappelle évidemment les Beta testeurs de logiciels.

Claude Hopkins a été un visionnaire et son livre sur la publicité scientifique est sans doute un document indémodable. C'est en effet exactement les mêmes techniques qui sont déployées aujourd'hui par les géants de l'Internet pour augmenter et fidéliser leurs audiences. Quoi de mieux que le témoignage de David Ogilvy (1911-1999), homme d'affaire et magnat britannique surnommé « le père de la publicité », sur le livre de Hopkins : « Personne ne devrait être autorisé à avoir quoi que ce soit à faire avec la publicité avant d'avoir lu ce livre sept fois. Cela a changé le cours de ma vie. »

Ce qui est important avec ces principes est qu'ils ne permettent pas seulement de vendre un produit ou un service, mais aussi des idées ou des opinions. Cela peut consister à convaincre une personne à voter pour un parti politique, s'abonner à un média, adhérer à une association, intégrer une secte…, ou encore soutenir une cause telle que la paix ou la guerre.

De l'attention à la fabrique du consentement, il n'y a qu'un pas

Avant l'entrée des États-Unis dans la Première Guerre mondiale, les Américains étaient dans leur écrasante majorité contre. Le Comité Creel a réussi à changer cela en très peu de temps grâce à une communication menée sur tous les fronts médiatiques (voir le tome 2 du livre). S'il y a un homme qui y a joué un rôle clé, c'est un bien Edward Bernays (1891-1995). Ce neveu de Sigmund Freud était un agent de presse âgé de 24 ans au moment du déclenchement du conflit. Après l'entrée des

Américains dans le conflit, le comité l'a embauché au bureau en charge des affaires latino-américaines, pour mener des opérations de guerre de type PsyOp (Opération psychologique)[24]. Bernays en tirera une leçon importante. Il dira plus tard : « Il y avait une leçon de base que j'ai apprise au comité. Les efforts comparables à ceux appliqués par le Comité pour influer sur les attitudes de l'ennemi, les neutres, et les gens de ce pays, pouvaient être appliqués avec la même facilité à d'autres fins en temps de paix. En d'autres termes, ce qui pourrait être fait pour une nation en pleine guerre pourrait l'être pour les organisations et les personnes dans une nation en temps de paix ». Pour Bernays, le triomphe de la guerre « a ouvert les yeux de quelques intelligents de tous les domaines de la vie sur les possibilités de façonner l'opinion publique. » Et d'ajouter : « Les affaires commerciales offrent des exemples concrets (graphiques) de l'effet qui peut être produit sur le public par des groupes d'intérêts. » L'homme décrit comme « le père des relations publiques », pour ne pas dire propagande, consacrera le restant de sa vie à appliquer les mêmes techniques d'influence au service du business. Après la fin de la guerre, les dépenses en publicité des entreprises occidentales ont augmenté fortement, multipliées par dix avant l'année 1930. Une industrie à part entière et surtout globale est ainsi née. La marchandisation de l'attention fait tourner les têtes et chauffer les portefeuilles. Bernays y joue naturellement un rôle central, tout comme Hopkins qui déclare : « Nous changeons les cours du commerce. Nous peuplons de nouveaux empires, construisons de nouvelles industries et créons des coutumes et des modes. Nous dictons la nourriture que le bébé doit manger, les vêtements que la mère doit porter, la façon dont la maison doit être meublée. Nos noms sont inconnus. Mais il n'y a guère de maison, en ville ou dans un hameau, où un être humain ne fait pas ce que nous demandons. » [25] Les expériences de captation de masse de

---

[24] Les opérations psychologiques (PSYOP) sont des opérations visant à diffuser des informations et des indicateurs spécifiques aux populations pour influencer leurs émotions, leurs motivations, leur raisonnement et leur choix, et finalement le comportement des gouvernements, des organisations, des groupes et des individus. C'est ce type d'opérations qui ont été conduites en Amérique latine pour renverser les gouvernements communistes qui n'étaient pas favorables aux intérêts des États-Unis comme au Guatemala. C'était aussi l'objet de la tentative échouée de la Baie des Cochons à Cuba.

[25] Charles F. McGovern, "Sold American: Consumption and Citizenship", 1890–

l'attention dans les années 1920 sont à l'origine de ce que nous appellerons plus tard « la société de consommation de masse » ou le consumérisme. Bernays a appliqué ses recettes pour nombre de clients comme il le brandit fièrement dans son livre *Propaganda*[26], publié en 1928, ou les suivants comme sa biographie[27]. Le pire est que ses méthodes ont fonctionné même pour vendre les pires saloperies que l'humain ait pu inventer, au nom de causes les plus nobles parfois. Nous en relaterons une qui aura marqué l'histoire, celle du tabac. Un poison addictif vendu aux femmes au nom de la liberté !

Figure 5 : Edward Bernays (1891-1995)

En 1927, Bernays travaillait pour *Liggett & Myers*, fabricant des cigarettes *Chesterfield*. Il a réussi un coup contre la marque concurrente *Lucky Strike* en démontant les allégations des chanteurs d'opéra qui affirmaient que les cigarettes *Lucky* étaient « bonnes pour la voix ». Pour réussir sa mission de sape, il a fait appel à une revue médicale, dans laquelle il a travaillé autrefois, pour qu'elle fasse une enquête auprès d'éminents médecins et publié leurs avis sur la question. Le verdict sera sans surprise défavorable à la cigarette, ce qui portera un coup sévère au concurrent de son employeur. George Washington Hill, chef de *l'American Tobacco Company*, le fabricant des *Lucky Strike*, a alors

---

1945 Chapel Hill: University of North Carolina Press, 25, 2006.
[26] Edward Bernays, "Propaganda", Routledge, 1928.
[27] Edward Bernays, "Biography of an idea, the founding principles of public relations", Open Road Integrated Medi, 2015.

enquêté sur son ennemi déclaré, pour finir par le débaucher en 1928. Pour Hill, mieux vaut avoir Bernays à ses côtés plutôt qu'en face de lui.

À peine arrivé, Bernays a pour objectif d'augmenter les ventes de *Lucky Strike* en ciblant les femmes, qui, pour la plupart, ne fumaient pas à l'époque. Hill avait comme une obsession pour cette cible, si bien qu'il eut lancé un jour à Bernays : « Si je peux embraser ce marché, j'en aurai plus que ma part… Ce serait comme ouvrir une mine d'or juste dans mon jardin. »[28] L'objectif ne parait pas impossible à atteindre, mais il y a du chemin à faire. En effet, les femmes ont commencé à changer leurs habitudes, notamment celles ayant occupé des postes autrefois réservés seulement aux hommes, mais le tabou est encore là. Seuls 12 % des femmes fumaient en 1929, très en deçà de l'objectif de Hill.

Hill a pensé au chemin le plus court pour y arriver : jouer sur la sensibilité de la femme quant à sa silhouette. Sa théorie est simple : la finesse étant la mode, la cigarette peut être vendue, particulièrement pour les femmes, comme un coupe-faim[29]. Comme le Mediator… Le slogan est tout trouvé : « Aie un Lucky plutôt qu'une Sucrerie. » Fumer plutôt que manger. Il s'est tourné vers Bernays, qu'il paie 25 000 $ par an, pour avis. Celui-ci ne peut que s'en féliciter, d'autant qu'il est passé maitre dans ce type de stratégie d'influence qu'il désigne par « la cristallisation de l'opinion publique ». Durant les huit années de sa collaboration avec l'industrie du tabac, Bernays n'a pas lésiné sur les moyens pour accentuer cette cristallisation. Il a usé de la tromperie et a tenté de discréditer tous les travaux de recherche scientifique, aussi sérieux soient-ils, qui vont à l'encontre de ses objectifs quand ils montrent la nocivité de la cigarette pour la santé et son lien avec de graves maladies.

Bernays a lancé la campagne contre les bonbons avec sa tactique éprouvée consistant à recruter des « experts », convaincant dans ce cas Nickolas Muray, un ami photographe qui a ses entrées dans le monde de

---

[28] Larry Tye, "The father of spin, Edward L. Bernays and The Birth of Public Relations, Crown Publishers, 1998.

[29] Ça fait naturellement penser à l'autre désastre créé par le Mediator, un médicament vendu par le laboratoire Servier comme coupe-faim alors qu'il provoquait des valvulopathies graves (dysfonctionnement des valves cardiaques).

la mode, de demander à d'autres photographes et artistes de chanter les louanges des minces. « J'en suis venu à la conclusion », écrit Muray, « que la femme élancée qui, alliant souplesse et grâce, qui au lieu de trop manger des bonbons et des desserts, allume une cigarette, qui, comme le disent les publicités, a créé un nouveau standard de beauté de la femme ». Les magazines et les journaux sont également saturés d'articles sur la tendance à la minceur. Pour les éditeurs de mode, cela signifiait photo après photo de minces mannequins parisiens en robes de haute couture. Mais ce n'est pas tout. Même d'éminents médecins ont été mis à contribution ! Leurs témoignages accompagnent chaque annonce. C'est le cas de celui de Dr George F. Buchan, l'ancien chef de la British Association of Medical Officers of Health, avertissant que les sucreries causaient des caries dentaires et indiquant que « la bonne façon de terminer un repas est avec des fruits, du café et une cigarette ». Il poursuit : « Le fruit durcit les gencives et nettoie les dents ; le café stimule l'écoulement de la salive dans la bouche et agit comme un bain de bouche ; tandis que finalement la cigarette désinfecte la bouche et apaise les nerfs. » Voilà qui est dit ! Bernays a même persuadé Arthur Murray, un tenant d'une école de danse, de signer une lettre attestant que « sur la piste de danse, les résultats d'un laisser-aller sur la nutrition sont rapidement révélés — ce qui embarrasse non seulement son partenaire de danse, mais aussi d'autres danseurs en empiétant sur plus qu'une partie [...] Les danseurs d'aujourd'hui, lorsqu'ils sont tentés d'abuser du cocktail ou du buffet, prennent plutôt une cigarette ».

Mais s'appuyer sur la presse et sur l'influence des « experts » n'a pas rassasié l'appétit du géant Bernays. Il a également œuvré pour changer la façon dont les gens mangeaient. Les hôtels ont été exhortés à ajouter des cigarettes à leurs listes de desserts, tandis que le bureau de Bernays a largement distribué une série de menus, préparés sur mesure par un éditeur de *House and Garden,* conçus pour « sauver des dangers de la suralimentation ». Pour le déjeuner et le dîner, on suggérait un mélange judicieux de légumes, de viandes, et de glucides, avant de conclure par le conseil : « Prendre une cigarette plutôt qu'un dessert. »

Bernays a aussi proposé que les ménagères fassent appel à des ébénistes de cuisine pour fournir des espaces spéciaux pour contenir les cigarettes comme ils le faisaient pour la farine et le sucre. Il a exhorté les fabricants de conteneurs à fournir des boites étiquetées pour les cigarettes comme ils le faisaient pour le thé et le café. Enfin, il a encouragé les auteurs d'économie domestique à « insister sur l'importance des cigarettes dans les foyers... Tout comme la jeune femme au foyer inexpérimentée est mise en garde de ne pas laisser s'épuiser ses réserves de sucre, de sel, de thé ou de café, il faut lui dire qu'il en va de même pour les cigarettes ».

L'industrie du sucre n'a évidemment pas été contente des agissements de Bernays et l'a attaqué violemment avec des lettres insultantes. Bernays imperturbable, car il a compris que la controverse fait vendre, le buzz comme on dit maintenant, a répondu en arguant que c'était la règle de « la nouvelle compétition ». Dans une lettre qu'il a rédigée pour les professeurs des écoles de commerce, qu'il a fait signer par un économiste de renom, Bernays a écrit : « Une bataille menée équitablement de cette manière peut servir le public en présentant les deux côtés d'une question discutable et en apportant en avant de la scène équitablement le principe démocratique sous-jacent de la liberté de concurrence. » Tout cela a semblé ravir Hill, qui a écrit à Bernays : « Je pense que le bilan montre que nous les avons assez bien tus. »

Un mois après les premières campagnes publicitaires ciblant les femmes, Hill a commandé une deuxième série, cette fois insistant sur la modération. La modération qu'il avait en tête signifiait bien sûr consommer moins de sucreries et plus de cigarettes. Bernays a répondu avec une proposition, on ne peut plus cynique, de création d'une Ligue de Modération, une association qu'il voulait, ironiquement, copier sur le modèle des associations ou ligues de lutte contre certaines maladies comme la tuberculose, le cancer, etc.

Cette compagne sur tous les fronts a fini sans surprise par payer. Hill exultait dans une lettre envoyée en décembre 1928 à Bernays. Il y mentionnait que les revenus *d'American Tobacco* ont augmenté de 32 millions de dollars cette année-là, et *Lucky* « affiche une augmentation plus importante que toutes les autres cigarettes réunies ». Et ce n'est pas fini.

Au début de 1929, Hill convoque Bernays et lui demande : « Comment pouvons-nous amener les femmes à fumer dans la rue ? Elles fument à l'intérieur. Mais, bon sang, si elles passent la moitié du temps à l'extérieur et que nous pouvons les amener à fumer à l'extérieur, nous allons presque doubler notre marché féminin. Fais quelque chose. Agis ! »

Bernays a compris qu'ils étaient là confrontés à un tabou social qui jetait un mauvais regard sur les femmes qui fumaient. Il n'était pas sûr de la bonne manière de le surmonter. Il a donc convaincu Hill d'accepter de payer une consultation chez le Dr A. A. Brill, un psychanalyste proche de son oncle, Freud. « Il est parfaitement normal que les femmes veuillent fumer des cigarettes », déclare d'emblée le Dr Brill. « L'émancipation des femmes a effacé nombre de leurs désirs féminins. Plus de femmes font maintenant le même travail que les hommes. De nombreuses femmes n'ont pas d'enfants ; celles qui en portent en font moins. Les traits féminins sont masqués. Les cigarettes, qui sont associées aux hommes, deviennent des torches de liberté pour les femmes ». Cela a donné des idées à Bernays. Pourquoi ne pas organiser un défilé de femmes célèbres allumant leurs « torches de la liberté » ? Et le faire le dimanche de Pâques, un jour férié symbolisant la liberté d'esprit, sur la Cinquième Avenue, la promenade la plus prestigieuse d'Amérique...

Il a rassemblé une liste de trente débutantes auprès d'un ami de Vogue, puis a envoyé à chacune d'elles un télégramme signé, non pas par lui, mais par sa secrétaire, Bertha Hunt. « Dans l'intérêt de l'égalité des sexes et pour lutter contre un autre tabou sexuel, moi et d'autres jeunes femmes allumerons un autre flambeau de la liberté en fumant des cigarettes, en flânant sur la Cinquième Avenue le dimanche de Pâques », expliquait la dépêche. « Nous faisons cela pour lutter contre le préjugé idiot selon lequel la cigarette convient à la maison, au restaurant, au taxi, au hall du théâtre, mais jamais, non, jamais sur le trottoir. Les fumeuses et leurs escortes se promèneront de la quarante-huitième rue à la cinquante-quatrième rue sur la Cinquième Avenue entre 11 h 30 et 13 h ». Un appel similaire a été lancé par le biais d'une publicité dans les journaux de New York, celui-ci signé par Ruth Hale, une féministe de premier plan et épouse d'un chroniqueur de *New York World*. Le scénario de la parade a été décrit avec fort détail dans une note du bureau de Bernays. L'objet de l'événement, explique-t-elle, serait de générer « des chroniques sur la première fois que des femmes ont fumé ouvertement dans la rue. Celles-ci prendront soin d'elles-mêmes, en toute légitimité, si la mise en scène est correctement faite. » La note évoque également des églises importantes sur le trajet du défilé et desquelles Bernays aimerait que des marcheurs se joignent à la parade, y compris Saint Thomas, et Saint Patrick, l'église fréquentée par le richissime John D. Rockefeller.

Reste la question des marcheuses qui produiraient le meilleur effet. « Parce que cela devrait apparaitre comme une information sans publicité, les actrices devraient être définitivement écartées. D'un autre côté, si les jeunes femmes qui défendent le féminisme — quelqu'un du *Women's Party*, par exemple — pouvaient être de la partie, le fait que leur mouvement soit également promu lors de l'événement ne serait pas une mauvaise idée. Bien qu'elles devraient être belles, elles ne devraient pas paraître comme des top models. Trois pour chaque église couverte devraient suffire. Bien sûr, elles ne doivent pas fumer simplement en descendant les marches de l'église. Elles doivent se joindre à la parade de Pâques en fumant sans discontinuer ». Aussi, « certaines femmes devaient être accompagnées par des hommes », une manière de dire qu'elles étaient soutenues par leurs maris dans leur démarche. Enfin, il fallait un photographe sur les lieux pour faire de belles à photos à passer pour les agences de presse. La note a clairement montré que rien n'a été laissé au hasard[30].

La marche s'est déroulée sans accroc, même mieux que ses scénaristes ne l'avaient imaginée. Dix jeunes femmes ont bien dévalé la Cinquième Avenue de New York avec leurs « torches de la liberté » bien allumées. Les médias ont adoré, même si quelques « regrets » ont été relevés ici et là « de voir la femme adopter les habitudes de l'homme ». Les médias ont fait choux gras de l'événement. Il est à la Une des journaux dans

---

[30] Memo, "System Outline for Easter Smokers", Library of Congress.

tous les États-Unis, de Fremont, Nebraska, à Portland, Oregon, à Albuquerque, Nouveau-Mexique.

Le succès que l'événement a déclenché s'est avéré éclairant pour Bernays. « J'ai appris que les coutumes séculaires pouvaient être brisées par un appel fort, diffusé par le réseau des médias », écrit-il dans ses mémoires. « Bien sûr, le tabou n'a pas été complètement détruit. Mais une étape avait été franchie »[31]. Mais ce que Bernays ne dit pas est qu'il a usé de tromperie, corruption, et autres moyens contestables pour arriver à ses fins. Dans toutes les lettres qu'il a fait signer, souvent contre rémunération, on a convenu de ne jamais révéler son nom dans aucune circonstance. Même sa secrétaire, Bertha Hunt, citée dans les journaux du pays au sujet de sa participation, a omis de mentionner son lien avec Bernays, *American Tobacco* ou *Lucky Strikes*. Elle a confié au journal *Evening World* qu'elle « a eu l'idée de cette campagne pour la première fois quand un homme qui marchait avec elle dans la rue lui a demandé d'éteindre sa cigarette, car cela l'embarrassait ». Et d'ajouter : « J'en ai discuté avec mes amis, et nous avons décidé qu'il était grand temps que quelque chose soit fait pour remédier à la situation. » Et le communiqué qu'elle a publié a mentionné clairement que ni elle ni ses co-marcheuses n'avaient de « marque particulière favorite » de cigarettes.

Les cigarettes *Lucky Strike* ont dépassé les concurrents *Camel* et *Chesterfields* mais les sondages menés par la *Tobacco Company* ont montré que beaucoup de femmes ne prenaient pas *Lucky*, car son packaging vert marqué d'un œil rouge de taureau n'allait pas avec leurs vêtements. Quand Hill demande à Bernays ce qu'il suggère, celui-ci répond : « change la couleur vers du neutre qui ira avec tout ce qu'elles mettront. » C'était hors de question pour Hill : « J'ai dépensé des millions de dollars pour la publicité du packaging. Maintenant, vous me demandez de le changer. C'est un mauvais conseil. » La réplique de Bernays est aussi légendaire que les torches de la liberté : « Si vous ne changez pas la couleur de l'emballage, alors changez la couleur de la mode en vert. » La suite de cette histoire sera dans le Tome 2 du livre…

---

[31] Edward Bernays, "Biography of an idea, the founding principles of public relations", Open Road Integrated Medi, 2015.

Rarement, voire jamais, une campagne publicitaire a été menée sur autant de fronts que celle de Bernays pour l'industrie du tabac. Et rares ont été les responsables qui auront gardé trace de leur labeur comme a fait Bernays. Il a tout archivé, dans les moindres détails, et a donné quantité de papiers à la Bibliothèque du Congrès. Vingt-quatre boites de documents relatifs à la seule *American Tobacco Company* seront ouvertes et leurs contenus rendus publics après sa mort en 1995.

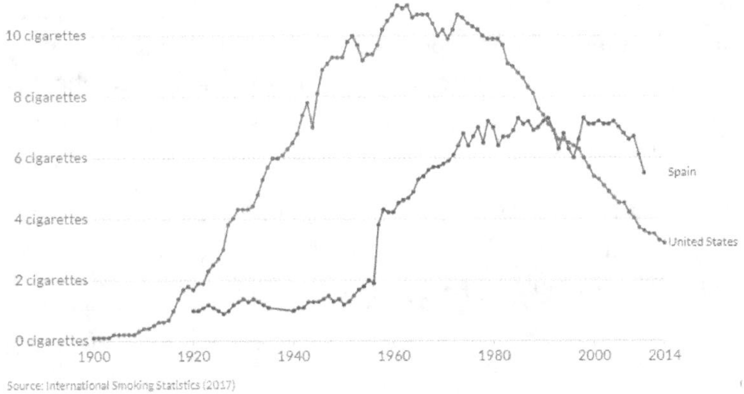

Figure 6 : Vente quotidienne moyenne de cigarettes aux États-Unis (rouge) et l'Espagne (noir)[32].

Malgré la dépression de 1929, la vente du tabac a fortement augmenté aux États-Unis, une croissance exponentielle, notamment chez les femmes, pour atteindre un sommet dans les années 1960, période où seulement un tiers des médecins américains croient qu'il y a un lien entre le tabac et le cancer[33]. On aura noté que la croissance de la consommation de tabac par adulte a été nettement plus importante aux États-Unis que dans d'autres pays occidentaux (voir graphique ci-dessus concernant l'Espagne par exemple). Sans surprise, le nombre de fumeurs parmi les femmes a littéralement explosé depuis la fin des années 1920[34]. Merci qui ? Edward Bernays bien sûr !

---

[32] https://ourworldindata.org/smoking
[33] https://tobaccocontrol.bmj.com/content/21/2/87
[34] https://www.ncbi.nlm.nih.gov/books/NBK44311/#A6558

La leçon, a écrit Bernays des années après dans sa biographie, est que *« l'accent mis sur la répétition gagne l'acceptation d'une idée, en particulier si la répétition provient de sources différentes »*.

Bernays lui-même n'a jamais fumé. Sa femme Doris l'a fait pendant plusieurs années alors qu'il a essayé avec persistance de l'en dissuader. Une preuve de plus, si besoin est, qu'il est plus facile de faire le mal que le bien, surtout quand on reçoit un salaire annuel de 300 000 $ à l'âge de 36 ans comme ce fut le cas de Bernays chez la *Tobacco Company* ! Et l'homme qui a aidé à persuader des dizaines de milliers, voire millions, d'Américains de renoncer aux bonbons au profit de la cigarette a admis plus tard dans une interview : « Je n'aime pas le gout [du tabac]. Je préfère le chocolat. »[35]

Ce fait rappelle un autre, plus contemporain, les PDG des grandes entreprises de la Silicon Valley qui interdisent à leurs enfants d'avoir un smartphone ou une tablette. On y reviendra…

Connaitre l'audience pour gagner l'attention

Comme précisé par Claude Hopkins, une publicité appliquée dans l'art implique une mesure précise de ce qui fait vendre. Comme il dit, en substance, « il faut lui demander des comptes comme on ferait avec tout bon commercial ». Cela implique naturellement de savoir précisément le nombre de personnes qu'une publicité a touché, et ce quel que soit le moyen de sa diffusion : journaux, radio, télévision, etc.

Au début de la radio, il n'y avait pas de moyen de mesure de l'audience et par conséquent il était difficile de mesurer le nombre de personnes qui ont été effectivement atteintes par les publicités. C'est très différent de la presse écrite où le nombre d'exemplaires de journaux vendus donne une idée du nombre de personnes ayant eu l'occasion de voir un message d'un annonceur. Les chercheurs spécialisés dans les médias se sont par la suite mis à utiliser certains outils pour cerner ce que les gens écoutaient. Il s'agissait au début surtout du courrier envoyé par des fans des émissions radio. Le nombre de lettres reçues et leurs contenus

---

[35] Saint Petersburg Times, February 2, 1984.

permettaient d'estimer l'audience. L'autre moyen qui a subsisté pour longtemps, et demeure encore pour les sondages de tout genre, était d'appeler directement au téléphone les gens pour leur demander ce qu'ils avaient regardé la veille. Cette méthode laborieuse a été adoptée longtemps jusqu'à l'invention de l'audimètre en 1936 par deux professeurs du MIT nommés Robert F. Elder et LF Woodruff.

Installé pour essai pour la première fois dans des foyers américains en 1939, l'audimètre se plaçait à côté des radios existantes. À l'époque, les radios avaient des cadrans. Équipé d'une série d'engrenages, l'audimètre était un appareil autonome connecté à une radio. Il avait un bras qui bougeait chaque fois que le cadran de la radio était tourné. Ainsi, chaque fois que la station de radio était changée, le bras de l'audimètre pivotait le long d'une longue bande qui s'enroulait lentement à l'intérieur de l'appareil. La bande pouvait renfermer une durée d'enregistrement d'environ un mois. Les chercheurs collectaient les bandes par la suite, une fois par mois, en visitant chaque maison équipée et les expédiaient à une usine de Chicago. Une fois sur place, les bandes étaient traitées par des dizaines d'ouvriers à l'aide de tabulatrices. Le procédé de mesure d'audience était donc relativement automatisé, une belle prouesse pour l'époque[36].

Un certain Arthur C. Nielson, un analyste de marché qui a débuté sa carrière dans les années 1920 dans la recherche marketing, créateur en 1932 d'un indice pour mesurer la vente au détail de l'alimentation et des médicaments (début des études de marché), s'y est engouffré. Sa société Nielsen Media Research s'est lancée dans la collecte des statistiques des marchés des émissions de radio, aboutissant à l'indice Nielson Radio en 1942. Les premières audiences d'écoute d'émissions de radio ont été publiées en 1947, affichant les 20 meilleurs programmes.

Arthur C. Nielsen a écrit un article pour *The Journal of Marketing* en 1942 pour donner sa vision de l'avenir de la publicité radiophonique. Il y a expliqué comment son entreprise a utilisé l'audimètre en équipant environ 200 maisons du Midwest. « À première vue, un échantillon de

---

[36] Matt Novak, "The Weird Machine That Measured Radio Audiences In The '30s And '40s", www.gizmodo.com.au, April 8, 2019.

200 audimètres peut sembler assez petit, mais il faut garder à l'esprit que chacun de ces instruments remarquables produit, au cours d'une année, une quantité d'informations à peu près égale à celle que l'on pourrait obtenir d'environ 500 000 appels téléphoniques », écrit Nielsen. « En d'autres termes », poursuit-il, « ces 200 audimètres ont produit, à ce jour, un volume d'informations à peu près égal à ce qui n'aurait pu être obtenu que par l'utilisation d'environ 300 millions d'appels téléphoniques. Et bien que les calculs ne soient pas tout à fait exacts, vous obtenez une bonne image. C'est beaucoup d'informations ».

Le genre d'information ? Non seulement les chercheurs du marché pouvaient déchiffrer les programmes que les gens écoutaient, mais la bande de l'audimètre pouvait également les renseigner sur les durées. Et comme les chercheurs connaissaient les familles dont ils avaient équipé les maisons avec des audimètres, ils connaissaient des informations telles que le niveau de revenu, le nombre d'enfants et vraiment tout ce qui pourrait être utile pour les annonceurs. Si, par exemple, un fabricant de dentifrice voulait toucher plus de femmes de la classe moyenne supérieure du Midwest avec trois enfants, il savait précisément quels programmes ces femmes écoutaient le plus. La publicité ciblée à grande échelle fait ainsi son chemin… Le professeur Elder, co-inventeur de l'audimètre se lamentera plus tard de la dérive qu'a connue l'utilisation de son invention : « la radiodiffusion souffre grandement de l'utilisation abusive des audiences, et pour cette raison, je ne suis pas très heureux de ma participation dans sa mise en œuvre ». Trop tard ! En 1950, Nielsen est passé à la télévision, devenant la principale source d'information sur les mesures d'audience dans l'industrie télévisuelle américaine. Plusieurs méthodes de collecte de données ont été utilisées pour cela :

– Journal papier des téléspectateurs dans lequel un ménage recruté par l'entreprise enregistre lui-même ses habitudes de visionnage ou d'écoute. Cette méthodologie a été complètement abandonnée seulement en juin 2018[37].

---

[37] Bhansali Raj, "Nielsen retiring the TV Diary benefits PBS Stations". PBS Digital, October 29, 2018.

– *Set Meters*, qui sont de petits appareils connectés à des téléviseurs dans les foyers recrutés. Ces appareils rassemblent les habitudes de visionnage et transmettent les informations chaque nuit à Nielsen via une ligne téléphonique. Ce système est conçu pour suivre les habitudes télévisuelles d'un foyer minute par minute, en enregistrant le moment où les téléspectateurs changent de chaine ou éteignent leur téléviseur. Nielsen a par la suite remplacé les compteurs fixes par des PPM (Portable People Meters), qui collectent les données de chaque membre d'un foyer, permettant ainsi à l'entreprise de séparer les informations en différents groupes démographiques. Le ciblage publicitaire progresse encore… Des téléspectateurs plus jeunes sont considérés comme plus attrayants pour de nombreux produits, alors que dans certains cas, des publics plus âgés et plus riches sont plus ciblés, ou encore des publics féminins par rapport aux hommes.

En 2005, Nielsen a lancé la mesure de l'utilisation des appareils d'enregistrement vidéo numériques permettant le visionnage en décalé (l'équivalent du replay actuel). En juillet 2017, Nielsen a annoncé inclure certains programmes des services de vidéo à la demande par abonnement Hulu et YouTube TV dans son système de mesure d'audience. Depuis octobre 2017, Nielsen s'est lancé dans les programmes de Netflix.

Aujourd'hui, la mesure d'audience TV est complètement révolutionnée. Avec les box Internet, chaque mouvement de zappette est enregistré. Pire encore, les smart TV (téléviseurs intelligents) ou les assistants vocaux permettent d'espionner tous les faits et gestes des utilisateurs[38]. La mesure de l'attention n'a jamais été aussi intense ! Et ce n'est pas fini.

Internet devenant le quatrième média après la presse papier, la radio, et la télévision, il n'échappera naturellement pas à la question de la mesure d'audience. Surtout que l'accès à l'information est bouleversé et d'autres acteurs inattendus sont entrés dans le jeu.

---

[38] Rapporté dans plusieurs médias. J'en parle en détail dans le livre « La face cachée de l'intelligence artificielle ».

Lancé en 1995 dans un garage par deux étudiants de l'Université de Stanford, Sergey Brin et Larry Page, Google encore dans sa version bêta doit gérer 10 000 requêtes par jour en 1998. Ce chiffre passera à 500 000 en février 1999 avant d'atteindre 3 millions en aout de la même année. Le trafic journalier dépassera 100 millions en 2000, faisant ainsi du moteur de recherche une source d'information importante. Il deviendra très vite un intermédiaire incontournable pour accéder aux autres médias, ce qui lui donnera une force de frappe sans précédent. Ayant un accès direct aux utilisateurs, c'est lui qui détient les véritables clés de mesure de l'audience. Et c'est surtout lui qui peut mettre en avant une source d'information donnée comme reléguer une autre. Les médias traditionnels sont pris dans les griffes du géant américain qui a désormais pouvoir de vie ou de mort sur eux. Même le très puissant *New York Times* en fera l'amère expérience en étant obligé de brader nombre de ses sites web relégués par le moteur de recherche[39].

En 2004, Mark Zuckerberg, alors étudiant, lance « The Facebook », un trombinoscope réservé dans un premier temps aux seuls étudiants de l'Université de Harvard. Dès le premier mois, plus de la moitié de la population de premier cycle était inscrite au service. En 2006, le site est accessible à tous. Le réseau comptera plus de 200 millions d'utilisateurs actifs sur mobile en 2010. Les médias traditionnels y ouvrent leurs comptes et se jettent ainsi dans un autre piège. En relayant leurs contenus sur Facebook, ils feront du réseau social un autre intermédiaire qui leur échappera tant il sera la nouvelle source d'information de milliards de personnes dans le monde. Encore une fois, c'est Facebook qui détiendra les nouvelles clés de l'audience et donc des revenus publicitaires. Il accaparera, aux côtés de Google, la part du lion de ce marché à plusieurs centaines de milliards de dollars. Pour les autres, il y aura les miettes…

Au sein des rédactions, on fait comme on peut. A partir de 2009, un logiciel appelé Chartbeat est utilisé pour la mesure de l'audience des articles publiés sur le web. Cet outil permet de savoir en temps réel ce que lisent les internautes comme contenu. C'est le début de la chasse au

---

[39] Boussad Addad, « La souveraineté numérique européenne : Innovations, échecs et espoir de 1900 à nos jours », VA Editions, 24 juin 2021.

clic et des titres racoleurs au détriment de la qualité des publications. C'est ainsi que Chartbeat deviendra très vite addictif dans les salles de rédactions[40], tout comme le sera dans tout le globe sa version simplifiée, le compteur du nombre de vues ou de likes sur les réseaux sociaux.

La Toile n'est pas votre amie

Internet n'est rien d'autre qu'un grand réseau d'ordinateurs connectés les uns aux autres. Une partie de l'activité effectuée sur un ordinateur est enregistrée en local, sur l'ordinateur lui-même, ou communiquée à des machines distantes (serveurs). C'est le cas lors de la visite d'un site web par exemple. Cela laisse souvent une trace en local (cookie) et sur le serveur distant (journaux ou logs).

Ces traces ne sont rien d'autre que l'équivalent des bandes enregistreuses des audimètres dont on a parlé précédemment. Elles permettent la mesure de l'audience d'un site web c.-à-d. l'ensemble des personnes qui le visitent. Il existe plusieurs indicateurs permettant cela comme le nombre de visiteurs uniques, le nombre de pages vues, le nombre de visites globales, la durée moyenne des visites, etc. Ces données, associées à d'autres données quantitatives, participent au calcul de certaines métriques très utiles (Web Analytics). Pour les détenteurs des sites web, c'est pratique pour l'optimisation des contenus des différentes pages et l'amélioration de leur référencement naturel (SEO), afin de les faire apparaitre en bonne place dans les résultats des moteurs de recherche comme Google.

Depuis l'avènement du web 2.0, l'internaute est un acteur à part entière dans l'écosystème Internet, car il génère lui-même du contenu. Quand une personne écrit un commentaire, like une publication, devient follower, se connecte avec un ami…, c'est autant de données qui sont sauvegardées sur les milliers de serveurs des data centers des plateformes numériques.

---

[40] ERIN GRIFFITH, "Stats-Addicted Editors Suffer From Chartbeat Withdrawal", www.adweek.com, APRIL 29, 2011.

À force de lâcher ces nombreuses données personnelles, la plateforme apprend à nous connaitre tels un ami ou un membre de famille qui grandit avec nous. Et un jour, tout comme ce proche pourra nous reconnaître au milieu d'une foule et réussira au premier appel à attirer notre attention, la plateforme saura faire de même. Elle captera si bien notre attention qu'elle ne la lâchera pas des heures durant…

Car contrairement au proche bienveillant, la plateforme pénètre notre esprit et dissèque notre psychologie pour mieux nous captiver. Tel un illusionniste, elle nous fait oublier le temps, nous fait entrer dans un monde de rêve où la perception est tout sauf vérité. Et si l'entrée dans la Toile est gratuite, la sortie est un long parcours du combattant…

CHAPITRE II : Quand la technologie rencontre la psychologie

« Facebook, Twitter, Google…, ces entreprises utilisent des ordinateurs pour influencer notre comportement. Mais comment elles le font n'a vraiment rien à voir avec les ordinateurs. Le chainon manquant n'est pas la technologie, mais la psychologie »,

— BJ Fogg

Quand le cerveau bogue

Avant d'aller plus loin, il faut se mettre d'accord sur un fait : le cerveau peut nous jouer des tours. Il contient en quelque sorte des bugs. Parfois dire «je ne crois pas mes yeux», prend tout son sens. Il faut se méfier même de l'expression : «Je suis comme Saint Thomas, je ne crois que ce que je vois.» Autrement dit, il faut parfois se méfier même de ce qu'on voit. Tout ce que nous percevons n'est pas forcément du domaine du conscient et ce qui est dans le conscient n'est pas nécessairement du domaine du réel. Difficile à comprendre ? Pas vraiment. Jetez donc un œil à la figure ci-dessous qui représente un damier avec un cylindre au-dessus. Voici une simple question : laquelle des deux cases, A ou B, est couverte de la couleur la plus foncée ? Tout le monde devrait répondre A. C'est sûrement difficile à admettre, mais les deux cases ont en réalité la même couleur. Pour vous en convaincre, il faut masquer tout le damier sauf les deux cases puis les comparer. On peut même arriver à le faire visuellement en se focalisant que sur les deux cases (va-et-vient entre les deux) et en faisant abstraction du reste, mais c'est honnêtement une torture mentale. Je vous invite à essayer. Vous allez y arriver.

Figure 7 : Illusion d'optique publiée par le neuroscientifique Edward H. Adelson (MIT, 1995).

Pourquoi donc cela ? Les mécanismes de fonctionnement du cerveau sont assez complexes et sensibles à ce qu'on appelle « stimulation subliminale » en psychologie cognitive. Cela peut se traduire par la modification d'une perception, conscience ou non de ce qui est perçu, en introduisant un stimulus subliminal (comme l'ombre sur le damier qui modifie tout). La question primordiale est évidemment l'effet de ce genre de stimuli sur le comportement. Une perception, bien que non consciente, peut-elle avoir quand même un effet sur les actions d'une personne ?

Figure 8 : **Stimulus de Fisher (1956)**[41]

---

[41] C. Fisher, "Dreams, Images, and Perception: A Study of Unconscious-Preconscious

Dans une étude de 1956, le chercheur Charles Fisher a flashé à l'aide d'un tachistoscope[42] le stimulus illustré à la figure ci-dessus (une perruche perchée entre deux chats siamois) pendant une très courte durée (10 ms) sur les yeux d'un groupe de personnes. Bien qu'aucun des sujets n'eut rapporté avoir vu un oiseau, il y avait beaucoup de preuves que la perruche avait été assimilée par leurs cerveaux. La plupart des sujets ont cru voir (conscient de) deux animaux, chiens ou cochons, noirs et blancs. Quand on leur demandait de dessiner ce qu'ils avaient vu, le résultat était déroutant. Malgré l'absence de tout rapport verbal sur la présence du petit animal, les dessins semblaient refléter l'influence de l'oiseau. Une des participantes s'était même étonnée de se voir reproduire sans cesse la silhouette d'un oiseau alors qu'il voulait juste dessiner celle d'un chien. « Elle voulait savoir ce qui n'allait pas, ne pouvait pas comprendre pourquoi elle a continué à dessiner un oiseau, déclarant qu'elle savait très bien comment dessiner un chien et l'avait fait tant de fois »[43].

L'expérience de Fisher, plutôt avant-gardiste, a essuyé des critiques de tout genre à l'époque, notamment sur la méthodologie. Mais les choses ont radicalement changé, surtout après les années 2000 où de nombreux travaux de recherches ont mené à des découvertes importantes dans ce domaine. Un cours donné au Collège de France en 2009 par le neuroscientifique Stanislas Dehaene en dresse une liste assez complète[44]. On découvre ainsi qu'il est possible de rendre une image inconsciente (la faire disparaitre en quelque sorte), alors qu'elle est bien présente devant l'œil, en faisant par exemple flasher une autre image avant ou après. C'est la technique dite de « suppression par flash », prouvée expérimentalement et publiée en 2003[45]. Il existe plusieurs autres

Relationships", 1956, Journal of the American Psychoanalytic Association, 4, p. 24.

[42] Un tachistoscope est un appareil permettant la présentation ultra rapide (de l'ordre de la milliseconde) d'un stimulus au champ visuel. Cet équipement permet de contrôler finement les paramètres de la présentation visuelle des stimuli en temps et en intensité.

[43] Fisher, 1956, pp. 25-26.

[44] https://www.college-de-france.fr/site/stanislas-dehaene/course-2008-2009.htm

[45] Melanie Wilke 1, Nikos K Logothetis, David A Leopold, "Generalized flash suppression of salient visual targets", Neuron, 2003 Sep 11;39(6):1043-52.

techniques et cela ne concerne pas que la vision. C'est aussi valable pour l'audition par exemple. On peut rendre un son inconscient si on le juxtapose à un autre son bien déterminé.

Mais le plus important est le fait que l'information inconsciente n'est pas pour autant sans conséquence, bien au contraire. En réalité, le cerveau la traite bien[46], en parallèle de ce qui est conscient, et peut ainsi affecter le contrôle exécutif (actions)[47], soit le comportement de tous les jours d'une personne, y compris l'apprentissage ou la motivation. En psychologie cognitive on parle « d'amorçage », mécanisme qui permet de modifier la réponse d'une personne à un stimulus en lui présentant au préalable un stimulus de façon consciente ou inconsciente. C'est démontré dans de nombreuses études et sur diverses stimulations sensorielles : vision, audition, odeur, etc. Des études ont démontré par exemple l'effet de présentation d'une carte de crédit sur la propension à acheter. Lorsque les individus sont exposés à une carte de crédit, ou une image de carte de crédit comme sur un site web, ils sont plus enclins à dépenser de l'argent[48]. Ça peut jouer aussi sur la motivation d'après une étude publiée dans la revue Science de 2007[49]. Les auteurs ont mené une expérience dans laquelle des participants doivent exercer une pression sur une pince à ressort, la récompense étant proportionnelle à cette pression. Avant chaque essai, une pièce de monnaie, soit une livre sterling soit un penny étaient flashés subliminalement. Conformément aux hypothèses des auteurs, les participants exposés à une pièce de plus grande valeur exerçaient une pression plus élevée. Cela démontre que le degré de motivation des participants a été influencé à leur insu (pas

---

[46] Ceci est bien observé par imagerie médicale de l'activité des neurones. Certains des neurones, phénomène pas complètement expliqué, sont même plus actifs lors de la perception non consciente de certains objets.

[47] Il s'agit (voir Cours de Stanislas Dehaene au collège de France, 2009) de l'ensemble des processus qui sous-tendent : 1) la planification, l'initiation, l'exécution et la supervision des comportements volontaires dirigés vers un but. 2) La flexibilité cognitive dans la conception de stratégies nouvelles, non routinières.

[48] Feinberg, R. A. (1986), "Credit cards as spending facilitating stimuli: A conditioning interpretation", Journal of Consumer Research, 13(3), 348–356. https://doi.org/10.1086/209074.

[49] Mathias Pessiglione 1, Liane Schmidt, Bogdan Draganski, Raffael Kalisch, Hakwan Lau, Ray J Dolan, Chris D Frith, "How the brain translates money into force: a neuroimaging study of subliminal motivation", Science, 2007 May 11;316(5826):904-6.

capables d'identifier la pièce qui leur a été présentée). De nombreuses autres études ont montré l'impact réel de la perception subliminale sur la consommation. Mais pas que.

Et si ça pouvait influer sur le choix électoral par exemple ? On peut en sourire, mais les faits suivants sont réels. Le 12 mars 1990 s'est tenu devant le tribunal de Paris un procès hors du commun. Le plaignant ? Un électeur déçu. En cause ? Le générique du journal télévisé de la chaine Antenne 2 (devenue France 2) dans lequel on a incrusté pas moins de 2949 images furtives du président candidat François Mitterrand durant la période préélectorale, entre septembre 1987 et mai 1988. On peut voir ça sur une vidéo disponible en ligne[50]. Ces images ont continué d'être diffusées jusqu'à ce que la Commission nationale de la communication et des libertés, alertée, ordonne leur arrêt[51]. Le président Mitterrand ne pouvant comparaitre, c'est le PDG d'Antenne 2 de l'époque qui est sur le banc, accusé de complicité. Est témoin au tribunal le journaliste d'investigation Jean Montaldo, qui révèle le premier l'affaire, en utilisant l'expression « image sublimée », dans les colonnes du Quotidien de Paris, quelques jours après la réélection de M. Mitterrand en mai 1988. Ce procès a été une occasion pour beaucoup de monde de découvrir l'historique de cette technique déjà utilisée aux États-Unis, dans la publicité dans les cinémas pour vendre du Coca-Cola, ou encore pour la torture des prisonniers durant la guerre de Corée. Elle a été également utilisée plus récemment durant les élections présidentielles très disputées entre Al Gore et Georges W. Bush en 2000. Le comité national républicain (RNC) a financé une campagne publicitaire « subliminale » à hauteur de 2,5 millions $, entre le 20 aout 2000 et le 12 septembre, pour saboter le programme d'Al Gore. Le message subliminal « RATS » a été diffusé plus de 4 400 fois sur 33 médias différents avec le portrait d'Al Gore. L'impact de ces messages sur les élections a même fait l'objet de récents travaux de recherche[52].

---

[50] https://www.youtube.com/watch?v=3H7BJTclA-A&ab_channel=vivelapub2

[51] Le Monde, « Le générique contesté d'Antenne 2. Un procès subliminal », Archives du journal Le Monde, 14 mars 1990.

[52] Patrick Stewart, "Subliminals in the 2000 Presidential Election: Policy Implications of Applied Neuroscience", Public Integrity, Summer 2008, vol. 10, no. 3, pp. 215–231.

En France, le CSA interdit l'utilisation des images subliminales, avec le décret n° 92-280 du 27 mars 1992, article 10 : « La publicité ne doit pas utiliser des techniques subliminales entendues comme visant à atteindre le subconscient du téléspectateur par l'exposition très brève d'images en vue de la promotion d'un produit, d'une cause ou d'une idée. »

Aux États-Unis c'est également interdit et un annonceur qui se fait attraper peut se voir retirer sa licence. La chaine de restauration rapide McDonald a failli en faire les frais en 2007 quand un logo subliminal est apparu dans une émission culinaire. La chaine a répondu à l'accusation en disant que c'était juste un bug[53]. Drôle de bug qu'un grand « M » rouge sorte de nulle part…

Ce genre de découverte peut être très mal vu par le public, surtout avec l'ère d'Internet et la viralité de l'information. Les annonceurs, aussi bien sur Internet que les médias classiques, s'appuient donc sur d'autres mécanismes psychologiques plus discrets. On en cite quelques-uns[54] :

– Subliminalité ébbinghausienne : cette subliminalité remonte au début de la psychologie expérimentale. Ebbinghaus (1885) a montré que les choses récemment apprises et qui sont ignorées par le sujet sont rapidement oubliées au fil du temps. C'est la subliminalité due à l'oubli. Cet oubli ne signifie pas disparition, mais passage en dessous du seuil de conscience. Cela dépend fortement du type de stimuli utilisé. Il s'avère que les images sont plus facilement retenues que les mots. De plus, une stimulation répétée avec des images fait remonter la mémorisation avec le temps (hypermnésie), contrairement aux mots. Conclusion, une petite piqure de rappel d'un objet dans une publicité, en utilisant naturellement une belle image, fait remonter le niveau de conscience et d'appréciation envers l'objet. Ce qui est intéressant est qu'à force de percevoir un objet, on finit inconsciemment par l'aimer. Tout un chacun aura noté ça avec la musique par exemple. Quand on entend une chanson à la radio pour la première fois, on l'ignore souvent. Au bout de la nième écoute, on finit

---

[53] Canadian Press, "It was a glitch, not a subliminal ad, for McDonald's on Food Network", http://www.cbc.ca, January 25, 2007.

[54] Erdelyi, M. H., & Zizak, D. M., "Beyond gizmo subliminality". In L. J. Shrum (Ed.), The psychology of entertainment media: Blurring the lines between entertainment and persuasion (p. 13–43). Lawrence Erlbaum Associates Publisher, 2004.

involontairement par tomber sous le charme et la chantonner. Cela reste valable avec l'image. À force de visiter un site web par exemple, l'exposition répétée à son identité visuelle (logo, photos, menu…) finit par nous faire aimer le site et donc y revenir. On parle aussi de biais de répétition s'agissant de l'information. À force d'entendre un message, on a tendance à le croire de plus en plus, même s'il n'a rien à voir avec la réalité (effet de vérité illusoire). On attribue ce phénomène à la « fluidité de traitement », un terme qui décrit la facilité avec laquelle le cerveau assimile une information. Ce qui est déjà vu est naturellement plus facile à traiter. Ce qui évite de dépenser de l'énergie est appréciable pour un humain toujours en quête de survie. C'est le résultat du long processus de l'évolution de l'espèce.

– Subliminalité pavlovienne : À partir de 1889, le physiologiste Ivan Pavlov effectue des travaux sur la salivation des chiens pour un programme de recherches sur la digestion. Pour ce faire, il pratique une incision dans la joue d'un chien et y insère un tuyau pour récolter de la salive. Ensuite, il met de la viande en poudre dans la gueule du chien et observe l'effet. Il remarque alors qu'un chien qui revient dans le laboratoire de recherches après un certain nombre de fois se met à saliver avant même qu'on le nourrisse. Le chien salive simplement en voyant la pièce, le plat où on lui met la nourriture, la personne qui la lui donne ou encore à sentir l'odeur de la viande. Le chien anticipe : il associe la situation présente à la situation qui va suivre. Pour confirmer son intuition sur le réflexe conditionnel, Pavlov refait l'expérience sur un autre chien et applique un stimulus (sifflet ou cloche) chaque fois qu'il se prépare à lui servir un repas. Après plusieurs répétitions, le chien salive à la seule application du stimulus (son du sifflet ou cloche) alors même qu'aucune nourriture ne lui est servie. L'appariement est acté entre le stimulus inconditionnel (son) et la réponse conditionnelle. On est en 1903 et Pavlov présente officiellement ses résultats sous le concept de conditionnement classique. C'est le début du béhaviorisme[55].

---

[55] Le béhaviorisme est un paradigme de la psychologie selon lequel le comportement observable est essentiellement conditionné soit par les mécanismes de réponse (réflexe) à un stimulus donné, soit par l'histoire des interactions de l'individu avec son environnement, notamment les punitions et récompenses obtenues.

Le psychologue américain John Watson (1878-1958)[56] reproduira plus tard l'expérience sur un jeune enfant, à une époque où les règles d'éthique ne sont pas d'actualité dans la recherche en psychologie. C'est « l'expérience du Petit Albert », visible en ligne ici[57] (âme sensible s'abstenir). Le psychologue présente d'abord une petite souris blanche à l'enfant. Jusqu'ici, le garçon se réjouit de la présence du petit animal. D'un autre côté, lorsque Watson frappe deux bâtons métalliques ensemble afin de créer un son fort, l'enfant panique et se met à pleurer. Il répète l'expérience avec les bâtons plusieurs fois, à chaque fois que le jeune garçon s'approche pour jouer avec la souris blanche. Le résultat est toujours le même et l'enfant se met à pleurer. En agissant de la sorte de façon fréquente et répétitive, Watson finit par créer chez l'enfant une peur envers la souris blanche. Après un certain temps, l'enfant craint la souris blanche et pleure lorsqu'elle s'approche de lui. Watson a aussi constaté qu'il est lui-même devenu un stimulus de la peur pour l'enfant qui a la même réaction à chaque fois qu'il le voit. De plus, la peur que l'enfant a de la souris blanche se généralise autant envers les lapins blancs et les autres animaux à poil blanc, mais aussi envers les manteaux de fourrure blanche.

Dans le monde de la publicité, la subliminalité pavlovienne est une technique standard, bien que la viande et les cloches ne soient pas les stimuli habituellement utilisés. Au lieu de cela, on utilise un stimulus qui donne du plaisir à voir, par exemple un top model sexy (équivalent de la poudre de viande). Ce dernier est associé à un produit à vendre (par exemple une voiture). Après un certain nombre d'appariements entre le top model et le produit, on peut s'attendre à ce que le sujet qui regarde la publicité salive à chaque fois qu'il verra la voiture par la suite. Le message des annonceurs est naturellement subliminal, bien pesé pour éviter un rejet de prime abord. Mais souvent cet effort n'est même pas

---

[56] John Broadus Watson (1878-1958) est un psychologue américain, fondateur du béhaviorisme. Voulant faire de la psychologie une science objective, il défend l'idée que celle-ci doit se cantonner à l'étude rigoureuse des comportements (behavior en anglais) observables tels qu'ils se produisent en réponse à un stimulus défini en excluant tout recours à l'introspection. Watson accorde ainsi une place centrale aux phénomènes d'apprentissage et notamment d'association stimulus-réponse, dans le droit fil des travaux de Pavlov. Rien à voir avec Freud …

[57] https://www.youtube.com/watch?v=9hBfnXACsOI

nécessaire, car les stimuli utilisés sont beaucoup moins évidents à déceler comme les bébés, les célébrités, les animaux, etc. Après cela, on ne doit pas s'étonner de s'arrêter à un rayon de chips et d'en prendre un paquet sans trop savoir pourquoi. Sur la Toile, ce sont exactement les mêmes mécanismes qui sont à l'œuvre pour nous faire venir et revenir.

– Subliminalité freudienne : on parle parfois de subliminalité freudienne à travers l'utilisation de techniques de dégradation du sens d'un texte par exemple en utilisant l'omission ou la symbolisation[58]. Je la mentionne ici par pure honnêteté intellectuelle pour ne pas occulter son existence (libre au lecteur de l'approfondir), mais je dois avouer que je suis loin d'être un fan de Sigmund Freud, ses théories étant orthogonales aux neurosciences et la psychologie cognitive expérimentale auxquelles je crois. En effet, rien de scientifique n'est venu corroborer ses hypothèses qui ont tout l'air d'escroqueries intellectuelles[59]. L'œuvre de Freud pourrait être qualifiée de subliminalité en tant que telle certes. C'est pour moi une véritable illusion de la pensée, qui tord la réalité comme le cylindre sur l'échiquier que nous avons vu en début de ce chapitre. C'est d'ailleurs le titre d'un livre au vitriol qui lui est consacré par le professeur émérite de l'Université de Californie, Berkeley, Frederick Campbell Crews : « Freud, la fabrique d'une illusion. »[60] Il est utile de rappeler par exemple que Freud a avancé ses théories durant une période où il faisait l'apologie de la cocaïne dont il était lui-même addict durant une quinzaine de longues années. Il l'a même utilisée pour traiter un « patient », Ernst Fleischl von Marxow, un jeune brillant scientifique, accro à la morphine à la suite d'une opération chirurgicale. Ce pauvre a fini par être fortement dépendant aux deux substances à la fois, et mourir prématurément à l'âge de 45 ans ! Aussi, la découverte faite sur l'utilisation de la cocaïne comme anesthésiant en médecine n'a rien à avoir avec Freud. Ce dernier a déclaré qu'il était sur le point de faire la

---

[58] Erdelyi, M. H., & Zizak, D. M., "Beyond gizmo subliminality". In L. J. Shrum (Ed.), The psychology of entertainment media: Blurring the lines between entertainment and persuasion (p. 13–43). Lawrence Erlbaum Associates Publisher, 2004.
[59] Jacques Bénesteau, « Mensonges freudiens : Histoire d'une désinformation séculaire », Pierre Mardaga Editeur, 2002.
[60] Frederick Campbell Crews, "The Making of an Illusion", Metropolitan Books, 2017.

découverte, mais qu'il a été distrait par sa fiancée, Martha, sœur d'Ely Bernays, le père d'Edward Bernays !

Pour un livre qui aborde le sujet de l'addiction, ce serait mal venu de m'attarder sur Freud. Je fais donc court, contrairement au « philosophe » Michel Onfray qui veut démonter Sigmund dans ses livres mais le cite toutes les deux minutes à la télé ! Voici donc juste un court extrait de l'ouvrage « Rêve et télépathie » que Freud a dû écrire après avoir sniffé un rail de la substance blanche : « Quand dans le rêve une femme veut tirer un homme de l'eau, cela peut signifier qu'elle veut être sa mère (qu'elle le reconnaît comme son fils, comme la fille du pharaon reconnut Moïse) ou bien : elle veut, par lui, devenir mère, avoir de lui un fils qui, en tant que son image, est posé comme équivalent à lui. Le tronc de l'arbre auquel se tient la femme est facile à identifier comme symbole phallique [pénis], même s'il ne se dresse pas tout droit, mais est incliné. » Quand je dis que c'est de l'illusion de la pensée…

Dans un courrier écrit à son collaborateur Wilhelm Fliess en 1890, Freud a expliqué sans ironie qu'il ne pouvait pas lui rendre visite à Berlin, car il était plongé dans une pratique psychiatrique qui pigeonnait les femmes riches de Vienne : « Ma plus importante cliente [Hauptklientin] vient tout juste de plonger dans une sorte de crise nerveuse et elle pourrait aller mieux en mon absence. » [61] Non, ce n'était pas de l'ironie comme il est bien expliqué dans le livre de Frederick Crews mentionné plus haut. La *Hauptklientin* dont parlait Freud était en effet sa principale source de revenus. Durant cette période de galère, il ne pouvait s'en passer.

Et dire que Freud a réussi à berner la bourgeoisie occidentale durant des dizaines d'années et que l'on continue jusqu'à aujourd'hui à appeler cet illusionniste le « père de la psychanalyse ». C'est la preuve que le cerveau bogue parfois à très long terme.

Les biais cognitifs, un raccourci pour la survie

---

[61] Ibid.

Les subliminalités que nous avons évoquées précédemment sont des phénomènes psychologiques inconscients qui se traduisent souvent par des biais cognitifs. Nous avons évoqué par exemple les erreurs humaines de perception dans le cas des illusions d'optique. Ce sont des biais dits sensori-moteurs. En réalité, on dénombre plus de 200 biais cognitifs humains de divers types à ce jour. Un biais cognitif est une distorsion dans le traitement d'une information, mais un raccourci nécessaire dans un monde où le temps de réflexion n'est pas toujours disponible. C'est le résultat de l'évolution de l'homme pour survivre en prenant des décisions très rapidement en cas de danger par exemple. Si l'homme analyse la réalité avec justesse la plupart du temps, le raccourci peut parfois lui jouer des tours. Surtout si la situation est sous contrôle d'une autre personne.

L'étude des biais cognitifs fait l'objet de nombreux travaux en psychologie cognitive, en psychologie sociale et plus généralement dans les sciences cognitives. Ces travaux ont identifié de nombreux biais à travers de multiples domaines : perception, statistiques, logique, causalité, relations sociales, etc. Ces biais cognitifs ne sont généralement pas conscients, ce qui rend leur correction souvent difficile, voire impossible.

Le neuro marketing en publicité commerciale ou politique exploite très souvent des biais cognitifs pour faire passer des messages. La conception des applications mobiles et sites web exploite également nombre de biais pour influer sur le comportement des utilisateurs pour les pousser à adopter de nouvelles habitudes de consommation. Le but est de capter l'attention aussi longtemps que possible pour la monétiser. Nous reviendrons en détail sur certains de ces biais et montrerons comment ils sont exploités.

La captologie ou le croisement entre technologie et psychologie

Une interface d'un site web ou d'une application mobile réussie est celle qui capte notre attention et nous retient le plus longtemps possible, mais pas que. Elle doit surtout changer notre comportement pour qu'on y revienne les plus souvent. En d'autres termes, réussir à changer nos habitudes. En psychologie cognitive, une habitude est définie comme un comportement automatique déclenché par des signaux et réalisé avec peu de réflexion. Changer ce comportement le plus souvent inconscient — pour rappel une large part (95 %) de l'activité cognitive humaine est inconsciente[62] — à long terme est le but d'une nouvelle discipline appelée captologie. Son champ d'application dépasse celui de la Toile et s'étend bien au-delà. Elle est par exemple utilisée dans le domaine de la santé et le bien-être, pour la lutte contre les addictions, l'amélioration des habitudes alimentaires et physiques, etc. Le terme « captologie » est dérivé du sigle CAPT, abréviation de *Computers as Persuasive Technologies* ou ordinateurs comme technologies de persuasion. Il a été introduit en 1996 par un certain BJ Fogg, un professeur de l'Université de Stanford. C'est l'un des plus grands gourous du numérique comme l'a souligné le média américain Fortune il y a quelques années, mentionnant que ses méthodes allaient révolutionner la technologie mobile après les années 2000[63]. Il est le fondateur et directeur du laboratoire *Persuasive Technology Lab* spécialisé en captologie. Ses travaux de recherche se concentrent sur l'influence des moyens technologiques interactifs sur le comportement humain (croyances et actions) : les méthodes de création des habitudes, les causes des comportements, le changement automatique des comportements, et la persuasion. JB Fogg a mis au point un modèle de comportement désigné par une équation[64] qui rappelle une autre :

$$B = MAT.$$

L'équation stipule que le comportement (B pour *Behavior* en anglais) est le résultat de trois éléments : motivation (M), Aptitude (A pour *Ability* en anglais), et un déclencheur (T pour *Trigger*). À partir de là, Fogg a construit une grille de quinze comportements différents représentés par des couleurs[65]. Chaque comportement est caractérisé par ces trois

---

[62] http://www.simplifyinginterfaces.com/2008/08/01/95-percent-of-brain-activity-is-beyond-our-conscious-awareness/

[63] Jennifer Reingold and Christopher Tkaczyk, "10 new gurus you should know", Fortune, 11-08-2008.

[64] https://www.youtube.com/watch?v=7LJW-kYNo7k&ab_channel=Phytel

[65] https://www.youtube.com/watch?v=Sd7xx1n3dl8&ab_channel=Dr.BJFogg

éléments avec des valeurs plus ou moins grandes. Grosso modo, quand la motivation est là, même si une tâche est difficile, elle peut être effectuée si on trouve le bon déclencheur.

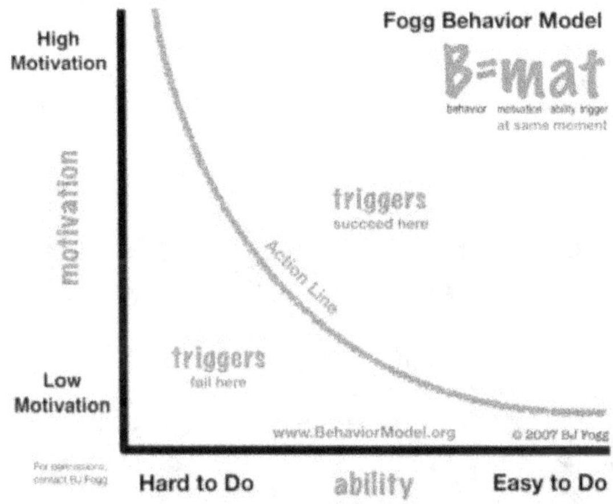

Figure 9 : Le modèle comportemental de BJ Fogg : B = MAT.

Un déclencheur effectif doit être au-dessus de la ligne motivation/aptitude (voir figure). Donner une tâche trop difficile peut-être frustrant et à l'inverse une trop facile peut être ennuyeux.

Fogg définit trois principaux motivateurs pour l'humain : il recherche le plaisir et évite la douleur, garde l'espoir et évite la peur, recherche l'acceptation sociale et évite le rejet du groupe. Les deux faces de ces trois états psychologiques sont des leviers importants pour l'activation ou inhibition d'un comportement.

Ce qu'on ne voit pas sur le graphe qui affiche une certaine symétrie est un fait simple de la nature humaine : il est plus effectif de rendre une tâche plus facile (augmenter l'aptitude) que d'augmenter la motivation d'une personne sur le long terme (mais pas pour longtemps si ce n'est déjà fait comme on verra dans un prochain chapitre sur la manipulation algorithmique). L'implication de cela est que la voie de moindre résistance est souvent d'exploiter les motivations existantes et de rendre une tâche plus facile à réaliser.

	GREEN Do new behavior	**BLUE** Do familiar behavior	**PURPLE** Increase behavior intensity	**GRAY** Decrease behavior intensity	**BLACK** Stop existing behavior
DOT One time	GREEN DOT *Do a new behavior one time*	BLUE DOT *Do familiar behavior one time*	PURPLE DOT *Increase behavior one time*	GRAY DOT *Decrease behavior one time*	BLACK DOT *Stop behavior one time*
SPAN Period of time	GREEN SPAN *Do behavior for a period of time*	BLUE SPAN *Maintain behavior for a period of time*	PURPLE SPAN *Increase behavior for a period of time*	GRAY SPAN *Decrease behavior for a period of time*	BLACK SPAN *Stop behavior for a period of time*
PATH From now on	GREEN PATH *Do new behavior from now on*	BLUE PATH *Maintain behavior from now on*	PURPLE PATH *Increase behavior from now on*	GRAY PATH *Decrease behavior from now on*	BLACK PATH *Stop behavior from now on*

Figure 10 : La grille des comportements de BJ Fogg[66].

Fogg divise sa grille de comportements en trois lignes : des actions ponctuelles (DOT), des actions étendues (SPAN) et des actions de trajectoire (PATH). Un point est un comportement ponctuel (comme l'installation d'une application). Une action étendue se produit sur la durée (comme la souscription d'un abonnement pour six mois). Une trajectoire est une nouvelle habitude que l'utilisateur prend à partir de maintenant (comme ne plus manger de viande). La grille comporte cinq colonnes : nouveaux comportements (vert), comportements existants (bleu), comportements qu'on souhaite augmenter (violet), ceux qu'on souhaite diminuer (gris), et ceux qu'on souhaite arrêter (noir).

La plupart des applications mobiles qui réussissent créent de nouvelles habitudes pour les utilisateurs en leur permettant de faire plus facilement quelque chose qu'ils font déjà ou veulent faire. C'est ce que Fogg appelle « un chemin bleu » dans sa grille. Son disciple et ancien élève à Stanford, Mike Krieger, co-fondateur d'Instagram, a appliqué cette

---

[66] http://www.behaviorwizard.org/wp/behavior-grid

stratégie à la lettre dans la conception de son application. Les gens partageaient déjà des photos en ligne, mais Instagram a rendu la chose plus facile (aptitude accrue), plus amusante (motivation accrue) et a fourni des déclencheurs sociaux qui encouragent l'engagement (voir les photos d'amis ou de célébrités par exemple).

Lorsqu'une application séduit, elle passe de comportements ponctuels de type « vert » à habituels de couleur « violet », suscitant davantage d'engagement et d'attention de la part des utilisateurs. Fogg décrit comment on obtient ce type de transition :

- o Augmenter le nombre de déclencheurs menant au comportement souhaité (e.g. notifications de tout genre).
- o Faciliter l'exécuter d'un comportement (cliquer sur un bouton de like au lieu d'écrire : « j'aime ta publication »)
- o Amplifier la motivation pour effectuer le comportement avec des motivateurs intrinsèques et extrinsèques (e.g. partager ses propres exploits ou flatter les autres).

Si on regardait les fonctionnalités ajoutées progressivement à Instagram, par petits pas (*baby steps*) comme décrit par Krieger[67], on constaterait qu'elles répondent toutes à des questions de type MAT : cela incitera-t-il l'utilisateur à prendre ou à partager plus de photos ? Cela rendra-t-il le processus plus facile ou plus rapide ? Cela sera-t-il plus amusant et épanouissant pour l'utilisateur et ses amis ?

On trouve les mêmes principes sur Facebook comme l'explique dans une vidéo[68] la chercheuse Lily Cheng travaillant au laboratoire de Fogg à Stanford. Elle y décrit comment le fil d'actualité du réseau social met efficacement des « déclencheurs chauds sur le chemin de personnes motivées » pour les pousser à y répondre et surtout le faire de plus en plus habituellement. Mais gare à la surenchère. Il faut que ça reste subliminal. À un moment Facebook a commencé à mettre des publicités au début du fil d'actualité. Cela a créé du mécontentement chez beaucoup d'utilisateurs, car pas ravis d'être accueillis par des pubs à

---

[67] Anthony Wing Kosner, "Instagram Will Monetize For Facebook As Always By Testing Solutions One Week At A Time", www.forbes.com, Dec 1, 2012.
[68] https://www.youtube.com/watch?v=Tmptd1miwOg&ab_channel=captology

chaque ouverture du site web. C'est comme si on mettait un panneau publicitaire devant chaque maison. Ce n'est pas toujours agréable d'ouvrir sa fenêtre et d'être accueilli de la sorte à chaque fois. Sur la route en revanche, ça gêne moins. Ça n'attire l'attention que de gens motivés sans déranger les autres. C'est exactement cette stratégie qui a été adoptée par Facebook après son faux pas. La pub est glissée entre les contenus postés par les amis. Ainsi, une personne non intéressée passe son chemin et n'y fait pas vraiment attention, du moins consciemment. Les autres y réagissent avec des likes ou des commentaires.

La méthode par petits pas inspirée du modèle de BJ Fogg a été tellement efficace chez Instagram qu'elle a été adoptée par tous les autres réseaux sociaux. Le design comportemental a été si décisif dans la réussite de cette plateforme qu'on soupçonne même Facebook de l'avoir rachetée pour profiter surtout de son expérience dans ce domaine plutôt qu'autre chose[69].

Les nombreuses fonctionnalités ajoutées aux applications mobiles et sites Internet pour provoquer des réactions et de nouvelles habitudes chez les utilisateurs sont nées de la même manière, en essayant de percer la psychologie humaine à travers la captologie. Comme le déclare Fogg, « Facebook, Twitter, Google… utilisent des ordinateurs pour influencer notre comportement. Mais comment elles le font n'a vraiment rien à voir avec les ordinateurs. Le chainon manquant n'est pas la technologie, c'est la psychologie ».

Devant la concurrence entre des plateformes de la Toile de plus en plus nombreuses, celles-ci redoublent d'efforts pour capter une bonne part de l'attention de l'utilisateur en forgeant ses nouvelles habitudes autour de leurs produits. C'est la course au podium du concours : *qui veut gagner des esprits ?* Car une fois ancré dans le cerveau, il est difficile aux concurrents de venir déloger un produit, même en fournissant un meilleur. John Gourville, professeur de marketing à la Harvard Business School, écrit dans un article : « De nombreux produits échouent parce que les gens surévaluent irrationnellement les avantages des biens qu'ils

---

[69] Anthony Wing Kosner, "Instagram Will Monetize For Facebook As Always By Testing Solutions One Week At A Time", www.forbes.com, Dec 1, 2012.

possèdent par rapport à ceux qu'ils ne possèdent pas. Les dirigeants, quant à eux, surévaluent leurs propres innovations. »[70] Et plus le temps passe et les habitudes s'ancrent et deviennent anciennes, plus il sera difficile de venir les chambouler. Les nouvelles sont à contrario plus fragiles et peuvent vite se dissiper pour laisser la place aux anciennes.

Actuellement, quand une personne se pose une question, elle ouvre Google sans réfléchir, car « c'est le meilleur » et « il a toutes les réponses ». C'est machinal. C'est zéro réflexion. Le cerveau y est conditionné à la Pavlov. C'est tellement ancré que c'est devenu un verbe en anglais, signifiant rechercher sur Google. Allez donc faire une requête ailleurs que sur celui-ci quand depuis l'école primaire l'enseignant vous fait inlassablement la même demande « *google it* ». Ce serait presque contre naturel que de s'en détourner pour un cerveau conditionné à ça durant des années.

Cela me rappelle une petite anecdote. Une personne a posé une question sur LinkedIn concernant les algorithmes d'Amazon de suivi des habitudes d'achat des consommateurs. Je lui ai répondu simplement en m'adressant à elle par : « Amazon vous suit et sauvegarde toutes vos données quand vous achetez, faites des recherches [...] » Une autre personne a pris ma réponse pour de l'arrogance, comme si moi j'avais la recette miracle pour ne pas être suivi par le géant américain, et m'a répondu : « Vous suit vous aussi. » Je sais que la plupart des gens autour de moi achètent sur Amazon, mais avec cette interpellation j'ai compris que c'est devenu une évidence même pour beaucoup de gens. J'ai répondu gentiment que j'achetais en ligne, mais je préférais être suivi par une plateforme française (Cdiscount). La firme de Jeff Bezos, Amazon, a pénétré les cerveaux et y a créé un conditionnement. Ce sera difficile de l'en déloger, surtout après l'explosion de ses ventes durant les confinements et la crise du coronavirus...

L'art de booster la motivation sur la Toile

Dans la conception des interfaces mobiles ou web, on joue très souvent sur la composante M (motivation) du modèle MAT de BJ Fogg. Pour ce

---

[70] Gourville, John T. "Eager Sellers and Stony Buyers: Understanding the Psychology of New-Product Adoption", Harvard Business Review, June 1, 2006.

faire, rien de mieux que de jouer sur les émotions et certains biais cognitifs.

– *L'aversion à la perte :* s'il y a une chose que tout humain déteste, c'est perdre. Ça déclenche un sentiment négatif, une émotion négative de peine, de peur, et de regret. Le marketing en général, et en ligne en particulier, exploite merveilleusement bien cela avec des techniques désormais bien rodées.

Une perte, quelle que soit sa nature, fait toujours mal à l'homme. La question est : pourquoi ? C'est simplement vu inconsciemment comme une diminution des chances de sa survie. Une perte signifie un danger qu'il faut éviter. L'évolution de l'espèce encore et toujours. C'est pour cela d'ailleurs qu'on accorde plus d'importance à la perte d'un objet que le gain d'un objet de même valeur. On est même prêt à se battre pour garder une chose qu'on possède alors qu'on la refuserait parfois si quelqu'un nous la tendait. C'est le principe de « l'aversion à la perte », une notion issue de l'économie comportementale, largement exploitée sur la Toile, et au-delà. Ce biais cognitif peu rationnel conduit par exemple à une sous-performance dans la gestion des portefeuilles financiers, à cause de la non-prise de risque par peur de perdre[71]. L'aversion à la perte a été théorisée par Daniel Kahneman et Richard H. Thaler, lauréats du prix Nobel d'économie en 2002 et 2017 respectivement. Cette notion est apparue pour la première fois dans une publication de 1979[72] de Daniel Kahneman et son associé Amos Tversky. On part d'un constat simple : lorsqu'on propose à une personne un pari avec un lancer de pièce, gagnant 200 euros si le résultat est pile et perdant 100 euros si c'est face, il y a de fortes chances que celle-ci

---

[71] Prenons l'exemple d'un investisseur qui possède un grand nombre d'actions d'une entreprise dont le cours est en train de chuter. Il pourrait vendre les actions immédiatement et limiter les dégâts. Mais comme les gens ont une aversion à la perte, il risque de les garder dans l'espoir que le cours remonte. Si entretemps l'entreprise fait faillite, il pourrait bien être ruiné, ce qui serait bien pire pour lui que la perte limitée qu'il cherchait à éviter. Le détail de cette théorie, l'aversion à la perte et l'aversion au risque, peut être trouvé dans ce blog :
https://www.filib.fr/blog/quest-ce-que-laversion-a-la-perte-et-pourquoi-ca-peut-etre-dangereux/
[72] https://www.uzh.ch/cmsssl/suz/dam/jcr:00000000-64a0-5b1c-0000-00003b7ec704/10.05-kahneman-tversky-79.pdf

n'accepte pas. Alors que les probabilités des deux possibilités sont égales (50 % pile et 50 % face), la perte de 100 euros est perçue comme plus importante que le gain de 200 euros. D'où le refus de jouer. Ce n'est évidemment pas rationnel, car participer à un tel jeu dix fois ferait perdre (selon la théorie des probabilités) 5 x 100 euros, mais ferait gagner 5 x 200 euros, un bilan donc plutôt positif. On aime gagner, mais on déteste plus que tout perdre.

On utilise alors divers mécanismes sur la Toile pour faire croire à l'internaute qu'il est sur le point de perdre quelque chose s'il n'entreprend pas une action désirée, souvent l'achat d'un produit ou un service. On crée par exemple le sentiment d'urgence avec certaines techniques :

– *Effet de rareté* : vous avez sans doute déjà vu un message comme celui-ci sur Internet : « Il ne reste plus que quelques exemplaires en stock. » Et vous pensez que c'est réellement le cas ? Pas vraiment.

En 1975, des chercheurs voulaient savoir comment les gens valoriseraient des biscuits présentés dans deux bocaux en verre identiques[73]. Un bocal contenait dix biscuits tandis que l'autre ne contenait que deux. Quels cookies les gens apprécieraient-ils le plus ? Alors que les biscuits et les bocaux étaient identiques, les participants appréciaient davantage ceux qui se trouvaient dans le bocal presque vide. L'apparence de rareté a affecté leur perception de la valeur. La rareté peut en effet signaler quelque chose au sujet du produit que le cerveau capte inconsciemment. S'il y a moins d'articles, on pense que

---

[73] Worchel, Stephen, Jerry Lee, and Akanbi Adewole. "Effects of Supply and Demand on Ratings of Object Value", Journal of Personality and Social Psychology 32, no. 5 (1975): 906–914. doi:10.1037/0022-3514.32.5.906.

c'est peut-être parce que d'autres personnes savent quelque chose que vous ne savez pas et se sont ruées sur le produit. C'est donc un bon produit qu'il faut acheter.

Dans la seconde partie de leur expérience, les chercheurs ont voulu savoir ce qu'il adviendrait de la perception de la valeur des cookies s'ils devenaient soudainement rares ou abondants. Des groupes de participants à l'étude ont reçu des pots avec deux ou dix biscuits. Ensuite, les personnes du groupe avec dix biscuits se sont soudainement fait enlever huit. À l'inverse, ceux qui n'avaient que deux cookies avaient huit nouveaux cookies ajoutés à leurs bocaux. Comment ces changements affectent-ils la manière dont les participants évaluent les cookies ?

Les résultats sont restés cohérents avec l'heuristique de rareté. Le groupe parti avec seulement deux cookies les a évalués comme étant plus précieux, tandis que ceux qui ont connu une abondance soudaine en passant de deux à dix ont moins apprécié les cookies. En fait, ils ont évalué les cookies encore plus bas que les personnes qui avaient commencé avec dix cookies dès le début. L'étude a montré qu'un produit peut diminuer en valeur perçue s'il commence comme rare et devient abondant.

Quand le nombre d'articles restants, ou juste une mention comme « stock limité » sont affichés sur un site web, c'est surtout pour générer le sentiment de peur qu'il ne reste plus de produit, ce qui pousse les gens à se précipiter pour acheter. J'ai fait une expérience simple sur Amazon. J'ai consulté un livre et le message joint est le suivant : « Plus que 6 exemplaires en stock. » Puis je me suis connecté à mon compte et consulté la même page. Le message est cette fois : « Plus que 1 seul exemplaire. » Sachant l'historique des livres que j'ai achetés sur le site et que ce livre m'intéresse réellement, Amazon a voulu créer encore plus d'urgence pour me pousser à l'acheter.

Offre limitée dans le temps : tout comme pour le stock limité, l'affichage d'une date limite imminente, de livraison rapide ou de disponibilité d'une offre spéciale, crée l'urgence d'acheter avant qu'il ne soit trop tard. On se précipite parfois pour acheter pour se faire effectivement

livrer le lendemain alors que l'objet ne servira pas avant une semaine !
Pour les offres soi-disant promotionnelles, elles sont généralement
toujours là après la date affichée.

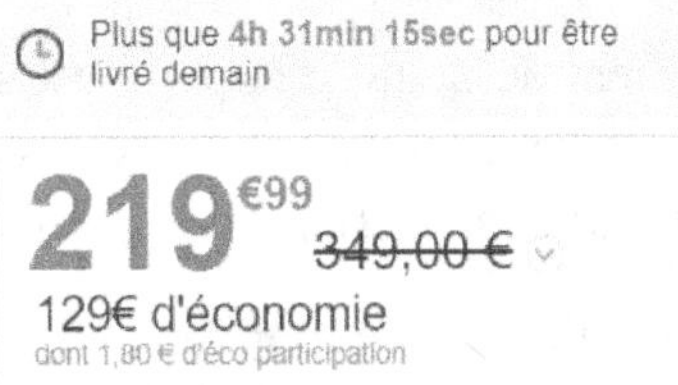

Compétition : l'autre technique utilisée est la création d'un sentiment de
compétition entre clients en affichant le nombre de commandes en
cours. Tout comme lors des rushs moutonniers visibles durant les soldes,
il faut saisir l'article vite et surtout le payer avant qu'il ne soit trop tard.

La prochaine fois que Cdiscount, Amazon, ou un autre vendeur en ligne
vous affichera un avertissement sur ce qui reste en stock ou une date
limite, sachez que c'est sans doute dans le but de booster votre
motivation et vous pousser à l'achat.

– L'effet d'ancrage avec les réductions : cette technique consiste à fixer
une référence virtuelle dans la tête du consommateur et lui afficher un
prix inférieur pour lui faire croire qu'il gagne à acheter le produit.

On affiche souvent le réel prix supposé et l'économie éventuelle faite
avec l'achat au prix proposé actuellement. Il n'y a pas de date limite,
mais on comprend implicitement que ça risque de changer à tout
moment et donc se transformer en perte !

– *Bons d'achat* : un produit accompagné d'un bon d'achat crée un double sentiment de perte. Obtenir le bon est comme recevoir gratuitement de l'argent et laisser filer est vu comme une perte. Le produit lui-même apparait comme une bonne affaire qu'il faut saisir.

La création d'un sentiment de peur de la perte est souvent accompagnée de messages positifs comme « jackpot » ou « gagner gros » pour renforcer encore plus la motivation (*effet de cadrage*, à voir juste après).

Malgré tout cela, les clients abandonnent, dans 78 % des cas en moyenne, alors que leurs paniers sont déjà remplis. Pour se donner encore une chance d'en rattraper certains, les sites de e-commerce envoient souvent des emails de relance, dans l'heure de l'abandon de préférence[74], en créant toujours un sentiment d'urgence et parfois en donnant un autre coup de pouce avec une réduction supplémentaire. Ça va jusqu'à l'affichage d'une faveur comme celle du marchand du dimanche : « Nous avons gardé le produit pour vous » ou encore : « Avez-vous besoin d'aide ? Appelez-nous et un spécialiste vous aidera dans votre achat. »

– *Effet du progrès doté* : cet effet est basé sur l'idée que lorsque les gens voient qu'ils ont fait des progrès vers leur objectif, ou même créé artificiellement pour eux, ils se sentent plus engagés à continuer pour l'atteindre. A priori ça n'a rien à voir avec l'aversion à la perte. Eh bien si. Ce qui se passe, c'est que lorsque des progrès sont réalisés, les gens craignent que s'ils abandonnent à mi-chemin (ou plus tôt), ils perdent ce qui se trouve à l'autre bout. Cet effet a été démontré lors d'une expérience menée par deux chercheurs, Nunes Joseph et Xavier Dreze[75]. Ils ont mis en place un système dans un lavage automobile où on a besoin de huit tampons sur une carte de fidélité pour obtenir un lavage gratuit. Dans la variante (A), les clients avaient théoriquement besoin de dix tampons, mais la carte contenait déjà deux tampons « offerts ». Dans (B), la carte ne contenait que huit espaces à tamponner. Les résultats sont étonnamment différents pour les deux cas alors que le chemin

---

[74] https://email.uplers.com/infographics/cart-abandonment-email/

[75] Nunes, Joseph, and Xavier Dreze. The Endowed Progress Effect: How Artificial Advancement Increases Effort », SSRN Scholarly Paper. Rochester, NY: Social Science Research Network. http://papers.ssrn.com/abstract=991962.

restant à parcourir est le même. Dans la variante (A), le taux de remboursement était de 34 % alors qu'il n'était que de 19 % dans (B). De plus, les clients de (A) revenaient plus souvent et le temps entre les lavages devenait de plus en plus court à mesure qu'ils se rapprochaient du lave-auto gratuit. Vite, vite la récompense !

Ce système est très présent dans les grandes surfaces (ou même certains devoirs de maison[76]). Des vignettes à collectionner sont offertes après chaque achat. Problème, elles sont petites et se perdent facilement. Des versions digitales sont à présent disponibles[77].

Cet effet est mis en œuvre sur la Toile en créant de l'interaction avec l'utilisateur en le poussant à accomplir certaines tâches simples (cocher une case, entrer une adresse email…) et en lui affichant son progrès à l'aide de la fameuse barre de progrès ou un compteur affichant le nombre d'étapes déjà franchies ou celles encore à accomplir. Cela le pousse à aller jusqu'au bout.

– *L'effet de cadrage :* le contexte de présentation d'une information façonne également la perception. La preuve en a été magistralement donnée en 2007 par le Washington Post[78] qui a tenté une expérience inédite sur la psychologie comportementale, la perception, les gouts, les priorités… et la beauté. Joshua Bell, l'un des plus grands violonistes au

---

[76] Les premiers exercices sont souvent faciles et ils deviennent de plus en plus difficiles à mesure que l'élève avance. L'effet du progrès pousse à aller jusqu'au bout.

[77] https://www.nayax.com/fr/consumer-engagement-punch-cards

[78] Gene Weingarten, "Pearls Before Breakfast: Can one of the nation's great musicians cut through the fog of a D.C. rush hour? Let's find out", www.washingtonpost.com, April 8, 2007.

monde, s'installe un matin dans une station de métro de Washington et joue pendant quarante-trois minutes avec son stradivarius de 1713 des morceaux réputés parmi les plus difficiles du répertoire (dont ceux de Bach). « Dans un environnement ordinaire, à une heure inappropriée, sommes-nous capables de percevoir la beauté, de nous arrêter pour l'apprécier, de reconnaître le talent dans un contexte inattendu ? » s'interrogeait le Washington Post au début de l'expérience. En trois quarts d'heure, seules sept personnes se sont arrêtées pour écouter Joshua Bell et en tout 27 lui ont donné des pièces. Il récolte 32 dollars, dont 20 laissés par l'unique personne l'ayant reconnu et qui a assisté à l'un de ses concerts dans une salle comble de Boston quelques jours auparavant, à 100 dollars la place.

L'effet de cadrage est aussi valable pour la manière de présenter une information verbale ou textuelle. Voici un exemple.

Une épidémie éclate et risque de tuer 600 personnes si elle n'est pas traitée.

- *La stratégie de traitement A sauvera 200 personnes.*
- *La stratégie de traitement B a un tiers de chance de sauver 600 personnes et deux tiers de chance de ne sauver personne.*

Laquelle des deux stratégies choisirez-vous ? Lorsqu'on pose cette question, 72 % des personnes choisissent l'option A, celle qui sauvera 200 personnes.

Reformulons la question d'une autre manière en donnant exactement la même information.

Une épidémie éclate et risque de tuer 600 personnes si elle n'est pas traitée.

- *Dans le cadre de la stratégie de traitement A, on sait que 400 personnes mourront.*
- *Dans le cadre de la stratégie de traitement B, il y a une probabilité d'un tiers que personne ne meure et une probabilité de deux tiers que 600 personnes meurent.*

Laquelle des deux stratégies choisirez-vous ? Lorsqu'on leur pose cette question, 78 % des personnes choisissent l'option B.

On voit donc qu'il y a un basculement spectaculaire des réponses alors que la logique dit que ça ne doit pas être le cas puisque les deux stratégies n'ont pas changé entre les deux questions. Ce qui a changé est juste le cadre de formulation de la question. Le deuxième scénario présente les choses en termes de perte, que les gens préfèrent éviter, comme nous venons de le dire plus haut. Selon les chercheurs, « la façon dont un scénario est formulé influence la décision du répondant ». C'est l'idée de base derrière l'effet de cadrage, qui stipule que la façon dont les problèmes et les données sont énoncés peut modifier notre jugement et affecter nos décisions.

L'effet de cadrage est largement utilisé en politique, notamment les sondages, mais aussi dans le design des interfaces graphiques web et mobiles pour influer sur la perception de l'utilisateur et le mener à des actions bien définies comme l'achat (mettre en avant le gain à obtenir avec l'achat d'un objet)[79].

– *Le statu quo :* étant donné deux choix, nous avons tendance à choisir celui qui ne requiert aucune action de notre part. La flemme dirait-on. Ce comportement est décrit comme le biais de *statu quo,* un terme inventé par William Samuelson et Richard Zeckhauser (1988)[80]. Ce biais humain est une tendance à ne pas changer un comportement établi, à moins que l'incitation au changement ne soit très convaincante. C'est comme cela qu'on ne pense pas à arrêter un abonnement à un magazine qu'on ne lit jamais. Pour nous pousser à acheter, rien de mieux alors que de cocher à notre place la case relative à une option. La décocher est si dur ?

Tout ce que nous venons de dire sur les biais cognitifs est très important pour déclencher des comportements ponctuels sur la Toile. Cela n'explique cependant pas, même si ces biais jouent un rôle souvent de

---

[79] Sharanya Manola, "You've Been Framed: How The Framing Effect Impacts UX Testing & Design Choices", www.abtasty.com, April 25, 2019.
[80] Samuelson, W., Zeckhauser, R. "Status quo bias in decision making", Journal of Risk and Uncertainty 1, 7–59 (1988).

déclencheur, le basculement dans les addictions. C'est l'objet de ce qui va suivre dans ce chapitre.

De la boite à rats à la boite email

Stephen Joseph Lukasik (1931-2019), un physicien américain et longtemps directeur de la DARPA[81] dans les années 1970, a été l'un des architectes du réseau ARPANET, ancêtre de l'Internet. De tous les scientifiques de la Silicon Valley, Lukasik se distinguait par un objet ostentatoire des plus bizarres qu'il emportait avec lui durant tous ses déplacements. Il s'agit d'un terminal mobile, fabriqué par Texas Instrument, permettant de consulter sa boite de messagerie ou d'envoyer des messages en connectant l'appareil à une ligne téléphonique. Cet objet qui rappelle le téléphone portable actuel ressemblait plus à une machine à écrire et pesait plus de 13 kg ! En le trimballant malgré tout, Lukasik a sans doute été le premier homme à développer cette habitude compulsive qui consomme l'attention de tant d'entre nous : « Je dois vérifier mon email. » Au début, il n'utilisait le terminal que pour communiquer avec les informaticiens de l'agence [DARPA] depuis son bureau. « Mais ensuite, quelque chose s'est produit : en gros, tout le monde à la DARPA a remarqué que je passais plus de temps à parler aux informaticiens, parce que c'était pratique », dit-il. « Alors ils ont tous réalisé que nous ferions mieux de nous y mettre aussi, car ces informaticiens reçoivent une plus grande part de son attention que nous ». Les collègues de Lukasik ont réalisé très tôt « qu'il vaut mieux y être, comme tout le monde, car si vous n'êtes pas là-dessus, vous allez simplement être laissés pour compte », confiera-t-il plus tard à l'âge de 87 ans[82]. Quand il était en réunion loin du siège de l'agence, il demandait toujours une salle avec une ligne téléphonique. « À différents moments de la réunion, peut-être une fois par heure ou quelque chose du genre, je me levais de mon siège, je prenais le téléphone et je fixais le

---

[81] La DARPA (Defense Advanced Research Projects Agency) est une agence de recherche et de développement du département américain de la Défense, chargée du développement de nouvelles technologies destinées aux usages militaires.

[82] Hanna Kozlowska, "Email's first real user was also the first person to compulsively check his inbox", https://qz.com/, June 30, 2018.

téléphone sur cette boite qui avait deux petits connecteurs », a-t-il déclaré. Le premier utilisateur de l'émail a été le premier à succomber à l'addiction. Et pour cause, les mêmes causes produisent les mêmes effets, quelle que soit l'époque. C'est l'essence même de la science. La question corollaire est la suivante : qu'est-ce qui cause cette addiction qu'on retrouve aussi bien pour l'émail, les réseaux sociaux, ou encore les jeux ? Il s'avère que chacun de ces comportements compulsifs se forme avec un apprentissage progressif qu'on appelle « conditionnement opérant ».

Le conditionnement opérant, appelé aussi apprentissage skinnerien, est un concept du béhaviorisme initié par l'Américain Edward Thorndike (1874-1949). Cette théorie s'intéresse à l'apprentissage qui résulte d'une action et de ses conséquences, rendant plus ou moins probable la reproduction d'un comportement. L'apprentissage skinnerien repose sur deux éléments, le renforcement (récompense qui favorise la reproduction d'un comportement) et la punition (un résultat qui défavorise la reproduction d'un comportement). Chacun de ces deux éléments peut être soit positif (ajout d'un stimulus), soit négatif (retrait d'un stimulus).

En 1898, Edward Thorndike qui préparait son doctorat fut le premier à décrire les principes du conditionnement opérant (ne portant pas encore ce nom) en observant des chats tentant de sortir de leur cage afin d'aller chercher un morceau de poisson. Le chat essayait de sortir par tâtonnement. Après avoir tiré par hasard sur une ficelle, la porte de sa cage s'ouvrit. Lorsqu'on le remit à l'intérieur, celui-ci mettait beaucoup moins de temps à réussir à sortir. Ainsi, la récompense (poisson) favorise la reproduction du comportement (tirer sur la ficelle).

Cette théorie a été développée par Burrhus Frederic Skinner (1904-1990), un autre pionnier du béhaviorisme, en utilisant notamment la boite qu'il a inventée dans les années 1930 alors qu'il était étudiant à Harvard. Dans ses premières expériences, Skinner utilisait cette invention pour démontrer les mécanismes du conditionnement opérant. Elle a largement été réutilisée dans le domaine du béhaviorisme. La Boite de Skinner avait un levier (pour les rats), ou un disque dans un mur (pour les pigeons). Une pression sur l'actionneur (levier ou disque) provoque la délivrance de nourriture à l'animal à travers une ouverture dans le mur. Les réponses renforcées de cette manière augmentaient la fréquence de cette action. Mais ce n'est pas tout. On apprenait aux pigeons d'autres conditions plus complexes pour délivrer la récompense. Lorsque le pigeon voyait le texte « peck » sur le disque, celui-ci devait donner un coup de bec pour obtenir la nourriture. Lorsque le disque tourne et affiche le texte « turn », le pigeon devait tourner sur lui-même pour être récompensé. Ainsi, il a fini par apprendre à produire la bonne action correspondant au texte qu'il voit pour obtenir la nourriture. Cette expérience extraordinaire peut être visionnée en ligne[83].

En contrôlant le renforcement avec des stimuli discriminants tels que des lumières, des bruits, ou même des punitions telles que des chocs électriques, les expérimentateurs ont utilisé la boite de Skinner pour étudier une grande variété de sujets (parfois cruellement). Par exemple, en envoyant une série de décharges électriques sur un rat, celui-ci saute dans tous les sens et finit par actionner le levier, ce qui provoque l'arrêt de l'envoi des chocs. Ainsi, le rat finit par apprendre à actionner le levier dès que la torture commence. Cette même punition a fait apprendre des comportements sociaux aux rats. En cessant les chocs qu'on leur infligeait dès que ceux-ci se mettaient à se battre, ils avaient appris à reproduire ce comportement belliqueux plus souvent.

Selon Skinner, le comportement humain est semblable à celui des animaux sur bien des aspects, les récompenses et les punitions étant les facteurs qui lui donnent forme. Le libre arbitre ne serait donc qu'illusion, du moins partiellement. Sur la Toile, c'est la même chose. On y trouve la carotte et le bâton qui vont de pair dans la fabrique d'un comportement. La plupart des utilisateurs ont ressenti une punition sous forme de mal-être après avoir été rejetés, ignorés (pas de vue ou pas de likes), harcelés, ou reçu des moqueries, des insultes, etc. Avec le temps, beaucoup ressentent aussi la peur de subir une telle punition avant même de publier quelque chose sur le réseau. La récompense quant à elle se présente sous forme de *likes*, commentaires flatteurs, obtention d'un nouvel abonné, mise en relation avec un nouvel « ami », etc. Pour

---

[83] https://www.youtube.com/watch?v=yhvaSEJtOV8

provoquer la bagarre sur un réseau social, rien de plus simple que de mettre en avant une publication clivante, raciste, extrémiste, etc.

En résumé, la manipulation sur la Toile se fait surtout en jouant sur les émotions des internautes. Comme nous verrons plus tard, son étendue a pris une tout autre échelle avec la force de frappe des algorithmes.

La récompense de la survie

Dans les années 1940, deux chercheurs nommés James Olds et Peter Milner ont accidentellement découvert une zone spéciale du cerveau, qui se révélera être le centre de tous nos plaisirs[84]. Ils ont implanté des électrodes dans les cerveaux de plusieurs rats de laboratoire. Dès qu'une de ces bêtes appuie sur un levier, un mini choc électrique lui est délivré. Cela incite logiquement à éviter le levier sous peine de recevoir la punition, mais pas pour le rat n° 34. Il revenait au contraire sans cesse vers le levier et semblait prendre du plaisir. Il le fera plus de 8000 fois au total durant 12 heures, soit une fois toutes les cinq secondes. Il est finalement mort d'épuisement. Quand on a disséqué le cerveau de la petite bête, on a trouvé que le lieu de l'implant était à quelques millimètres de l'endroit visé par les chercheurs. L'électrode a accidentellement ciblé une petite zone du cerveau appelée « noyau accumbens ». Les deux chercheurs ont alors refait l'expérience sur plusieurs rats en visant cette même région. Le constat est sans appel. Les cobayes sont rapidement devenus accros à la sensation, allant vers la barre plus de 100 fois par minutes pour certains ! Olds et Milner ont ainsi mis en évidence l'existence d'un centre de la récompense dans le cerveau. Ils ont même démontré que les rats renonceraient à la nourriture, à l'eau, et même à traverser une douloureuse grille électrifiée pour avoir la possibilité de continuer à appuyer sur le levier qui administrait les chocs.

Quelques années plus tard, d'autres chercheurs ont testé la réponse humaine à un stimulus autoadministré dans la même zone du cerveau.

---

[84] Olds, J., & Milner, P. (1954), "Positive reinforcement produced by electrical stimulation of septal area and other regions of rat brain", Journal of Comparative and Physiological Psychology, 47(6), 419–427.

Les résultats étaient tout aussi spectaculaires que dans l'essai sur les rats. Les sujets ne voulaient rien faire d'autre que d'appuyer sur le bouton de stimulation cérébrale. Même lorsque la machine était éteinte, les gens continuaient à appuyer sur le bouton. Les chercheurs ont même dû confisquer de force les appareils à certains sujets qui refusaient de les abandonner.

Robert Galbraith Heath, un psychiatre et neuroscientifique américain ayant notamment travaillé sur la manipulation mentale pour le compte de la CIA et l'armée américaine[85], a mené de nombreuses expérimentations pour le traitement des dépressions avec ce procédé qu'on appelle maintenant DBS (Deep Brain Stimulation)[86]. Dans une vidéo enregistrée en 1969, on peut voir qu'une femme déprimée, au visage pâle, commence à sourire après la 60e décharge électrique envoyée dans son cerveau. Avec son visage transformé et souriant, elle demande : « Qu'êtes-vous en train de faire ? ». « Vous avez dû viser une région de délectation. »[87] Elle a vu juste !

Plus récemment, Brian Knutson, un professeur de l'Université de Stanford a mené une étude en soumettant des sujets jouant à des jeux de hasard au scanner IRM[88]. Il a constaté que le noyau accumbens ne s'activait pas lors de la prise de risque, mais bien avant, en anticipation. Plus étonnant encore, lorsqu'on présente des images érotiques aux sujets juste avant les paris, la prise de risque est plus importante et l'activation du noyau accumbens aussi. On ne doit plus s'étonner de la présence de femmes en tenues légères dans les casinos, surtout à la Sin City. Ils ont toujours un coup d'avance les filous de Las Vegas ! Sur la Toile aussi des images tentantes sont partout. À l'ouverture de YouTube par

---

[85] https://www.wireheading.com/robert-heath.html
[86] La DBS ou Stimulation Cérébrale Profonde est utilisée pour le traitement de certains troubles mentaux comme la dépression, la maladie de Parkinson, les Toc, etc. De nombreuses expérimentations DBS ont visé une région du cerveau particulièrement intéressante, jonction de tous les circuits cérébraux, appelée Zone 25. C'est le cas depuis 2005 avec les travaux pionniers de la neurologiste américaine Helen S. Mayberg. https://edition.cnn.com/2012/04/14/health/battery-powered-brain/index.html
[87] https://www.paradise-engineering.com/brain/
[88] Knutson, Brian, G Elliott Wimmer, Camelia M Kuhnen, and Piotr Winkielman. "Nucleus Accumbens Activation Mediates the Influence of Reward Cues on Financial Risk Taking", Neuroreport 19, no. 5 (March 26, 2008): 509–513.

exemple, au moins une vidéo affiche une femme dans une tenue légère. Ce n'est pas dû au hasard.

La récompense peut se définir en général comme étant un gain de nature diverse qui permet à l'homme d'assurer un peu plus sa survie dans un environnement hostile. La Toile n'est qu'une extension de ce paysage où la loi du plus fort prime. On y trouve :

– *Récompense de soi* : la récompense de soi est alimentée par la « motivation intrinsèque » comme le soulignent les travaux d'Edward Deci et Richard Ryan[89]. Leur théorie de l'autodétermination suppose que les gens désirent, entre autres autonomie et intégration sociale, acquérir un sentiment de compétence pour progresser et réussir dans la vie. C'est la passion et le plaisir innés qui les motivent. C'est le cas des jeux vidéo par exemple où la maitrise devient source de satisfaction pour un joueur qui conquiert de nouveaux niveaux de plus en plus exigeants. Lui ajouter un élément de mystère (curiosité) à cet objectif rend sa motivation de poursuite du plaisir d'autant plus forte[90].

– *Récompense sociale :* l'homme est un animal social qui vit en groupe et la récompense sociale est motivée par le renforcement de ses liens avec les autres. La survie passe par les alliances. Pour y arriver, il faut se faire accepter par les autres, en les séduisant, en s'imposant en démontrant sa propre force, en se soumettant à une autorité, etc. Une fois qu'une de ces démarches est entreprise, l'homme a besoin d'une confirmation que ses efforts ont payé. Il ressent donc du plaisir quand les gens le flattent, l'aiment, le remercient, etc. C'est exactement le principe de fonctionnement des réseaux sociaux sur la Toile. Le monde entier connait l'application Instagram, mais pas Hipstamatic. Pourtant, cette dernière est sortie une année avant la première et fonctionne quasiment sur le même principe. Elle permet prendre des photos et les embellir avec des filtres divers. Elle a perdu la course principalement en

---

[89] Deci, Edward L., and Richard M. Ryan, "Self-determination Theory: A Macrotheory of Human Motivation, Development, and Health", Canadian Psychology/Psychologie Canadienne 49, no. 3 (2008): 182–185.

[90] Attention cependant à ne pas en faire trop. L'ajout d'une récompense extrinsèque, positive comme l'argent ou négative comme la punition, peut devenir source de démotivation selon la théorie d'autodétermination d'Edward Deci.

oubliant la force du réseau social. Cette application permet de partager une photo sur un réseau social existant, mais elle n'en est pas un comme Instagram. Un ancien de chez Hipstamatic a déclaré : « Alors qu'Instagram était un réseau social qui avait une caméra, Hipstamatic était la caméra qui partageait avec n'importe quel autre réseau social. »[91] Après le rachat d'Instagram par Facebook et la force de frappe qu'elle a acquise, il était difficile de rester dans la course pour la concurrence.

Récompense de chasse (motivation extrinsèque) : c'est la récompense primaire de survie. Elle était autrefois sous forme de gibier ou nourriture en général. Avec l'augmentation de la population humaine et la multiplication des échanges entre tribus, celle-ci a pris la nouvelle forme que nous connaissons : la monnaie. Les gens travaillent, se battent, rusent…, pour l'argent. Avec le développement du réseau Internet, l'information et la data sont les nouvelles formes de cette récompense tellement primordiale pour la survie. Les gens, aidés des machines qu'ils exploitent, vont à la chasse de cette nouvelle ressource. C'est le but poursuivi en intelligence économique pour renforcer la compétitivité des entreprises ou l'économie d'un pays, mais aussi de toute personne qui va s'informer à travers les canaux traditionnels ou la Toile. Et devant l'explosion du nombre de sources de l'information et de son débit vertigineux, ce qu'on appelle infobésité, il devient indispensable de savoir traiter la donnée pour en extraire de la valeur et surtout éviter l'intoxe. S'informer fatigue. On y reviendra.

La boucle de hook

Le comportement compulsif de consultation d'une boite émail ou d'un réseau social est motivée par cette récompense de voir arriver un nouveau message, un *like*, ou une notification qui « fait souvent plaisir ». Mais comment se fait-il que cela soit ainsi alors que la plupart du temps la boite email est vide ? C'est là que l'histoire devient intéressante avec le « conditionnement à programme variable » dans lequel la récompense n'est pas reçue à tous les coups, mais plus ou moins aléatoirement. Le rat n'obtient de la nourriture qu'une fois sur trois par exemple. Et ça

---

[91] http://www.yingyingz.com/2012/11/a-painful-lesson-from-hipstamatic-vs-instagram/

change tout. Avec ça, le rat va actionner le levier beaucoup plus souvent que quand la récompense est certaine. Toujours grâce à la boite de Skinner, il a été constaté que le conditionnement opérant est plus sujet à extinction quand la récompense est régulière. Quand celle-ci cesse, il y a en effet comme une perte d'espoir, car la condition de temporalité que le cerveau capte a également cessé. Si au contraire la récompense était irrégulière, l'extinction serait moins probable. Le sujet conditionné à attendre des temps irréguliers peut extrapoler vers un temps très long. Ne dit-on pas l'espoir fait vivre ? Ainsi donc, il suffit d'avoir un émail ou une autre récompense de temps à autre pour que le conditionnement opère pour longtemps. Au passage, cela explique les petites récompenses que les adeptes des machines à sous et autres tickets à gratter obtiennent de temps à autre. Pigeon un jour, pigeon toujours !

Sur les réseaux sociaux, c'est le même principe. On remarquera d'ailleurs que quand nous ne recevons pas de vraies notifications pour un moment, car nous ne publions rien, l'application nous envoie des pseudos notifications sur des événements purement et simplement insensés. On voit par exemple sur LinkedIn apparaitre « Untel a commenté une publication que vous avez aimée », « Untel, votre nouvelle relation, a partagé un post », ou encore sur Facebook « Vous avez peut-être raté une publication populaire d'untel ». Ah bon ? Il suffirait pourtant de mettre cette publication si « populaire » dans le fil d'actualité. Non ? Rien ne justifie ces messages rouges si ce n'est réactiver la récompense variable tellement nécessaire pour le conditionnement opérant. Au passage, la couleur rouge n'est pas due au hasard non plus. Pour preuve, Facebook a essayé à un moment une notification bleue pour épouser son style historique, mais les équipes se sont vite rendues compte que ça ne marchait pas et l'ont remplacée par du rouge. Cette dernière est « une couleur de déclenchement » de l'attention et c'est pour cela qu'elle est utilisée dans les alarmes en général, et maintenant dans tous sites web et les applications mobiles.

Nir Eyal, un gourou en captologie, consultant conseillant les entreprises de la Silicon Valley sur le design de leurs produits pour créer des addictions chez les utilisateurs, a écrit un blog intitulé ainsi : « Récompenses variables : vous voulez accrocher des utilisateurs ?

Rendez-les fous. »[92] En s'appuyant sur les travaux de BJ Fogg et Skinner, Eyal a dérivé un modèle de création de comportements qu'il a appelé *Hook*. Il permet de forger des habitudes à travers une série d'expériences (hooks) dans une sorte de boucle infinie qui s'autoalimente à mesure que l'utilisateur s'y laisse aller (voir schéma ci-dessous).

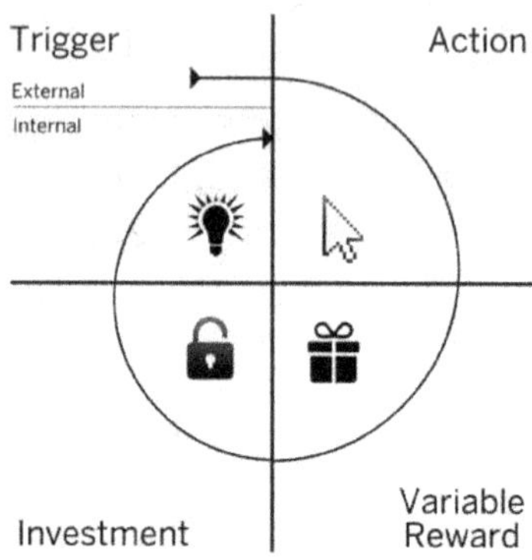

*Figure 11 : **Modèle Hook**[93].*

Le modèle Hook est constitué de quatre phases :

– 1) Déclencheur (Trigger) : c'est l'étincelle qui déclenche un comportement. Il peut être interne ou externe. Le déclencheur externe sur la Toile est sensoriel, visuel comme par exemple un gros bouton de connexion ou sonore comme le bruit relatif à une notification de réception d'un émail, like, commentaire, etc. Avec le temps et à mesure que le cycle de *hook* se répète, il se crée des associations entre les déclencheurs externes avec des déclencheurs internes, une sorte de conditionnement classique à plusieurs stimuli. C'est particulièrement le cas avec certains états psychologiques ou émotions, surtout « négatives » comme l'anxiété, ennui, peur, tristesse, etc. C'est ainsi que se crée l'habitude où seul le déclencheur interne comme l'anxiété, on y reviendra avec le concept de FoMo, peut entrainer la réponse conditionnée de précipitation vers la Toile.

---

[92] https://www.nirandfar.com/want-to-hook-your-users-drive-them-crazy
[93] https://www.nirandfar.com/how-to-manufacture-desire

– 2) Action : une fois le déclencheur entré en jeu, il n'y a plus qu'à exécuter l'action souhaitée. Pour ce faire, on s'appuie sur deux traits humains importants : la motivation et l'aptitude (modèle MAT). Pour augmenter la probabilité de ce déclenchement, les designers des applications rendent les actions aussi simples que possible.

– 3) Récompense variable : Eyal dit que « la récompense variable occupe le cerveau, supprime ses défenses et offre des opportunités pour semer les graines de nouvelles habitudes [...] Les récompenses variables sont l'un des outils les plus puissants que les entreprises mettent en œuvre pour accrocher les utilisateurs. La recherche montre que les niveaux de dopamine (hormone du bonheur) augmentent lorsque le cerveau attend une récompense. L'introduction de la variabilité multiplie l'effet, créant un état focalisé, qui supprime les zones du cerveau associées au jugement et à la raison, tout en activant les parties associées au désir ». C'est en effet l'élément clé qui crée la dépendance tout comme dans la boite de Skinner. C'est ce qui différencie la boucle Hook des boucles de récompense simples qu'on retrouve d'ailleurs tout autour de nous sans devenir des addicts. On regarde sa montre plusieurs fois dans la journée sans en devenir fou. N'est-ce pas ? Ajoutez-y une nouvelle image de fond d'écran comme fait Microsoft avec Windows 10 et pourquoi pas une petite musique de temps à autre et vous verrez que ça risque de changer !

De récents travaux de recherche en neurologie menés à Stanford ont montré deux faits intéressants sur le système dopaminergique[94]. Premièrement, contrairement à la croyance, la sécrétion de la dopamine dans le cerveau ne se fait pas à la réception de la récompense ou après, mais bien avant. Elle commence en anticipation, à la perception du signal déclencheur, et s'étale sur toute la durée d'accomplissement de la tâche demandée. La récompense ne vient que plus tard alors que le niveau de dopamine est au plus bas. Le professeur Robert Sapolsky, auteur de l'étude, dit à ce sujet : « La dopamine n'est pas relative au plaisir, mais à l'anticipation du plaisir. Elle n'est pas relative au

---

[94] https://www.youtube.com/watch?v=axrywDP9Ii0&feature=relmfu&ab_channel=FORA.tv

bonheur, mais à la poursuite du bonheur. » Cela va dans le même sens que les conclusions de Brian Knutson sur l'activation anticipée du noyau accumbens dont nous avons parlé précédemment. Deuxièmement, le simple fait d'introduire le mot « peut-être » dans l'expérience, à savoir la réception d'une récompense variable avec une probabilité de 50 %, fait littéralement exploser le niveau de dopamine dans le cerveau. Encore une fois, la variabilité de la récompense se révèle décisive. Le mot « peut-être » exprimant l'incertitude est aussi addictif que tout autre chose.

– 4) Investissement : c'est dans cette dernière phase qu'on demande un petit effort à l'utilisateur, qui l'emprisonne un peu plus dans la boucle de Hook. Cet investissement a deux buts qui vont dans cette même direction. Le premier est d'augmenter la probabilité d'une nouvelle action au prochain déclencheur (e.g. inviter l'utilisateur à essayer une nouvelle fonctionnalité). Le deuxième est de faire payer l'utilisateur maintenant que son cerveau baigne dans la dopamine, l'hormone du bonheur, en anticipation de la récompense précédente. Cet effort peut être de plusieurs formes, temps, data, ou argent bien sûr. Les données collectées vont servir à mieux cibler l'utilisateur à l'avenir et donc mieux le garder dans la boucle de Hook. Et la boucle est bouclée !

Le comportement des gens sur Internet, notamment sur les réseaux sociaux, obéit effectivement à ce mécanisme d'apprentissage par renforcement. En effet, plusieurs axes de recherche soutiennent l'idée que les « *likes* » engagent des mécanismes de motivation similaires à d'autres types de récompenses, plus élémentaires, comme la nourriture ou l'argent. Chez l'homme, des études d'imagerie cérébrale menées sur des milliers d'individus ont montré que les *likes* et autres récompenses sociales sont traités par des mécanismes neuronaux chevauchant étroitement ceux traitant des récompenses non sociales[95]. Une étude récente[96] menée sur des adolescents et de jeunes adultes a montré que

---

[95] Sherman, L. E., Payton, A. A., Hernandez, L. M., Greenfield, P. M. & Dapretto, M., "The Power of the Like in Adolescence", Psychol. Sci. 27, 1027–1035 (2016).
[96] Sherman, L. E., Hernandez, L. M., Greenfield, P. M. & Dapretto, M. "What the brain 'Likes': neural correlates of providing feedback on social media", Soc. Cogn. Affect. Neurosci. 13, 699–707 (2018).

même le fait de poster un *like* active les mêmes régions du cerveau que les récompenses non sociales. Autrement dit, faire plaisir avec un like donne également du plaisir. Combien de fois se retrouve-t-on effectivement à liker des choses, parfois après avoir vu seulement le nom de la personne qui a publié et non le contenu ? Le plaisir de liker, cette sensation de bien-être, se manifeste concrètement dans le cerveau par la libération de la dopamine. Cette molécule biochimique favorise la création de connexions entre neurones et donc la mémorisation des boucles de récompense, pour des durées plus ou moins longues. Les récompenses répétées renforcent naturellement ces connexions et allongent leur durée.

L'étude montre également que les sujets qui voyaient une photo avec plus de *likes* étaient beaucoup plus susceptibles de l'aimer eux-mêmes. Les adolescents réagissent différemment à une information lorsqu'ils pensent qu'elle a été approuvée par beaucoup ou peu de leurs pairs, même si ces pairs sont des étrangers. Après avoir associé un nombre de likes élevé (stimulus) à un probable like de la personne (réponse), car les gens aiment souvent les mêmes contenus, le cerveau a intégré ce score comme condition d'activation de l'action de *like*. C'est le conditionnement classique. On ne le fait pas pour faire plaisir, mais parce qu'on a l'habitude de le faire souvent dans les mêmes conditions. Le réseau social a donc tout intérêt à présenter aux gens les publications déjà populaires, car elles susciteront plus de réactions. Mais c'est loin d'être la meilleure recette de la viralité. On verra plus tard comment les réseaux sociaux, grâce au profilage ultra ciblé basé sur l'intelligence artificielle, sont capables de déterminer automatiquement les conditions fines qui déclenchent la réaction des internautes.

Retour sur l'histoire d'un pouce qui fait perdre la tête

Nous avons déjà parlé de l'exploitation de la composante M (Motivation) du modèle MAT de Fogg, notamment pour déclencher des comportements ponctuels comme l'achat. Les deux autres composantes, A (aptitude) et T (déclencheur), sont également très présentes. C'est primordial pour la création de comportements sur la durée, ce qui est le cas de l'addiction aux réseaux sociaux par exemple.

Tout a commencé en mars 2010 lorsque Facebook a averti ses annonceurs qu'il allait mettre à jour une de ses plus importantes fonctionnalités : « Si vous êtes une marque, un business, une figure publique, ou toute personne ayant opéré sur une page Facebook, sachez que vous n'aurez plus de "fans", techniquement parlant. À la place, le petit bouton qui invitait les gens à devenir fans de votre page pourrait maintenant utiliser un terme plus cool : *like*. » [97] Ce bouton existe en réalité depuis les années 2000 et la plateforme de streaming Vimeo utilisait même le terme « like » en 2005 déjà. Un autre réseau social, FriendFeed, avait ce bouton depuis 2007. Mais c'est grâce à un effort de longue haleine au sein de Facebook que le bouton s'imposera finalement. Cela a failli ne jamais aboutir : le projet original, nommé « Props », a commencé en 2007 comme une idée nébuleuse de création d'un service qui aiderait les utilisateurs à exprimer plus facilement (aptitude accrue du modèle MAT) leur appréciation pour un contenu du fil d'actualité de Facebook. Une employée de Facebook à l'époque, Leah Pearlman, a eu l'idée d'un bouton qui aiderait à « consolider » tous les commentaires du fil d'actualité qui étaient essentiellement une variante de personnes disant qu'elles aimaient quelque chose. Si toutes les personnes qui prenaient le temps de publier des commentaires comme « c'est génial », « j'adore ça » ou « c'est formidable » pouvaient le faire en un seul clic, la vie sur Facebook serait beaucoup plus simple. Le 9 février 2009, Facebook lance le *like* et Pearlman écrit un article sur son blog pour annoncer la nouvelle au monde. On les accuse d'emblée d'avoir volé le bouton à la firme FriendFeed, acquise par Facebook cette même année 2009 avant de la liquider six années plus tard.

Mais comme l'a raconté plus tard le vice-président de Facebook, Andrew Bosworth, dans un article publié sur le site Quora[98], Mark Zuckerberg n'a pas aimé le projet et a posé son veto à plusieurs reprises.

---

[97] CHRISTOPHER ZARA, "How Facebook's 'like' button hijacked our attention and broke the 2010s", www.fastcompany.com, December 18, 2018.
[98] https://www.quora.com/Whats-the-history-of-the-Awesome-Button-that-eventually-became-the-Like-button-on-Facebook

Une préoccupation, écrit Bosworth, était que le bouton dissuaderait les gens de commenter les publications et donc nuire à « l'engagement » (on reviendra plus tard sur ce terme). L'homme qui voulait connecter le monde voulait finalement plus déconnecter nos neurones qu'autre chose ! En fait, Zuckerberg avait tort. Le contraire de ce qu'il pensait s'est produit. Les premiers tests ont montré que le bouton de *like* avait tendance à aider à augmenter le nombre de commentaires, car le fil d'actualité de Facebook traitait les *likes* « comme un signal de distribution », selon les dires de Bosworth.

Après le succès chez Facebook, le concept s'est répandu comme une trainée de poudre à d'autres réseaux sociaux. YouTube a ajouté un bouton *like* en 2010, tandis que LinkedIn a opté pour un bouton de partage la même année. Le malheureux Google+ a également commencé à ajouter des boutons similaires. Fin 2015, même Twitter avait cédé, changeant son icône étoile en cœur et s'abandonnant à la terminologie de l'époque. La société de Zuckerberg a rapidement introduit la possibilité de *liker* aussi un commentaire. Mais cette tyrannie de la gratitude n'est sans doute nulle part plus perceptible que sur Instagram, la plateforme favorite des jeunes, avec ses cœurs omniprésents et irrésistiblement dodus. En 2011, un an avant son rachat par Facebook pour 1 milliard de dollars, l'application pour smartphone déjà très populaire a introduit une mise à jour de fonctionnalité qui permet aux gens d'aimer les photos simplement en les touchant deux fois. Ce développement simple, toujours une fonction essentielle de la plateforme aujourd'hui, a poussé le bouchon plus que jamais pour faciliter l'expression de ce fameux « j'aime ». Double cliquer sur une large photo est évidemment bien plus simple (aptitude accrue) que de cliquer, même une seule fois, sur un petit bouton qui n'est par ailleurs pas toujours visible sur l'écran du téléphone. Et le but n'est pas de faciliter la vie comme on le chante tout le temps dans la Silicon Valley, mais de ne pas lâcher le cerveau de l'utilisateur, déjà bien branché, en passant d'un contenu à un autre sans répit, comme avec la zappette de la TV. Cela a d'ailleurs ouvert la voie à une autre fonctionnalité tout aussi envoutante : le *scroll* infini.

Le scroll infini ou la fin de la réflexion

Le mot anglais *scroll* signifie « faire défiler ». Il est dit « infini », car en théorie il ne se termine pas. C'est ce qu'on fait quand on fait défiler à l'aide du doigt le résultat de recherche de vidéos sur YouTube par exemple. Quand on croit arriver au bout, tout en bas, un nouveau lot de vidéos est déjà rechargé. Cela est évidemment plus pratique que de cliquer sur un bouton pour passer d'une page à une autre, mais pas que.

Pour comprendre l'origine du scroll infini et son but premier, il faut remonter à un séminaire organisé par Google en 2008. Un certain Aza Raskin[99], âgé tout juste de 24 ans et fraichement diplômé de l'Université de Chicago, recruté par Mozilla, y a fait une présentation fort intéressante sur le sujet[100]. Elle s'intitule « Don't make me click » (ne me faites pas cliquer), un titre bien inspiré d'un bestseller intitulé « Don't make me think », écrit par l'auteur Steve Krug[101]. Ce titre un peu provocateur traduit surtout la doctrine de ce professionnel de l'expérience utilisateur [Krug] qui veut que tout produit (site web, application mobile, logiciel…) doive être aussi simple que possible, au point de ne demander aucune réflexion de la part des utilisateurs. Le produit doit se focaliser sur l'essentiel et profiter de ce que l'humain demande pour accomplir ses tâches : la brièveté et la concentration. Le livre de Krug se voulait d'ailleurs un texte « pouvant être lu durant un vol de deux heures ». Le contenu de la présentation de Raskin s'inscrit tout à fait dans cet esprit. Pour lui, l'interface utilisateur est le produit même. La meilleure interface est celle qu'on peut traduire par « zéro interface ». C'est paradoxal, mais ça veut tout simplement dire que la meilleure interface est celle qui introduit le moins d'interactions possibles entre l'utilisateur et la machine. « Si vous ne réalisez même que vous êtes en train d'utiliser un produit, alors il est parfait », dit Raskin. Et d'ajouter en se mettant à la place de l'utilisateur : « Si vous

---

[99] Aza Raskin (né en 1984) est le co-fondateur du Center for Humane Technology et du Earth Species Project. Il est également écrivain, entrepreneur, inventeur et designer. Il est le fils de Jef Raskin, spécialiste des interactions homme-machine et initiateur du projet Macintosh d'Apple.
[100] https://www.youtube.com/watch?v=EuELwq2ThJE&ab_channel=GoogleTechTalks
[101] Krug Steve, "*Don't make me think*", *New Riders Press, 2000.*

pensez à l'interface, c'est que vous n'êtes pas en train de faire ce que vous êtes venus faire. »

Je parie que le futur donnera raison à Raskin, car l'interaction avec la machine sera faite avec quasiment zéro interface. Avec une puce connectée directement au cerveau, les *likes* ne seront pas déclenchés au petit doigt, mais à la seule pensée. J'en ai déjà parlé dans le livre « la face cachée de l'IA » et certains m'auraient pris pour un fou. La société Neuralink de Elon Musk vient de le faire sur un singe en lui permettant de jouer à Pong à la seule pensée. Le macaque est devenu un véritable champion de MindPong comme on peut le voir sur la vidéo publiée sur le site de Neuralink ![102]

La page d'accueil de Google a toujours été un parfait exemple de simplicité, mais Raskin a proposé lors de la conférence d'aller encore plus loin, notamment dans la partie relative aux résultats de recherche. Quand l'interaction augmente, la densité d'information fournie diminue. Autrement dit, le contenu proposé à l'utilisateur baisse, ce qui pourrait le frustrer et le pousser à abandonner le produit. L'idéal serait de « ne pas forcer les utilisateurs à demander plus de contenu, mais simplement de le leur donner ». Raskin propose de s'affranchir de l'accès linéaire à l'information, cette obligation de parcourir les résultats de recherche les uns après les autres, en rendant possible un accès aléatoire, tout à fait à la portée du système visuel humain. C'est ce qu'il a implémenté sur son site *Humanized Reader* depuis avril 2006[103]. Au lieu d'être obligé de cliquer sur un bouton tout en bas de la fenêtre pour afficher les résultats d'une page parmi les dix pages proposées par Google, ce qui par ailleurs ne facilite par le retour à un contenu trouvé précédemment dans une page donnée, il propose de supprimer ces boutons (aptitude accrue) et mettre un défilement infini (scroll) à la place. Raskin part d'un constat simple : le nombre de gens qui visitent effectivement le contenu de la deuxième page est infime, car cette action demande un effort à l'utilisateur. Le défilement infini offre deux avantages concrets qui ont fini de convaincre toute la Toile. Premièrement, il facilite l'utilisation d'un produit, le défilement ne demandant qu'un effort négligeable à

---

[102] Monkey MindPong, https://neuralink.com/blog/
[103] https://www.quora.com/What-was-the-first-site-to-implement-infinite-scroll

l'aide du pouce. Deuxièmement, permet aux annonceurs de glisser une nouvelle publicité à chaque chargement d'un nouveau contenu. Au passage, ce contenu différent à chaque fois joue le rôle de la récompense variable. Cela favorise l'entrée dans la boucle de Hook et donc l'addiction. Selon certaines estimations, une personne fait défiler en moyenne en une année une longueur d'écran équivalente à la hauteur de l'Everest, le plus haut sommet du monde situé à 8849 mètres d'altitude[104] ! D'autres avancent le chiffre de 180 mètres par jour[105], soit presque dix fois plus…

L'un des premiers sites à avoir adopté le scroll infini, et la simplification à outrance en général, est le réseau social Pinterest. Ce dernier permet de poster des photos que les gens likent ou commentent. Mais Pinterest a poussé le vice du scroll infini un peu plus loin en affichant plusieurs rangées de photos en décalé, de sorte qu'au moins une photo de l'écran ne soit pas affichée en entier. Cela pousse le cerveau curieux à aller découvrir le reste inconsciemment et donc scroller vers le bas. Mais pendant que le bout qui se cache se révèle, le bout d'une autre photo fait son apparition. C'est une boucle infinie dans une autre !

Figure 12 : Le décalage des photos sur Pinterest (que se cache-t-il dans la photo en bas à droite ?).

Le scroll infini a vu naitre un jumeau immédiatement après, le « pull-to-refresh » (tirer pour rafraichir) qui consiste à faire défiler l'interface vers le haut et non vers le bas. Ce geste permet de rafraichir le haut du contenu d'un fil d'actualité en affichant les dernières publications, comme à la première connexion. Cette fonctionnalité a été introduite en

---

[104] https://www.irishexaminer.com/lifestyle/arid-30845961.html
[105] https://www.arabnews.com/node/1283051/media

2009 par Loren Brichter, un ingénieur ayant quitté Apple pour développer l'application iOS Tweetie, un client du réseau social Twitter. Devant son succès, Tweetie sera rachetée en 2010 par Twitter pour devenir l'application mobile officielle du réseau social. Brichter sera plus tard étonné de la longévité de sa création qu'il pensait « prendre sa retraite facilement » tant le rafraichissement d'une page peut s'automatiser sans problème. Il dit que cela « sert finalement une fonction psychologique : après tout, les machines à sous peuvent être moins addictives si les joueurs ne tiraient pas eux-mêmes sur les leviers ». Il donne un exemple un peu plus parlant pour tout le monde : « C'est comme le bouton redondant de fermeture de porte dans certains ascenseurs. Les portes se ferment automatiquement, mais les gens aiment appuyer dessus quand même. »[106] Je confirme…

Toujours en 2009, Chris Wetherell, un développeur indépendant qui a fait ses preuves avec Google est appelé par Twitter pour construire une nouvelle fonctionnalité, le *retweet*. Avant son arrivée, les gens devaient se relayer les messages manuellement : copier un texte, le coller dans une nouvelle fenêtre de tweet, taper « RT » avant l'identifiant de l'auteur d'origine, puis appuyer sur envoyer. C'est une démarche relativement compliquée, réduite par Wetherell à l'appui sur un simple bouton. « Il faisait bien tout ce à quoi il était destiné. Il avait une force de levier que d'autres choses n'avaient pas », dira-t-il. En effet, cette nouvelle fonctionnalité démultiplie tellement vite, exponentiellement même, que l'information sera bouleversée à jamais. C'est ainsi que Twitter est devenu *the place to be* pour les journalistes, politiques, et toutes les personnalités influentes. Les arrivées sur Twitter sont ainsi devenues massives et atteignent des sommets en 2012 lors des élections présidentielles aux États-Unis. Facebook ayant échoué à racheter Twitter, copiera la fonctionnalité avec le bouton de partage qui devient disponible sur son application mobile huit jours seulement après les élections. C'est devenu l'outil incontournable pour générer la viralité de l'information. C'est en réalité la naissance du chaos cognitif ! On y reviendra.

---

[106] Paul Lewis, "'Our minds can be hijacked': the tech insiders who fear a smartphone dystopia", www.theguardian.com, october 06, 2017.

Sur le réseau Twitter, la longueur maximale d'un message posté était limitée à 140 caractères pour une raison purement technique, le SMS sur lequel on se basait avant étant limité. C'était un mal pour un bien pour le réseau en réalité. Le PDG de Twitter Jack Dorsey a annoncé un relâchement sur la limite des tweets pour la porter à 280 caractères en usant de quelques mots pompeux et d'autres plutôt révélateurs : « C'est un petit changement, mais un grand pas pour nous. 140 était un choix arbitraire basé sur la limite de 160 caractères du SMS. Fier de la réflexion de l'équipe dans la résolution d'un problème réel que les gens rencontrent lorsqu'ils essaient de tweeter. Et en même temps, maintenir notre brièveté, notre rapidité et notre essence ! » Mais pourquoi donc 280 et non 500 ou 1000 ? Ce serait pourtant l'équivalent en taille juste d'une petite photo de quelques dizaines de pixels tout au plus, bien en deçà de ce qui est déjà partagé. En 2015, on parlait même de monter à 10 000 caractères, mais il y a eu résistance au sein de la boite. Si Dorsey tient à la brièveté, c'est surtout pour ne pas perdre l'attention des utilisateurs, notamment les nouveaux qui tenteraient de se montrer bavards sur un réseau qu'ils découvrent. Une personne qui prendrait 10 minutes pour écrire un bon paragraphe, c'est autant de temps en moins à scroller, liker, et commenter. Elle met Twitter en standby en quelque sorte, car toutes les personnes qui tombent sur sa publication devraient aussi prendre plus de temps pour la lire. C'est comme si finalement tout le réseau tournait au ralenti. Ce serait mauvais pour les affaires de Twitter bien évidemment.

Et contrairement à ce qu'on pourrait penser et à ce que dit Dorsey, la limite de 140 lettres n'est pas un problème et les gens ne sont nullement dérangés par la contrainte. Bien au contraire. Un court message qui fait le buzz et devient viral donne meilleure satisfaction qu'une bonne information vue « que par quelques milliers » de personnes. Jack Dorsey n'a en réalité pas pris trop de risque avec son petit changement. Quand le réseau a décidé de porter la limite à 280, il y a même eu protestation de certains utilisateurs qui voyaient d'un mauvais œil « ces textes longs qui remplissaient tout l'écran » du téléphone. La réalité est que la longueur moyenne d'un tweet était, et est toujours, autour de 34 caractères[107], soit une phrase comme « Isabelle est partie à la campagne ». C'est plutôt maigre comme nouvelle, mais c'est ainsi. C'est comme entré dans les mœurs. Seuls 5 % des gens postent maintenant des messages dépassant 140 lettres. Les gens n'ont plus le temps d'avoir le temps. Ils préfèrent zapper et passer des heures à scroller. Et ce n'est pas fini.

Ce que Raskin, Brichter, Wetherell, et tous les autres n'ont probablement pas vu venir avec le web 2.0 et les réseaux sociaux, ce qui se verra dans leurs regrets plus tard, est ceci : quand l'interaction fonctionnelle diminue, la densité de l'information fournie par l'utilisateur augmente au même temps que le contenu qu'on lui propose. Le temps en moins passé autrefois à aller charger une page, copier-coller, écrire une appréciation…, potentiellement un laps de temps favorable au décrochage, est maintenant consacré à liker, retweeter, commenter, sans discontinuer et souvent sans prendre le temps d'analyser. Le temps de la réflexion est réduit à néant et la possibilité de décrocher aussi.

Le *swipe* ou le conditionnement comportemental poussé à l'extrême

On aurait pu penser que le scroll était le geste le plus simple pour agir sur le contenu, mais ce n'est pas le cas. Il y a un autre, hybride si j'ose dire, qui remplit la fonctionnalité du scroll infini et du *like* à la fois : le *swipe*. Pour comprendre le fonctionnement de ce geste, il faut jeter un œil à l'application Tinder. C'est un réseau social de rencontre en ligne fondé en 2012, basé sur la géolocalisation. Après avoir rempli son profil, chaque utilisateur se voit proposer plus ou moins aléatoirement les photos de personnes anonymes de sa région. Il peut alors aimer une photo en la balayant (on dit « swiper ») vers la droite ou à l'inverse ne pas l'aimer en la balayant vers la gauche. Si deux personnes s'apprécient mutuellement en effectuant ce mouvement vers la droite, on dit qu'il y a un « match ». Autrement dit, les personnes se correspondent. Quand c'est le cas, Tinder le leur notifie et elles peuvent désormais entrer en

---

[107] Sarah Perez, "Twitter officially expands its character count to 280 starting today", https://techcrunch.com, November 7, 2017.

contact, échanger des messages et éventuellement se rencontrer. Avant l'introduction du *swipe* en 2014, il fallait appuyer sur un cœur vert pour liker ou une croix rouge pour disliker. Ce n'était pas aussi optimal que le swipe. Moins d'une année après l'introduction de la nouvelle fonctionnalité, plus d'un milliard de swipe ont été réalisés, générant au passage environ 12 millions de matchs. Au même moment, la société a déclaré qu'en moyenne, les gens se connectaient à l'application 11 fois par jour, pour une durée totale d'environ 90 minutes[108]. Comment expliquer donc ce succès fulgurant ? La réponse se trouve chez fournisseur du produit et l'utilisateur à la fois.

L'application Tinder est gratuite à la base, mais comme toujours, quand c'est gratuit, c'est vous le produit. En exploitant la géolocalisation et toutes les autres données de l'utilisateur, notamment celles importées depuis son profil Facebook à l'ouverture du compte, Tinder établit un profil psychologique assez précis de la personne et peut ainsi la pousser progressivement à adopter la version payante de l'application. Les jeunes sont par ailleurs la cible première du réseau social en leur offrant un abonnement mensuel de 9,99 dollars par mois alors qu'il est de 19,99 dollars pour les plus de 28 ans. Cette version payante offre bien plus d'options à l'utilisateur et elle alimente bien sûr le chiffre d'affaires de Tinder. En 2019, le réseau affichait 5,9 millions d'abonnés payants et une capitalisation boursière de plus de dix milliards. À titre de comparaison, le groupe Renault affiche une évaluation boursière équivalente, mais pour un effectif de près de 180 000 employés, soit 240 fois plus que Tinder ! Les 750 employés de ce réseau social se sont même partagé 9,4 millions $ d'actions cette même année 2019[109], soit un pactole moyen supérieur à 12 000 $ chacun. Et ce n'est pas tout. En passant à la version payante, l'utilisateur entre dans un cercle infernal et sert paradoxalement son cerveau sur un plateau en argent à Tinder. Avec toutes ces nouvelles options, on peut swiper sans limites, contrairement à la version gratuite. Résultat des courses, Tinder amasse plus de données personnelles encore, ce qui lui permet d'affiner le profilage

---

[108] Nick Bilton, "Tinder, the Fast-Growing Dating App, Taps an Age-Old Truth", www.nytimes.com, Oct. 29, 2014.
[109] MANSOOR IQBAL, "Tinder Revenue and Usage Statistics (2020)", www.businessofapps.co, OCTOBER 30, 2020.

psychologique. Mais cela est possible à condition que les gens cèdent et exploitent pleinement cette absence de limite. L'utilisation de l'application doit donc offrir du plaisir, à la hauteur de celui ressenti lors de la rencontre réelle promise. Tinder y arrive en exploitant une faiblesse humaine : quand on regarde une personne, on ne peut s'empêcher d'évaluer son degré d'esthétique, réflexe développé durant des millénaires pour identifier la reproductrice idéale. C'est le conditionnement opérant dont on a parlé précédemment. Quand on voit une personne qui nous plait, le cerveau active le circuit de la récompense esthétique, le même sollicité quand on goute son plat de prédilection ou écoute sa musique préférée. Dès que le cerveau identifie cette beauté, le plaisir de s'en rapprocher devient irrésistible. Il ne faut pas passer à côté de cette récompense et la dose de dopamine qui va avec. Les gouts étant différents d'une personne à une autre, des profils effectivement séduisants n'apparaissent que de temps à autre. Il y a des beautés qui font l'unanimité, mais Tinder n'a aucun intérêt à les présenter trop souvent. Il ne compte même pas sur le hasard qui ferait bien les choses. C'est pour entretenir la petite récompense aléatoire du puissant conditionnement variable cher à Fredrik Skinner. Cela engendre plus de swipe ça capte donc plus d'attention. Mais comment fait Tinder pour dénicher ce caprice à brandir occasionnellement à la bonne fréquence ?

Tinder évalue la désirabilité en se basant sur le Elo score[110], inventé par le professeur de physique Arpad Elo (1903-1992) pour faire s'affronter des joueurs d'échecs du même niveau. Sur les réseaux sociaux, le niveau est la désirabilité. Plus les gens reçoivent de likes, plus leur note Elo augmente. Sur Tinder, un utilisateur ne voit que la photo qu'on lui

---

[110] Le classement Elo est un système d'évaluation comparatif du niveau de jeu des joueurs d'échecs, de go ou d'autres jeux qui se disputent en un contre un. Le classement Elo attribue au joueur, suivant ses performances passées, un nombre de points (« points Elo ») tel que deux joueurs supposés de même force aient le même nombre de points. Plus le joueur est performant et plus son nombre de points Elo est élevé. Si un joueur réalise une performance supérieure à son niveau estimé, il gagne des points Elo. Réciproquement, il en perd s'il réalise une contre-performance. La Fédération américaine des échecs (USCF) a utilisé le système d'Arpad Elo dès 1960. Il fut ensuite adopté par la Fédération internationale des échecs (FIDE) à partir de 1970. Ce système est également utilisé pour le classement des équipes de football (depuis juillet 2018, mais de manière non officielle), ainsi que par de nombreux jeux en ligne.

présente et rien d'autre. Pour lui faire croire qu'il est désirable, lui offrir une récompense donc, on lui présente de temps à autre la photo d'une personne dont le score est plus élevé que le sien. La réciproque n'est évidemment pas vraie et la chance d'un match est infime. L'autre personne subira le même sort en lui servant un score plus élevé. Pour favoriser le match en revanche, on présente à une personne un profil dont le score est similaire au sien. Tinder a ainsi généré plus de 30 milliards de matchs depuis son existence[111]. Pour booster les chiffres, Tinder a introduit un nouvel appât en octobre 2015 : le *Super like*. Un utilisateur peut se servir de cette fonctionnalité, une fois par jour pour les non payants et cinq fois pour les payants, pour « super aimer » un profil. Le résultat de cette action est l'affichage d'une étoile bleue au-dessus de la photo d'une personne qui vous a « super aimé ». Comment résister alors et ne pas aimer en retour une telle personne, surtout si elle nous plait, et quand on sait qu'il y a un match certain au bout du doigt ? Mais ce n'est pas fini. Tinder fait encore plus fort en 2016 en introduisant le *Boost*, une fonctionnalité permettant de rendre son profil le plus visible de sa région pour une durée de 30 minutes, action multipliant le nombre de visites de son profil par dix !

La récompense chez Tinder et les autres sites de rencontre se fait donc en flattant l'égo de l'utilisateur ou bien en le mettant effectivement en relation avec une personne susceptible de l'intéresser après avoir déclenché le match. Seule condition ? Swiper encore et encore. Les personnes qui n'utilisent que rarement l'application sont d'ailleurs pénalisées et jamais affichées pour les autres. Et Tinder n'est pas seul à adopter cette attitude, certaines plateformes allant même jusqu'à fermer les comptes inactifs. Mais le vice ne s'arrête pas là.

Contrairement au plaisir procuré par la nourriture qui s'arrête à la satiété après avoir mangé suffisamment, la faim du *swipe* n'a pas de fin. Pire encore, après des heures passées à swiper, le cerveau est tellement épuisé qu'il opère un raccourci : ce n'est plus l'apparition de la séduisante photo qui provoque le plaisir, ou la sécrétion de dopamine, mais le geste du swipe lui-même. C'est en quelque sorte la cloche de

---

[111] https://blog.gotinder.com/powering-tinder-r-the-method-behind-our-matching

Pavlov qui provoque la bave. Vous vous rappelez les déclencheurs internes du modèle de Hook ? C'est exactement cela qui se passe. Le swipe devient lui-même un déclencheur. La personne passe ainsi des heures à swiper sans même regarder vraiment les photos qu'on lui présente. Résultat : certains touchent leurs téléphones plus de 5000 fois par jour ![112]

D'aucuns penseraient que nous avons atteint la limite du possible, mais ce n'est pas le cas. Le système Elo a été abandonné par Tinder en 2019, car c'est « une mesure dépassée ». Il fallait faire place à une « technologie de pointe » comme on peut lire sur leur blog[113]. On ne révèle évidemment pas quelle est cette redoutable technologie, mais je peux vous dire sans le moindre risque de me tromper, — j'expliquerai comment ça marche plus tard —, que c'est la suivante : l'intelligence artificielle.

Bruler son cerveau pour maintenir la flamme

C'est probablement le réseau social qui m'a le plus surpris durant mes recherches tant je ne comprenais même pas, depuis toujours d'ailleurs, comment il a pu exister et continue d'exister encore : Snapchat. C'est un réseau de partage de photos et vidéos personnalisées appelées snaps. Elles sont éphémères et visibles seulement pour une durée allant d'une à dix secondes. Je dois avouer que c'est la seule chose [durée éphémère] que je connaissais de cette application bizarroïde avant l'écriture de ce livre. J'étais loin d'imaginer que l'insolite ne s'arrêtait pas à ça, loin s'en faut. Je voulais bien évidemment comprendre comment 249 millions d'utilisateurs actifs quotidiens dans le monde, dont 16 millions en France, se sont laissé séduire et surtout en devenir accros. En moyenne, au deuxième trimestre 2020, ses utilisateurs ont ouvert Snapchat plus de 30 fois par jour pour une durée moyenne de 50 min, soit le premier réseau social le plus chronophage de la Toile[114]. Plus de 3,5 milliards de

---

[112] https://blog.dscout.com/mobile-touches
[113] Ibid.
[114] Snap Inc. Q2 2020 Earnings Slides.

Snaps sont créés quotidiennement[115]. Mais comment expliquer ce phénomène d'une application qui n'a a priori aucune utilité ?

Comme toutes les autres applications, Snapchat profite des faiblesses humaines, notamment chez les jeunes, la tronche d'âge la plus ciblée, pour captiver l'attention et garder les utilisateurs le plus longtemps possible. L'application pousse à être actif sur le réseau et ne pas être seulement consommateur à consulter les publications des autres. Pour ce faire, Snapchat déclenche automatiquement la caméra à l'ouverture. Non seulement c'est une action en moins pour l'utilisateur, c'est surtout un début d'une tâche entamée sa la place. Il n'a plus qu'à continuer pour la finir. On lui met l'eau à la bouche en quelque sorte. La suite est tout autant facilitée en mettant à disposition une panoplie d'outils faciles à utiliser pour décorer la photo ou la vidéo avant de l'envoyer. On peut se demander légitimement pourquoi Snapchat ne continue pas la tâche de décoration aussi. C'est peut-être parce que Snapchat fait confiance à l'artiste dormant en nous pour sortir une œuvre de maitre ? Pas vraiment. Snapchat donne surtout l'illusion de cela en comptant sur l'effet dit IKEA, terme faisant référence au célèbre fabricant de meubles suédois.

Dans une expérience réalisée par des chercheurs en psychologie de l'Université de Harvard[116], des personnes devaient estimer le prix d'un petit meuble, déjà monté ou qu'elles devaient assembler elles-mêmes. Les chercheurs ont constaté que les personnes interrogées estiment que le meuble monté par leurs soins à une valeur supérieure de 63 % à celle du meuble déjà monté, alors que les deux objets ont évidemment la même valeur. Les auteurs ont refait l'expérience avec des origamis (grenouilles et oiseaux en papier) et l'effet a été encore plus accentué avec une valorisation des constructeurs cinq fois plus grande que celle des non-constructeurs (voir figure ci-dessous). Selon les auteurs de cette étude, la valeur ajoutée vient de l'effort produit : « je me suis donné tant de mal, donc le résultat a plus de valeur », et du sentiment gratifiant d'accomplissement : « j'ai réussi à monter ce meuble », et même du rôle

---

[115] Snap Inc. internal data Q3 2019. See Snap Inc. public filings with the SEC.
[116] Norton, Michael I., Daniel Mochon, and Dan Ariely. "The IKEA Effect: When Labor Leads to Love." Journal of Consumer Psychology 22, no. 3 (July 2012): 453–460.

social de l'objet : il donne l'occasion d'en parler autour de soi et d'expliquer qu'on l'a fabriqué de ses propres mains.

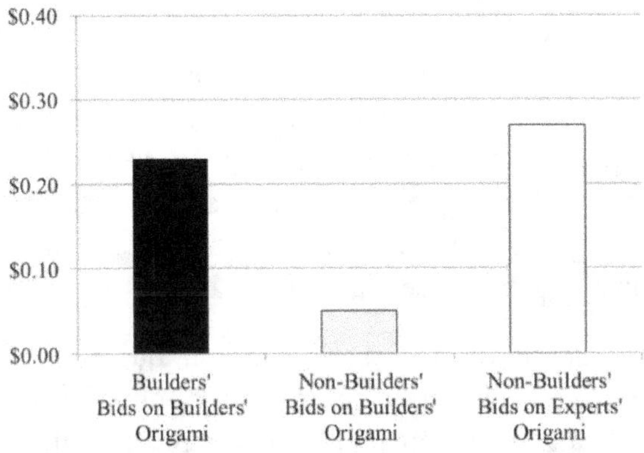

Figure 13 : Résultats de l'expérience de fabrication des origamis.

C'est exactement le même effet avec Snapchat où on se presse d'exhiber son œuvre. C'est la récompense personnelle. De plus, la création étant postée à destination de certaines personnes seulement, ces dernières se sentent privilégiées, car elles saisissent à leur tour la grande valeur de ce geste, résultat d'un investissement personnel d'un ami. Cela engendre naturellement une réaction et des échangent qui font le bonheur de Snapchat et son action en bourse. Un snap est considéré inconsciemment comme un don et appelle donc un contre don.

La réciprocité est un comportement humain universel et le monde virtuel numérique ne change pas la donne, loin s'en faut. Qui n'a pas ressenti ce besoin d'accomplir une tâche sur un site Internet comme pour rendre un service à une personne à l'autre bout de l'écran, alors qu'en réalité les serveurs dudit site sont désespérément seuls dans les data centers ?

Dans une expérience menée par BJ Fogg à Stanford, on a demandé à deux groupes de personnes d'effectuer une tâche à l'aide d'ordinateurs[117]. Les participants à l'étude ont d'abord été invités à répondre à une série de questions. Les ordinateurs fournis au premier groupe ont été

---

[117] Fogg, BJ, & Nass, C., "How users reciprocate to computers: an experiment that demonstrates behavior change", In Proceedings of CHI 1997, ACM Press, 331-332.

programmés pour donner un coup de pouce aux participants, contrairement aux machines du second groupe dont les membres ne devaient compter que sur eux-mêmes pour répondre à des questions peu claires. Une fois la tâche terminée, les rôles ont été inversés. Ce sont les ordinateurs qui devaient demander de l'aide aux sujets pour répondre à des questions. Résultat : le groupe ayant reçu des ordinateurs aidants effectuait presque deux fois plus de travail pour aider les machines à leur tour. Cette étude révèle que la réciprocité n'est pas seulement une caractéristique exprimée entre personnes, mais aussi un trait observé lorsque les humains interagissent avec les machines.

La réciprocité est un résultat de l'évolution qui permet à l'homme d'accroitre ses chances de survie en tirant profit des alliances et de la vie en groupe. Ce trait est si répandu qu'il est profondément ancré dans certaines cultures. Il renvoie par exemple au potlatch[118] (qui signifie donner pour les Amérindiens Chinook), un comportement culturel du don et du contre don étudié par le « père de l'anthropologie française » Marcel Mauss (1872-1950). Une personne offre à une autre un objet en fonction de l'importance qu'elle accorde à cet objet ; l'autre personne offrira en retour un autre objet lui appartenant dont l'importance est estimée comme équivalente à celle du premier objet offert. C'est en s'appuyant sur cette pratique largement répandue dans les tribus du monde amérindien, ainsi que dans de nombreuses ethnies de l'océan Pacifique que les premiers colons européens ont pu spolier les indigènes qui pratiquaient le potlatch. Ces tribus offraient de l'or contre de la bimbeloterie, croyant les échanges équilibrés. Mais Snapchat fait mieux encore. Il encaisse de l'argent en permettant aux de gens d'échanger des bibelots virtuels ! Celui qui reçoit un snap le perçoit de manière inconsciente comme un don et se sent dans l'obligation de répondre par un contre don, débouchant sur des échanges à ne pas finir. Cela ne se limite pas aux snaps bien sûr et concerne tout ce qui permet de valoriser une personne comme les *likes* par exemple. Michael Kaplan, professeur en communication, parle d'ailleurs de « potlatch digital » et de « l'utilisation de l'inutile » pour décrire le phénomène[119].

---

[118] Michael Kaplan, "The digital potlatch: The uses of uselessness in the digital economy", New Media and Society, Vol 21, Issue 9, 2019
[119] Michael Kaplan, "The digital potlatch: The uses of uselessness in the digital

Un malin du nom de Rameet Chawla, spécialiste en design mobile et entrepreneur, a fait une expérimentation qui démontre clairement le concept du potlatch digital.

« Salut ! Pourrais-tu me rendre service et te désabonner de mon Instagram ou au moins arrêter d'aimer toutes mes photos ? Je ne veux pas spécialement t'avoir dans mon univers. Tu peux jouer à ce jeu avec d'autres filles, mais pas moi. Merci ! » Voilà un message reçu par Rameet Chawla de la part de son ex-compagne après avoir liké toutes les photos qu'elle a postées sur Instagram. Ça vient de lui, mais pas vraiment. Depuis trois mois, il utilise une application qui lui est propre qui permet de liker automatiquement chaque photo publiée par tous ceux qu'il suit sur Instagram. Chawla a créé une application de « distribution automatique de l'amour » comme il déclare. Il l'a baptisée Lovematically. Il l'a développée après avoir été interpelé à maintes reprises par des amis pour lui demander pourquoi il « n'aimait pas » leurs photos. Les gens pensaient en effet qu'il regardait leurs publications sans y réagir.

Après avoir activé Lovematically, Chawla a constaté un rapide changement, avec l'arrêt des plaintes (sauf celle de son ex bien sûr). Il a commencé à accumuler des tas de followers, 30 nouveaux par jour, passant d'environ 1000 à plus de 4000. Il a également vu une multiplication par trois du nombre de likes recueillis sur ses propres messages. Cela a profité à son business au passage, à hauteur d'un demi-million de dollars. « Je voyais ces likes aléatoires sur mon profil tout au long de la journée sur des photos datant de plusieurs semaines ou mois », dit-il. Et il a reçu message après message d'amis l'encourageant à en publier davantage. « C'était presque comme s'ils étaient frustrés, comme s'ils avaient envie de quelque chose à aimer en retour », confie-t-il[120].

Chawla qui était le seul utilisateur de l'application a décidé de l'ouvrir à 5000 utilisateurs, mais Instagram l'a retirée après seulement deux heures. De plus, tous les messages sur Facebook, maison mère

---

economy", new media & society, 2019, Vol. 21(9) 1947–1966, 2019.
[120] Jeff Bercovici, "Instagram App Lovematically Highlights, And Hijacks, The Power Of The 'Like'", www.forbes.com, Feb 14, 2014.

d'Instagram rappelons-le, incluant un lien vers le site de l'application ont été supprimés. Toute tentative de publication d'un tel lien se heurtait à un message d'erreur. Lovematically violait probablement les règles d'utilisation d'Instagram de par son caractère automatique, mais remettait surtout en cause le pouvoir du *like* sur lequel le réseau compte énormément. Voir toutes les publications likées automatiquement rend la fonctionnalité tout simplement caduque. Chawla a parlé du *like* dans la description de Lovematically comme étant la cocaïne de la génération actuelle, « la première drogue digitale »[121]. Son application était là pour assouvir cette addiction. « Je savais bien avant de lancer l'application qu'elle serait fermée par Instagram. En utilisant la terminologie de la drogue, vous savez, Instagram est le dealer et je suis le petit nouveau sur le marché qui propose la substance gratuitement », a-t-il déclaré. Le *like* est le parfait exemple du pouvoir immense du don et contre don dans la psychologie humaine. Et quand ce don s'apparente à une dose de drogue qui fait monter dans les nuages, le contre don devient presque une obligation sociale.

LinkedIn est un autre champion du domaine qui pousse à la création d'un maximum d'obligations sociales des uns envers les autres à travers une multitude de mécanismes : l'acceptation d'une connexion, en répondant à un message, en recommandant une compétence d'une personne, en partageant une publication, en partageant un CV...[122] Quand une personne vous interpelle dans une publication en mentionnant votre nom, en bien ou en mal, et que vous recevez une notification de « l'événement », vous vous sentez d'une certaine manière dans l'obligation d'y répondre et donc de lâcher un peu de votre temps et de votre attention. Sinon, c'est la déception. Je l'ai vécu personnellement.

On est au printemps 2020, en plein confinement. J'étais très actif sur le réseau professionnel, si bien que je me suis fait de nombreux nouveaux amis. Il y en avait un avec qui j'ai échangé likes et commentaires durant plusieurs mois. Je lui ai même envoyé le code source d'un programme

---

[121] https://fueled.com/lovematically/
[122] Von Tristan Harris, "The Slot Machine in Your Pocket", www.spiegel.de, 27.07.2016.

informatique que j'ai bidouillé sur la propagation du coronavirus. C'était naturel pour moi, car c'était un « nouvel ami ». Mais quelle a été ma déception quand il est resté silencieux à ma publication sur la sortie de mon tout premier livre. J'attendais une petite réaction de sa part, mais rien. C'était le silence complet. J'ai donc agi de même et ignoré toutes ses publications ultérieures. Quelque temps après j'ai compris qu'il attendait ma réaction. Pour attirer mon attention, il a fait un commentaire de sa propre publication et y a mentionné mon nom. Là, je n'avais pas trop le choix et je lui ai répondu avec un like et un commentaire. Mais j'ai déconnecté le contact immédiatement après pour éviter toute nouvelle interaction. Je ne me voyais pas jouer un rôle dans une pièce de théâtre que je n'ai pas choisie. Cet épisode m'a marqué et mes questionnements sur les réseaux sociaux se sont intensifiés. J'ai compris au moins une chose à ce moment-là : la Toile est un monde qui crée des *fake news* mais aussi des *fake people* !

LinkedIn, tout comme les autres réseaux, exploite une certaine asymétrie de perception de l'information. Quand vous recevez une invitation de connexion, vous vous imaginez une personne faisant en toute conscience ce choix alors qu'il est plus probable qu'elle ait simplement reçu une suggestion du réseau qu'il lui a suffi d'accepter avec un simple clic ! En d'autres termes, LinkedIn transforme des pulsions tout à fait inconscientes en dettes que des millions de gens se sentent obligés de payer. En une année de présence sur ce réseau, j'ai dû effectivement accepter toutes les invitations que j'ai reçues, à l'exception de deux ou trois dont les profils me paraissaient bizarres. Comment faire autrement et ne pas accepter quand on peut avoir un peu d'empathie envers les autres et s'imaginer la douleur ressentie par la personne en face à cause d'un éventuel rejet ?

L'une des raisons pour lesquelles le rejet fait si mal est que les mêmes zones de notre cerveau sont activées lorsque nous éprouvons un rejet que lorsque nous ressentons une douleur physique[123]. C'est pourquoi nous ressentons une douleur émotionnelle lorsque nous consultons notre fil Facebook et constatons que des amis dont nous « aimons » toujours

---

[123] Guy Winch Ph.D, "Why Rejection on Facebook Hurts as Much as in Real Life", www.psychologytoday.com, Aug 02, 2013.

les publications n'ont pas « aimé » les nôtres. C'est pourquoi cela fait mal lorsque nous recherchons du travail et que les anciens collègues sur lesquels nous pourrions compter n'ont pas accepté notre invitation à se connecter sur LinkedIn. C'est pourquoi nous nous sentons en colère quand un ami proche ne nous suit pas sur Twitter. Nous sommes simplement faits de cette façon. Ressentir de la douleur émotionnelle dans ces situations peut nous faire sentir vulnérables et hypersensibles, ou pire, des loosers (perdants). C'est d'ailleurs pour cette raison que les réseaux sociaux n'ont pas introduit un bouton de dislike qui permettrait de détester les publications, même s'ils y ont pensé[124]. C'est brutal et cela peut faire très mal, ce qui pourrait éventuellement pousser les gens à abandonner le réseau. Il faut que la manipulation des émotions reste subliminale pour ne pas choquer.

Snapchat a fait fort en la matière en introduisant une fonctionnalité qui fait des ravages chez les jeunes, le *streak*. C'est une icône en forme de flamme accompagnée d'un compteur qui indique le nombre de jours consécutifs durant lesquels on a échangé avec un ami. Chaque jour d'échange de photos ou vidéos fait incrémenter ce nombre. Mais il suffit d'un seul jour où on oublie d'adresser un snap à un ami pour que le compteur mutuel se remette à zéro. Maintenir ces flammes est vu comme un signe de fidélité dans l'amitié et c'est gratifiant. « Pour moi, les flammes c'est pour voir combien de temps tient notre amitié », explique Julie, en 6ᵉ dans un collège en région parisienne. « Ce qui me fait rester sur Snapchat, c'est les flammes […] Mon record, c'est 873 actuellement », détaille David, 20 ans[125]. Pour rester dans la course, le contenu de la photo échangée importe peu. Une prise du mur ou du sol qui se présente fait toujours l'affaire. Mais gare à l'oubli. Pour éviter cela, certaines personnes confient leurs comptes à plusieurs amis pour les aider à maintenir les compteurs en cas de problème !

---

[124] Nina Zipkin, "Here's Why There's No Dislike Button on Facebook", www.entrepreneur.com, October 20, 2014.
[125] Pauline Dumonteil, « Les flemmes, la fonctionnalité qui permet à Snapchat de survivre ? », www.bfmtv.com, 23/12/2018.

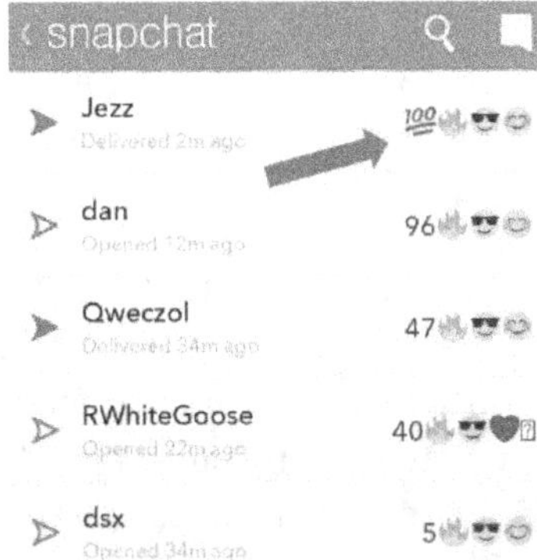

Ayant pris conscience de l'ampleur de ce phénomène, je me suis rendu sur Twitter pour essayer de trouver des témoignages de personnes ayant vécu la mésaventure de l'oubli des flammes. Je n'ai pas été déçu. La quête a été plutôt fructueuse comme on peut voir sur les quelques copies d'écran que je joins ici.

Quand une personne prend la perte de ces flammes pour une « rupture d'une amitié » ou l'assimile à « la perte d'un être cher » ou encore comme « un échec de plus dans la vie », on peut légitimement se poser un tas de questions sur l'état de notre civilisation.

L'aversion à perte est un phénomène agnostique quant à la nature de l'objet perdu. Ça fait toujours mal de perdre quelque chose. C'est aussi le ressenti éprouvé sur Snapchat. Quand le compteur se remet à zéro, la personne a le sentiment d'avoir perdu un objet de valeur. Le vice sur Snapchat est poussé à l'extrême avec ce compteur qui ne cesse de s'incrémenter et donc fait augmenter inconsciemment la valeur de ce lien virtuel entretenu avec une personne. De plus, quand celui-ci atteint le nombre 100, une icône spéciale s'affiche pour marquer ce jalon d'un trophée que le cerveau célèbre avec une dose de dopamine. C'est ce qui fait perdre la tête en allant chercher les paliers supérieurs. Cela fait monter la pression au point de faire de ces flammes la première chose à consulter le matin au réveil pour envoyer la photo qui va sauver le compteur, quitte à ce qu'elle soit vide de tout sens !

Il n'est donc pas étonnant de constater la détresse de certaines personnes et l'investissement de certaines autres (voir la copie d'écran) à tout faire pour récupérer les fameuses flammes quand elles sont perdues. Que ne ferait-on pas par amour ou par amitié ?

Snapchat saisit évidemment tout le potentiel de cette fonctionnalité qui contribuerait même à le maintenir à flot. À tel point que le réseau social rend parfois les flammes à ceux qui les ont perdues. Sur YouTube, les vidéos qui expliquent comment les récupérer recueillent des centaines de milliers, voire des millions, de vues[126].

---

[126] https://www.youtube.com/watch?v=Wjo5tTkLVmk&ab_channel=Mini-Astuces

Quant à maintenir l'intelligence humaine moyenne à flot, c'est une tout autre histoire…

CHAPITRE III : la Toile est l'ennemi du bien-être

« Mes enfants ne possèdent pas d'iPad. Nous limitons l'usage de la technologie à nos enfants à la maison »,

– Steve Jobs

Votre sommeil est le pire ennemi de Netflix

Sur les plateformes de streaming comme YouTube, l'option d'autoplay permet de passer d'une vidéo à la suivante sans intervention du spectateur. C'est l'interface idéale de Raskin : la non-interface. À partir de ce moment-là, le cerveau est pris dans un piège à plusieurs tentacules. D'abord, grâce à toutes les données collectées sur des millions d'utilisateurs comme l'historique des vidéos déjà visionnées, vidéos abandonnées, vidéos likées, commentaires publiés…, la plateforme construit un algorithme de recommandation souvent efficace. De ce fait, la vidéo lancée automatiquement avec l'autoplay à toutes les chances de plaire et provoquer l'engagement du spectateur. À cela s'ajoute le biais humain du « choix par défaut », cette tendance à accepter une proposition qui nous est faite sans trop la remettre en question. C'est d'ailleurs ce même biais qui est exploité sur les sites Internet quant aux options de collecte des données personnelles à travers les cookies. Bien que j'en sois conscient, j'appuie la plupart du temps sur le bouton « Accepter et fermer » et rarement sur « Paramétrer les cookies » pour décocher les nombreuses options intrusives pour ne laisser que celles réellement nécessaires à l'accès au site. Et l'excuse du manque de temps ne tient pas, car ça ne prend pas plus de quelques secondes à faire. N'est-ce pas ? Le cerveau préfère par instinct primitif l'état agréable de la passivité plutôt qu'une prise de décision qui se traduit par une dépense d'énergie non indispensable.

Aussi, une fois que la vidéo est démarrée, l'envie d'aller au bout est naturelle. Cette envie devient même plus forte après une interruption pour une quelconque raison. C'est l'effet Zeigarnik. La psychologue lituanienne Bljuma Zcigarnik (1901-1988) a découvert en 1927 que le fait de débuter une tâche crée une motivation d'achèvement qui reste insatisfaite tant que la tâche n'est pas complète. Cette motivation se matérialise par une mémorisation de la tâche dans le cerveau. Le psychologue britannique John Baddeley confirmera cette hypothèse plus tard, en 1963, en menant une expérience sur la mémorisation de mots. On a donné une minute à des sujets pour résoudre des anagrammes[127]. Si un sujet ne trouve pas la bonne réponse dans le temps imparti, on la lui donne. L'expérience est répétée sur une série de 12 mots. Résultat : les sujets n'ayant pas trouvé les bonnes réponses se rappelaient mieux des mots, presque deux fois plus que ceux qui avaient trouvé les réponses[128].

L'effet Zeigarnik est utilisé dans l'apprentissage, contre intuitivement, pour une meilleure mémorisation de certains détails d'une leçon par exemple. Ainsi, il vaut mieux faire une pause de temps en temps avant de reprendre que de tout lire d'une traite. L'interruption engendre en effet une mise en mémoire de ce qui a précédé pour aider à achever la tâche plus tard. Le conseil qu'on peut en tirer dans le cadre du travail est le suivant : faites la pause-café, même si comme moi vous ne buvez pas de café.

On remarquera que certaines publicités à la télé ou même la radio sont hachées. On passe une partie et on laisse le reste pour quelques minutes plus tard. C'est dû à l'utilisation de l'effet Zeigarnik pour mieux marquer les téléspectateurs ou les auditeurs. C'est également très répandu dans le marketing sur Internet. Vous vous rappelez cet article ou émail (newsletter) qui se termine par trois points sur lesquels il faut cliquer pour accéder à l'entièreté du contenu ? La barre de progression qui montre qu'une tâche est en cours ? L'appui sur un bouton qui déclenche un popup contenant un formulaire à remplir avant de pouvoir

---

[127] Une anagramme est un mot (ou expression) obtenu en permutant les lettres d'un mot de départ (exemple : carie – acier).

[128] Baddeley, A.D., "A zeigarnik-like effect in the recall of anagram solutions", Quarterly Journal of Experimental Psychology. 15(1). 63-64, 1963.

accéder au contenu désiré? Cette dernière action en deux temps augmenterait le remplissage effectif des formulaires de 785 %![129] Les teasers en général, texte, audio, vidéo…, exploitent l'effet Zeigarnik.

Kevin Spacey, le célèbre acteur de la série *House of Cards*, a interpelé en 2013 (avant sa chute) les fournisseurs de programmes lors d'un festival consacré au cinéma par ces mots : « S'ils veulent se gaver [les téléspectateurs] alors on devrait les laisser se gaver [...] Donnez aux gens ce qu'ils veulent, quand ils le veulent, sous la forme qu'ils souhaitent, à un prix raisonnable... »[130] Sur les plateformes de streaming, le moins qu'on puisse dire est qu'il a été bien entendu. La saison entière d'une série est à portée d'un clic. Avec tous les mécanismes de captation de l'attention expliqués précédemment, des gens se retrouvent à regarder des séries des heures durant, voire à passer des nuits blanches. Le PDG de Netflix, Reed Hastings, n'a-t-il pas déclaré que « son plus grand rival n'est pas Amazon Video ou YouTube, mais le sommeil » ? Ce visionnage avec frénésie est le phénomène dit de « *binge-watching* » ou le visionnage marathon[131]. Cela n'est évidemment pas sans conséquence sur la santé. La plupart des personnes succombant à cette mauvaise habitude (les *bingers*) ont une mauvaise qualité de sommeil et éprouvent plus de fatigue et d'anxiété[132].

Ce qui n'a pas été anticipé par les plateformes de streaming est le fait qu'une personne entrée dans cette course de visionnage fait de moins en moins attention aux publicités proposées entre les épisodes. C'est ce qui a été montré dans une étude de 2016, menée sur des données fournies par la plateforme de streaming Hulu[133]. En effet, une fois plongé dans une série, le spectateur ne veut rien entendre d'autre pour éviter de sortir

---

[129] Marketing 360, "How to Use the Zeigarnik Effect In Marketing", July 10, 2017.

[130] BBC News, "Kevin Spacey: TV audiences 'want to binge'", www.bbc.com, August 22, 2013.

[131] En référence au phénomène de "binge drinking", beuverie express ou hyperalcoolisation rapide. C'est un mode de consommation excessif de boissons alcoolisées sur une courte période de temps, par épisodes ponctuels ou répétés.

[132] Exelmans L, Van den Bulck J. (2017). "Binge viewing, sleep, and the role of pre-sleep arousal". J Clin Sleep Med. 13 (8): 1001–1008.

[133] Schweidel, David A.; Moe, Wendy W., "Binge Watching and Advertising". Journal of Marketing. 80 (5): 1–19, September 1, 2016.

de l'immersion. C'est évidemment problématique pour des entreprises qui tirent une bonne partie de leurs profits de la publicité. C'est ce qui a poussé Hulu à changer sa politique publicitaire à partir de 2019[134]. Depuis, elle inclut des réclames dans le premier et le deuxième épisode d'une série, avec des blagues au passage à l'égard des *bingers*. C'est une manière d'attirer l'attention sans offenser les boulimiques de la série. Elle propose ensuite une promotion, facile à accepter pour un cerveau en transe, ou annonce la suppression des interruptions commerciales dans les épisodes suivants, ce qui est vu inconsciemment comme un cadeau offert. Il faut naturellement en profiter, aversion à la perte oblige, et ne pas laisser passer cette faveur. Tous les moyens sont bons pour ne pas perdre les spectateurs et surtout les annonceurs.

Des jeux, du cash, du son, et des lumières

Il est bien connu que les jeux de casino, loto, grattage… sont addictifs. La seule différence avec les addictions avec substances comme les drogues est qu'il n'y a pas d'intoxication du corps. La dépendance aux jeux est d'ailleurs la seule addiction sans substance reconnue à ce jour par le DSM-5, le manuel de référence des psychiatres.

Les personnes qui succombent à la tentation du « gros lot » pour passer le restant de leur vie à l'abri du besoin en recourant aux jeux se retrouvent souvent ruinées et surendettées. Selon l'OFDT (Observatoire Français des Drogues et Toxicomanies)[135], près d'un Français adulte sur deux a joué à un jeu de hasard et d'argent dans l'année. Parmi les joueurs plutôt réguliers et dépensiers, environ 1,3 % peuvent avoir des conduites dites « problématiques », voire dans certains cas « pathologiques ». Le chiffre d'affaires de l'industrie du jeu en France se porte bien, en constante augmentation. Il est évalué à 44,3 milliards d'euros en 2013 avec une moyenne de 134 euros par an et par habitant[136].

---

[134] Brian Steinberg, "Hulu Hopes to Make Ads Part of Your Binge Session", variety.com, Dec 12, 2019.
[135] https://www.lareponsedupsy.info/AddictionArgent
[136] ibid.

Comme si cela ne suffisait pas, il n'est maintenant plus nécessaire de se déplacer au PMU du coin pour jouer. C'est le jeu qui vient à la maison. C'est le cas en France depuis 2010 avec l'ouverture à la concurrence en ligne des paris sportifs, des paris hippiques et du poker. Si les activités de jeux en ligne conservent majoritairement une dimension ludique non problématique, elles induisent pour une part importante des risques d'addiction. C'est ce qui ressort d'une étude réalisée par l'OFDT pour l'année 2012 (10,4 % des joueurs en ligne ont des pratiques à risque modéré) ou des problèmes avérés nécessitant une prise en charge sanitaire et sociale (6,6 % sont des « joueurs excessifs »)[137]. L'étude montre également que pour un même jeu, la version en ligne est plus addictive que le jeu « en dur ». Le jeu en ligne a ceci de spécifique qu'il est accessible 24 heures sur 24, en tous lieux grâce aux portables, aux tablettes et aux ordinateurs. Autres « avantages » : le joueur est affranchi du contrôle social et du jugement des autres. Il peut jouer en fumant ou en buvant, ce qui est de moins en moins possible à l'extérieur. Ce cocktail explosif mène naturellement à de graves problèmes de santé mentale et physique.

Mais il n'y a pas que les jeux de hasard et d'argent qui sont problématiques. Les jeux vidéo en ligne de toute sorte peuvent l'être tout autant et les techniques pour attirer de nouveaux joueurs restent les mêmes et toujours aussi efficaces. L'application du jeu est d'abord présentée comme gratuite ou *free-to-play* (en libre accès). Mieux encore, un « bonus de bienvenue » est parfois offert, même s'il est loin des sommes offertes dans les jeux de paris ou de poker. Le Syndicat des éditeurs de logiciels de loisir (Sell) a retracé l'évolution du marché français du jeu vidéo entre 1999 et 2016. Selon ses données, en l'espace de dix-sept ans, l'âge moyen des joueurs est passé de 21 à 34 ans et le chiffre d'affaires de ce marché a évolué de 862 millions à 3,46 milliards d'euros[138]. Alors que les jeux sont en accès libre, certains joueurs se retrouvent à payer des sommes faramineuses, de plusieurs milliers d'euros parfois, pour avancer dans les niveaux[139]. Et le temps n'est pas compté…

---

[137] https://www.ofdt.fr/BDD/publications/docs/eftxmtt6.pdf
[138] http://www.sell.fr/news/le-marche-francais-du-jeu-video-en-quelques-chiffres
[139] Adrian de San Isidoro, « Ces jeux vidéo gratuits qui coûtent cher », www.60millions-

Toute personne ayant pris les transports en commun aura remarqué ces personnes absorbées par leur smartphone, en train de casser des briques ou bonbons (Candy Crush), faire glisser des nombres (2048), ou encore faire exploser des objets de tout genre en lançant des petits oiseaux (Angry Birds). Ce sont des jeux fortement addictifs. Candy Crush et ses dérivés sont fabriqués par l'entreprise King Digital Entertainment. Cette dernière a atteint un pic de 550 millions d'utilisateurs de ses applications en 2014 avant que ce chiffre se stabilise autour de 250 millions d'utilisateurs en 2020[140]. Dans une enquête réalisée par le journal Time sur Candy Crush[141], sur 1000 joueurs sondés, 32 % disent ignorer leurs amis ou familles pour y jouer, 28 % le font même sur leur lieu de travail, et 30 % avouent y avoir développé une dépendance.

Différents facteurs expliquent cette dépendance à des jeux en apparence inoffensifs :

– *Jouer avec une seule main :* Candy Crush, comme la plupart des jeux sur mobile, a été construit de sorte qu'une personne puisse le jouer avec une seule main et pouvoir effectuer d'autres tâches en parallèle avec l'autre main comme tenir un verre, un sac, etc. Cela rend le jeu tout à fait adéquat pour remplir les temps de vide comme le voyage dans les transports, attente dans une salle de médecin ou autre. Aussi, le jeu peut fonctionner sans connexion Internet, ce qui permet de traverser les tunnels par exemple sans interruption.

– *Il y a toujours plus :* les équipent de Candy Crush mettent à jour le jeu régulièrement et créent de nouveaux niveaux toutes les deux semaines. De plus, à n'importe quel niveau, il n'y a aucun moyen de se retrouver bloqué. Si on arrive à manquer d'options, ce qui arrive une fois par tremblement de terre, l'écran se réinitialise immédiatement. La perte, au sens mort d'un personnage, n'y existe pas et cela fait partie du modèle de renforcement qui provoque la dépendance. Le jeu ne se termine que lorsque le nombre de coups alloués est épuisé, ce qui permet de lever la frustration en achetant une vie.

---

mag.com, 15/02/2019.

[140] https://www.statista.com/statistics/281595/king-digital-entertainment-quarterly-mau

[141] Eliana Dockterman, "Candy Crush Saga: The Science Behind Our Addiction", https://business.time.com, Nov. 15, 2013.

– Pas besoin de payer, mais très facile de le faire si jamais on veut : l'entreprise King déclare que « 60 % des joueurs ayant atteint le niveau maximal des jeux, n'ont pas eu à dépenser un centime ». Pris comme ça, on oublierait presque les 40 % qui ont dépensé. Et pour le faire, il leur a suffi un clic, que ce soit via Facebook ou autre.

- Âme d'enfant : « Beaucoup de gens ont un sentiment très positif à propos des bonbons depuis qu'ils sont enfants », dit Tommy Palm, un des designers du jeu Candy Crush. « Et c'est un très beau plateau de jeu visuel avec beaucoup de couleurs et des formes intéressantes ». Quand on y joue, on se sent transporté dans un univers à la Disney Land.

– Social : un jeu qui permet de se connecter avec des amis et rivaliser avec eux via les réseaux sociaux comme Facebook a plus de chance de provoquer une addiction. Au-delà d'une dépendance au jeu, c'est surtout une dépendance sociale. C'est toujours tentant de monter les niveaux pour impressionner ses amis.

– Accrocher : pour éviter le décrochage, la mission à accomplir dans le jeu doit être très facile et la difficulté pour débuter négligeable. C'est la technique de « la chance du débutant », faisant croire au joueur qu'il a de la chance ou qu'il est compétent. L'application flatte son égo avec des applaudissements en lui faisant croire qu'il est un as du jeu alors que la tâche qu'il vient d'achever est ridiculement facile. C'est la technique de « l'illusion de compétence » qui active la boucle de récompense dans le cerveau. Aussi, une fois qu'on a gouté au plaisir, même gratuitement, on est plus enclin à payer pour regouter. En quelque sorte, à partir du moment où le branchement du circuit de récompense est établi dans le cerveau, il est plus difficile de résister à la tentation. C'est sur cela que se base la technique dite de « pied dans la porte » ou « doigt dans l'engrenage ». Elle est très utilisée par les commerciaux, notamment pour vous coller toutes sortes d'options une fois la discussion bien engagée sur un achat. Elle consiste à faire une proposition peu coûteuse qui a toutes les chances d'être acceptée, suivie d'une demande plus coûteuse. Cette seconde demande aura plus de chance d'être acceptée que si elle est formulée de prime abord.

Une équipe de chercheurs a demandé à un groupe de résidents de placer de grands panneaux devant leurs maisons sur lesquels on pouvait lire « Conduisez prudemment »[142]. Deux groupes ont été testés. Dans le premier groupe, seulement 17 % des sujets ont accepté la demande, tandis que le chiffre est monté à 76 % dans le deuxième. La raison de cet énorme écart ? Les groupes étaient similaires, à l'exception d'un facteur. Les membres du deuxième groupe ont été approchés deux semaines auparavant et on leur a demandé de placer à leur fenêtre un panneau beaucoup plus petit de trois pouces avec les mots « Soyez prudents ». Presque tous étaient d'accord. Lorsque les chercheurs sont revenus deux semaines plus tard, une énorme majorité de ces résidents ont remplacé volontiers le petit panneau par un grand sur la pelouse devant leur maison. Dans ce comportement, on peut identifier plusieurs tendances humaines. La première est celle de la consistance qui veut que le comportement présent soit en accord avec celui du passé. Il est plus difficile de dire non à une personne à qui on a dit oui quelques jours auparavant. La deuxième est celle de l'engagement (doigt dans l'engrenage ou escalade irrationnelle). Quand on a déjà investi de l'effort dans un processus, on éprouve souvent un malaise quant à l'idée de le laisser tomber, surtout si on y a trouvé un intérêt. Dans le domaine de conception des applications, on appelle ce point de bascule à partir duquel l'utilisateur ne fait plus marche arrière et continue d'utiliser un service le « moment aha »[143]. Il est évalué à 7 amis en dix jours pour Facebook, 30 followers pour Twitter, une journée de jeu sur Zynga, et un fichier chargé sur DropBox. L'objectif de toute plateforme est bien sûr de faire passer ce cap à un maximum possible de nouveaux utilisateurs. C'est décisif pour la boucle de viralité et la croissance de l'application[144].

Les gens éprouvent aussi de la difficulté à changer d'avis ou d'opinion. Cela est dû à ce qu'on appelle la « dissonance cognitive », théorie introduite par le psychologue américain Léon Festinger (1919-1989). Ce

---

[142] Freedman, J. L., & Fraser, S. C., "Compliance Without Pressure: The foot-in-the-door technique", JPSP, 1966, 4, 196-202.
[143] Going Viral strategies shared by Pathik - Hike for #PNMeetup, 2013. https://www.slideshare.net/ProductNation/hike-growthpn
[144] Ibid.

biais est défini comme « un état désagréable dû à la présence simultanée de deux cognitions (idées, opinions, comportements) psychologiquement inconsistantes ». L'homme fait tout pour éviter cette dissonance, quitte à faire des raccourcis irrationnels. Cela rappelle un peu la fable du renard et des raisins de La Fontaine. L'animal mal à l'aise finit par se convaincre qu'il ne mange pas les raisins non parce qu'ils sont hors de sa portée, mais parce qu'ils sont trop verts. Il faut évacuer l'idée de l'impuissance à tout prix. Dans tous les phénomènes mentionnés précédemment, il y a une tentative permanente similaire chez l'humain d'établir une rationalisation d'un état présent, ou de son comportement, dans une série de raccourcis simplistes qui sont en réalité tout sauf rationnels.

Un entrepreneur a compris cela à merveille et l'a mis en œuvre contre vents et marées au cœur de la Silicon Valley. Il s'agit de Phil Libin, le PDG de Evernote, un service qui permet de sauvegarder simplement des notes prises sur ordinateur ou mobile (comme OneNote de Microsoft). Il facilite la recherche ultérieure en indexant le contenu de documents, d'images, et de sons (pour la version premium). La version bêta sortie en 2008 était bien accueillie par les premiers utilisateurs, non pas parce qu'elle était gratuite, mais surtout pour son utilité. En revanche, il n'y a pas eu d'emballement du côté des investisseurs. « Pourquoi donc passer à la version payante et dépenser 5 dollars par mois alors que la version de base est déjà généreuse et offre suffisamment d'espace de stockage ? », arguaient-ils. Libin a refusé de brider plus que ça son application. Pour lui, plus les gens mettent de choses dans Evernote, plus il prend de la valeur pour eux (escalade) et ils franchiront sans doute le pas du paiement par la suite. Qui en voudrait à une entreprise qui fait payer 5 dollars pour un service qui mémorise les souvenirs d'une vie et aide à les retrouver facilement ? « Vos notes, vos restaurants, vos amis, une année de votre vie, puis des années de votre vie. Cela vaut des milliers », a dit Libin. Le danger n'était pas que les gens ne fassent pas l'upgrade (passage à la version payante), mais qu'ils n'essaieraient pas le service en premier lieu parce que la version gratuite était maigre et n'avait pas réussi à convaincre. « Je n'ai pas besoin de vous soutirer de l'argent. J'aurai le reste de votre vie pour prendre votre argent. C'est ma stratégie avide à long terme », a déclaré Libin. Après quelques difficultés à lever des fonds et un répit de six mois obtenu grâce à un demi-million offert par un Suédois, Libin a convaincu en présentant ses premiers résultats et projections, sous une forme contre intuitive (courbe du sourire). Durant le premier mois de souscription, seulement 0,5 % des utilisateurs passaient à la version payante. Pour ceux qui l'ont utilisée durant une année, ce pourcentage montait à 8 %. Si un million d'utilisateurs était acquis, les revenus pour une année seraient de 4 millions de dollars et étant donné la croissance affichée, ils monteraient à 10 millions de dollars dans les deux ans. L'avenir a donné raison à Libin. Evernote a atteint 11 millions d'utilisateurs en 2011 et a affiché un taux de conversion insolent de 15 % après une utilisation de trois années, le tout sans faire appel à des commerciaux ![145]

Evernote est loin d'être le seul à avoir adopté le modèle. Le service de streaming de musique Spotify est même le champion en la catégorie en affichant 144 millions d'utilisateurs premium pour un total de 320 millions d'utilisateurs actifs mensuels[146]. Les services de stockage sur le cloud (DropBox, Box, Drive, …) fonctionnent également sur le même principe. J'utilise personnellement un tel service, notamment pour sauvegarder mes documents les plus importants (y compris les brouillons de ce livre). Je suis convaincu que je passerai à la version supérieure quand je dépasserai la limite de stockage de l'offre actuelle. J'y ai déjà sauvegardé trop de choses (escalade) et je ne me vois pas les trier pour libérer de l'espace. Le « biais du statu quo » ne joue pas en ma faveur et je trouve quand même une utilité dans le service. Mais cela n'explique pas tout. J'ai essayé un traducteur de documents (DeepL) il y a quelques mois et j'ai arrêté l'abonnement juste avant la fin de la période d'essai. Je savais que je m'en serais servi que très rarement et cela ne valait donc pas le coup, mais j'avoue que l'envie de l'acheter est toujours là ! Mon cerveau est sans doute tenté par cette dose de dopamine générée par le plaisir et la satisfaction ressentis lors de l'essai.

Ce sentiment de plaisir est d'autant plus présent chez les adeptes de jeux vidéo chez qui il est facile de céder et payer pour passer à un niveau

---

[145] DAVID H. FREEDMAN, "Evernote: 2011 Company of the Year", www.inc.com, 2016.
[146] https://www.businesswire.com/news/home/20201029005385/en/

supérieur, surtout si on est pris dans une boucle de *hook* depuis un long moment. C'est la part « investissement » demandée une fois les trois étapes de la boucle déclencheur-action-récompense passées.

– *Faire attendre pour mieux rester :* le jeu Candy Crush donne cinq chances d'aligner un certain nombre de bonbons. Une fois à court de vies, on doit attendre 30 minutes avant de pouvoir rejouer. En cas d'impatience, on peut payer pour débloquer le jeu. Cette technique ne fait pas que rentrer des revenus, mais fait durer l'envie de jouer. « Je pense que cela rend le jeu plus amusant à long terme », a déclaré Tommy Palm. « Si vous avez un jeu qui consomme beaucoup de bande passante mentale, vous continuerez à y jouer sans vous rendre compte que vous avez faim ou que vous devez aller aux toilettes. Ainsi, vous vous gavez et vous arrêtez finalement de jouer. C'est bien mieux du point de vue du divertissement de créer une expérience plus équilibrée où vous avez des pauses naturelles ».

- *Le feu d'artifice dopaminergique :* dès que quatre bonbons sont alignés, ils explosent, libérant ceux qui sont au-dessus, lesquels en tombant alignent d'autres bonbons et provoquent à leur tour d'autres explosions. C'est une sorte de réaction en chaine accompagnée d'apparition de chiffres (gains) et de sons de voix comme « *Delicious* », « *Sweet* », ou « *Tasty* ». D'après les psychologues, ces effets sont essentiels pour l'immersion du joueur. « Les récompenses positives sont la principale raison pour laquelle les gens deviennent dépendants de ces choses », déclare le Dr Kimberly Young, un expert de la dépendance à Internet et au jeu. Cet état mental, appelé en psychologie *flow*, est atteint lorsqu'une personne est complètement absorbée par une activité. On dit aussi qu'elle est « dans la zone ». Le trait distinctif du *flow* est un sentiment de joie spontanée, voire d'extase pendant une activité. Ce concept a été élaboré par le psychologue hongrois Mihály Csíkszentmihályi à partir de 1975 et utilisé plus tard dans de nombreux domaines comme le sport, l'éducation…, et les jeux vidéo. Parmi les conditions pour atteindre le *flow*, il faut que les buts du jeu et le feedback (gain) soient clairs. Aussi, les fabricants doivent trouver un juste équilibre dans le design des obstacles rencontrés dans le jeu. Pour ce faire, il doit y avoir un équilibre entre les défis à relever et les capacités du joueur[147]. Si le défi est supérieur à ses capacités, le jeu devient stressant et génère de l'anxiété. Si au contraire le défi est trop simple, c'est l'ennui assuré.

Aussi, d'après une expérience récente menée par des psychologues canadiens, la lumière et le son sont des facteurs importants dans le processus d'addiction dans les jeux[148]. Les chercheurs ont construit un « casino à rats » dans lequel 32 rongeurs sont mis devant quatre choix possibles, chacun menant vers une récompense ou une punition. Les rats ont trouvé la stratégie optimale dans celle qui donne la plus petite récompense, mais la moins risquée. Dans les conditions normales, les rats se satisfont donc du minimum. Mais quand les chercheurs ont ajouté du son et de la lumière au casino, le comportement des rats a complètement changé. Les récompenses les plus grosses produisaient plus de son et de lumière. À partir de là, les rats ont commencé à aller vers ces récompenses animées même si elles sont plus risquées. Ce phénomène s'est aggravé quand on a administré aux rats une drogue qui favorise la sécrétion de dopamine. Mais quand on leur administre un produit inhibiteur, qui empêche la sécrétion donc, le comportement à risque cesse malgré les sons et les lumières. Ce qui démontre bien que ces excitations sensorielles favorisent la production de dopamine et donc l'addiction. Un des auteurs de l'étude dira au magazine Wired : « J'ai souvent le sentiment que les modèles scientifiques ont des décennies de retard sur les casinos. Je ne pense pas que ce soit un accident si les casinos sont remplis de lumières et de bruit. »[149] Cela ouvre au passage la voie à de nouvelles méthodes de traitement des addictions[150].

- *Le plaisir des formes :* dans ces jeux addictifs, les récompenses sont nombreuses, parfois bien cachées. L'alignement des bonbons de même

---

[147] http://www.jenovachen.com/flowingames/introduction.htm
[148] Michael M. Barrus and Catharine A. Winstanley, "Dopamine D3 Receptors Modulate the Ability of Win-Paired Cues to Increase Risky Choice in a Rat Gambling Task", Journal of Neuroscience 20 January 2016, 36 (3) 785-794.
[149] K.G ORPHANIDES, "Scientists built a 'rat casino' and it made rodents riskier gamblers", www.wired.co.uk, January 21, 2016.
[150] https://www.youtube.com/watch?v=y2CWiisD5p4&feature=emb_logo&ab_channel=UBCMediaRelations

couleur est aussi une tâche qui fait du bien (fluidité de traitement), car le cerveau n'aime pas le désordre qui demande de l'effort pour être compris. Or, l'économie d'énergie fait partie des instincts de survie primitifs. À chaque fois qu'on perçoit une scène, les nuages par exemple, on cherche à y déceler des formes familières. C'est le principe de la théorie de Gestalt (mot allemand qui signifie « forme ») en psychologie. C'est le philosophe autrichien Christian von Ehrenfels (1859-1932) qui a théorisé la notion de forme dans une publication en 1890. Il y explique que dans l'acte de perception nous ne faisons pas que juxtaposer une foule de détails, mais nous percevons des formes globales qui rassemblent les éléments entre eux. C'est la principale loi de Gestalt, dite de « la bonne forme ». Elle stipule qu'un ensemble de parties informes (comme des groupements aléatoires de points) tend à être perçu d'abord automatiquement et inconsciemment comme une forme sensée (principe de rectification). Cette forme se veut simple, symétrique, stable, en somme une bonne forme.

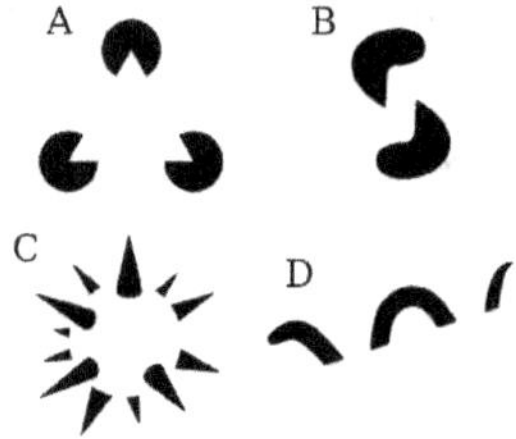

Figure 14 : **Exemple de formes rectifiées (vous voyez le triangle en A ?)**

Une des lois qui en découle est dite de « familiarité ». On tend à percevoir des stimuli familiers aussi bien pour les formes que pour autre chose comme le son. C'est ainsi qu'on arrive à entendre la voix d'une personne qu'on connait au milieu d'une foule, phénomène aussi appelé « effet cocktail party ». C'est comme cela aussi qu'on décèle des mots sensés dans des sons quelconques, un morceau de musique lu à l'envers par exemple. C'est ce qui a donné naissance à la technique de *backmasking*, un procédé très controversé aux États-Unis dans les années 1980. Des groupes chrétiens ont en effet accusé des chanteurs de rock comme les *Beatles* d'introduire ainsi des messages sataniques dans leur musique. Je ne pense pas que ces accusations soient fondées, comme le montrent d'ailleurs certains travaux de recherche[151], mais le problème a été pris très au sérieux outre-Atlantique. Une loi fut même votée à l'unanimité en 1983 dans l'État de l'Arkansas, ordonnant que tous les disques concernés soient commercialisés avec un autocollant d'avertissement disant : « Attention, ce disque contient des messages à l'envers qui peuvent être perceptibles à un niveau subliminal lorsque le disque est joué normalement. »

Cette tendance à voir des formes là où seul le hasard réside en réalité peut parfois avoir des conséquences dramatiques. C'est ainsi que durant la Seconde Guerre mondiale, lors des bombardements allemands de Londres, les cibles atteintes ont donné lieu à des spéculations inquiétantes. En effet, entre 1944 et 1945, de nombreuses bombes volantes (missiles V1 et V2) sont tombées sur la capitale britannique et beaucoup ont atteint des cibles stratégiques. Les gens pensaient alors que les nazis avaient réussi à développer des bombes autoguidées et les lieux épargnés abriteraient probablement des espions allemands. La suspicion règne partout. Ce sentiment a été renforcé par les résultats d'analyse faite par les services de renseignement britanniques qui voyaient des formes (clusters) de points atteints par les bombes, ce qui n'était en réalité qu'une distribution aléatoire[152].

---

151 Vokey, J. R., & Read, J. D. (1985), "Subliminal messages: Between the devil and the media", *American Psychologist, 40*(11), 1231–1239.
152 AATISH BHATIA, "What does randomness look like?", https://www.wired.com, 12.21.2012.

Figure 15 : Les bombardements allemands (1944-1945) de la ville londonienne d'Enfield[153].

La théorie de Gestalt est utilisée dans divers domaines, dont la psychothérapie, le design, le marketing, la communication politique…, et la publicité[154]. Dans le jeu, l'alignement des formes est perçu comme une récompense par le cerveau, s'ajoutant bien sûr à celle relative aux points gagnés du fait de la mission accomplie lors du passage d'un niveau.

– Surtout ne pas apprendre : quand on joue, on se construit généralement une carte mentale de l'environnement, ce qui nous permet de nous retrouver plus facilement quand on refait une nouvelle une partie. Autrement dit, on apprend et progresse. Le design d'un jeu comme Candy Crush est fait de sorte que le joueur n'apprenne pas justement, du fait du nombre quasi illimité de coups possibles et de la réinitialisation aléatoire du jeu à chaque démarrage. On ne laisse pas le temps au cerveau de développer une stratégie. Le jeu est donc fait pour perdre, car c'est cela qui peut déclencher l'acte d'achat de vies par la suite. Ironie du sort, dès qu'un joueur paie, il se met tout seul dans un piège. Non seulement il apprend encore moins en sautant artificiellement

---

[153] https://terrorfromthesky.com/2014/02/05/enfield-bomb-map-1944-1945/
[154] Ekaterina Sinitskaya, "Application of Gestalt Theory and Therapy in Public Policy and Political Communication", Journal of Governance and Politics, Public Policy and Administration, No2(5), 2019.

des niveaux, il entre dans une escalade, car on va lui proposer des niveaux de plus en plus difficiles pour qu'il paie encore et encore. Si c'est pour impressionner ses amis ou éviter les moqueries sur Facebook, pourquoi pas. N'est-ce pas ? Recevoir les félicitations de ses amis est aussi une récompense.

Zynga est une société californienne de jeux vidéo, introduite en bourse en 2011 pour un milliard de dollars, faisant d'elle la plus grosse introduction d'une entreprise Internet depuis celle de Google en 2004. Zynga est la société derrière des jeux Facebook populaires comme Farmville et Cityville, attirant quelque 200 millions de joueurs chaque mois. Dans une version satirique de ce jeu sans queue ni tête qu'est Farmville, Ian Bogost a créé Cow Clicker, une application Facebook où les utilisateurs ne faisaient rien d'autre que de cliquer sans cesse sur des vaches virtuelles pour entendre le son « mooh ». Son but était de montrer l'absurdité des jeux comme Farmville. Il pensait que les mécanismes vicieux de son jeu seraient ridiculement évidents pour les utilisateurs. Il a eu terriblement tort. L'utilisation de l'application a explosé, dépassant très vite 50 000 utilisateurs. Certaines personnes en sont devenues terriblement accros et faisaient des demandes de tout genre comme introduire d'autres espèces de vaches. Ian Bogost l'a alors fermée et a provoqué ce qu'il a appelé « Cowpocalypse », la fin du monde des vaches. Il a publié l'histoire dans un blog[155]. Un internaute a commenté la publication en mettant le doigt sur un point important : « Wow… Ma famille a cliqué à maintes reprises sur ces vaches. Ils ne t'ont jamais payé, mais quand même… Et dire que je pensais que c'était juste un autre jeu stupide de Facebook. Je déteste ce que FB est devenu… L'aspiration de l'attention des gens qui étouffent sous un milliard de cris de solitude ». Ian Bogost a dit suite à cette histoire : « C'est ce que l'on ressent quand une civilisation se transforme en ruine. » C'est effectivement incroyable comme un tel jeu sans queue ni tête, où on n'apprend absolument rien, peut devenir aussi addictif.

– *Évasion et boucle ludique :* les gens cherchent à se distraire pour fuir des situations stressantes de la vie. L'alignement des bonbons Candy

---

[155] http://bogost.com/blog/cowpocalypse_now

Crush avec la musique qui l'accompagne est un exercice qui peut se révéler relaxant. Des heures peuvent passer sans que le joueur s'en rende compte. Natasha Dow Schüll, une anthropologue et professeure du département à l'Université de New York, a consacré des travaux à ce phénomène qu'elle a étudié en se rendant à la capitale mondiale du jeu, Las Vegas. Après une quinzaine d'années de recherche, elle a publié ses trouvailles sur cet état mental d'addiction qu'elle a appelé « boucle ludique ». Dans son livre, « Addiction by Design »[156], elle cite les expériences d'une femme [Mollie] qui dépensait sa paie en deux jours sur les machines à sous. Quand elle lui demande si elle espère gagner gros un jour, elle éclate de rire et lui fait un signe dédaigneux de la main. « Au début, il y avait de l'excitation à gagner », dit-elle, « mais plus je jouais, plus je devenais consciente de mes chances. Plus consciente, mais aussi plus faible, moins capable de m'arrêter. Aujourd'hui, quand je gagne — et je gagne, de temps en temps — je remets simplement la somme dans les machines. Ce que les gens ne comprennent jamais, c'est que je ne joue pas pour gagner ». Pourquoi joue-t-elle alors ? « Pour continuer à jouer, pour rester dans cette zone de machine où rien d'autre n'a d'importance ». Schüll demande alors à Mollie de décrire la « zone de machine » dont elle parle. Elle regarde par la fenêtre, ses doigts tapotant sur la table : « C'est comme être dans l'œil d'un cyclone, c'est ainsi que je la décrirais. Votre vision est claire sur la machine en face de vous, mais le monde entier tourne autour de vous. Vous n'entendez vraiment rien. Vous n'êtes pas vraiment là. Vous êtes seule avec la machine et c'est tout. » Un autre joueur, un technicien en électronique appelé Randall, explique que le sens de cette activité solitaire et absorbante peut suspendre le temps, l'espace, la valeur monétaire, les rôles sociaux et parfois même le sens même de l'existence. « Vous pouvez tout effacer sur les machines — vous pouvez même vous effacer vous-même », dit-il. Le but n'est plus de gagner le gros lot. Randall dit « être après le néant lui-même ». Il importe peu finalement que l'argent disparaisse à chaque pression sur un bouton ou levier. La sensation même de le faire est la récompense. C'est le concept de boucle ludique, un emprisonnement dans une activité frénétique sans réel sens ni

---

[156] Natasha Dow Schüll, "Addiction by Design, machine gambling in Las Vegas", PRINCETON UNIVERSITY PRESS, 2012.

sentiment d'achèvement (on n'y apprend rien). C'est la face sombre du *flow* où les gens sont laissés vides, dans les cœurs et dans les poches.

Pour la plupart des jeux vidéo et applications mobiles addictives, c'est la même chose. Schüll dira dans une interview que Candy Crush est comme les jeux d'argent, si ce n'est pire[157] : « C'est vous et la machine. Il n'y a pas de véritable développement de personnage ou de narration. Tuez le monstre ; tuez à nouveau le monstre ; tuez à nouveau le monstre. Vous ne savez jamais quand vous allez obtenir la récompense ou combien la récompense sera. Ce sont ces petites boucles ludiques. » Et d'ajouter : « Je pense que cela peut être appliqué plus largement, pas que pour les machines à sous. Il peut être appliqué à la vérification compulsive des emails, aux enchères eBay, ou aux playlists où vous utilisez constamment ce média pour moduler votre humeur, et vous l'avez juste là, à portée de main. »

– *Le storytelling :* pour capter l'attention, d'autres jeux adoptent une autre stratégie, basée au contraire sur le storytelling (une belle histoire) et l'apprentissage du jeu. C'est aussi redoutable, si ce n'est plus, pour gagner l'engagement des joueurs comme l'explique Charles L. Mauro, un spécialiste en ergonomie, dans un blog relatant une comparaison entre les deux jeux Candy Crush et Angry Birds[158]. Quand cette stratégie est bien adoptée, le basculement du joueur dans la zone est quasi assuré.

Une belle histoire est souvent relatée en plusieurs épisodes. Au cœur de chaque épisode se trouve un nœud à résoudre, comme trouver la clé d'un coffre par exemple. Tout comme dans une série TV, le parcours est semé d'embuche, ce qui crée du suspense et un côté mystérieux qui tient en haleine le public. L'inconnu est fascinant et les histoires fortes retiennent notre attention en attendant de révéler la suite. À force de s'y immerger, on peut même s'y perdre et y laisser sa propre identité[159]. Des

---

[157] NPR, "Stuck In The Machine Zone: Your Sweet Tooth For 'Candy Crush'", www.npr.org, June 7, 2014.

[158] Charles Mauro, "Why Candy Crush Saga is So Successful and Popular But Will Never Be an Angry Birds: A Cognitive Tear Down of the User Experience (UX)", www.mauronewmedia.com, 2013.

[159] L'acquisition d'expérience ne se produit pas systématiquement, mais seulement lorsque les gens sont capables de s'oublier eux-mêmes en lisant. Dans une expérience, par exemple, les chercheurs ont découvert que la plupart des sujets étudiés étaient

chercheurs de l'Ohio State University ont examiné ce qui est arrivé à des personnes qui, en lisant une histoire fictive, se sont retrouvées à ressentir les émotions, les pensées, les croyances et les réactions internes de l'un des personnages, comme si elles étaient les leurs. C'est un phénomène que les chercheurs en psychologie appellent « acquisition d'expérience »[160]. Ils ont constaté que dans les bonnes conditions, l'acquisition d'expérience peut entrainer de réels changements dans la vie de tous les jours des lecteurs, et le tout inconsciemment[161]. « L'acquisition d'expérience peut être très puissante parce que les gens ne réalisent même pas que cela leur arrive. C'est un processus inconscient », a déclaré Lisa Libby, un des auteurs de l'étude. L'immersion dans un monde virtuel peut donc perdurer en quelque sorte dans le monde physique et influer réellement sur la vie de tous les jours.

Le jeu de guerre WoW (World of Warcraft) est parfois qualifié de « jeu le plus addictif de tous les temps », tant ses adeptes en deviennent fortement dépendants et en masse. Une étude menée sur quelques centaines de joueurs aux États-Unis et au Canada a montré qu'ils passaient en moyenne 8 heures par jour sur leurs ordinateurs et que 44 % d'entre eux en sont accros[162]. Ils ont en fait même le centre de gravité de leur vie, en organisant tout le reste autour du jeu. Comment expliquer cela ? En plus de tout ce qui a été mentionné précédemment comme stratégie pour capter l'attention, WoW a une particularité : il se joue en équipe. Quand un joueur part à la conquête, il n'est pas seul, mais accompagné « d'alliés » éparpillés sur tout le globe, Japon, Australie,

---

incapables de faire de l'acquisition d'expérience quand ils lisaient dans une cabine avec un miroir. L'identité personnelle était en quelque sorte tout le temps là dans le reflet pour les détacher de la fiction et les ramener à la réalité. « Plus vous vous souvenez de votre identité personnelle, moins vous serez en mesure de prendre l'identité d'un personnage », a déclaré le chercheur Kaufman.

[160] Kaufman, Geoff F, and Lisa K Libby, "Changing Beliefs and Behavior through Experience-taking", Journal of Personality and Social Psychology 103, no. 1 (July 2012): 1–19.

[161] Ohio State University. "'Losing yourself' in a fictional character can affect your real life." ScienceDaily, 7 May 2012. www.sciencedaily.com/releases/2012/05/120507131948.htm

[162] Oggins, J., Sammis, J., "Notions of Video Game Addiction and Their Relation to Self-Reported Addiction Among Players of World of Warcraft", Int J Ment Health Addiction 10, 210–230 (2012).

France, Canada, etc. Les joueurs s'organisent en « guildes », chacun avec un grade comme dans une vraie troupe. Et quand le devoir appelle, difficile de dire non à ses camarades, malgré le décalage horaire. Ainsi, les nuits blanches sont légion ! Un des joueurs de l'étude américano-canadienne a déclaré : « Le seul jeu vidéo auquel je suis devenu addict est WoW à cause de mon dévouement envers ma guilde. » Bien qu'il n'ait jamais rencontré ses « amis », il se retrouve dans une situation d'obligation sociale réelle envers eux. La récompense de conquête dans le monde virtuel s'accompagne donc d'une récompense sociale dans le monde réel. C'est la double dose de dopamine ! Difficile de ne pas tomber dans l'addiction. Et ce n'est pas tout. La frontière est réduite à néant entre ces deux mondes par des jeux vidéo dotés de réalité augmentée comme Pokemon Go, un jeu devenu vite un phénomène de société et qui a fait monter l'action de Nintendo à la bourse de Tokyo de 93 % en une semaine à sa sortie en 2016[163]. Grâce à la géolocalisation des téléphones mobiles, les joueurs partent à la chasse de personnages, issus du dessin animé du même nom et éparpillés un peu partout sur le globe. Les joueurs sont tellement distraits et immergés dans le jeu qu'ils deviennent un vrai danger, pour eux-mêmes et pour les autres. Une chasse qui devait être organisée dans les Jardins du Luxembourg à Paris a dû être interdite par le Sénat français qui a la charge des lieux, soulevant le risque d'atteinte à la sécurité publique[164]. Ces chasseurs d'un nouveau genre traversent en effet les routes à grande circulation sans lever la tête de l'écran, s'introduisent dans des propriétés privées, des églises, des boites de nuit, etc. Sans parler des vols de téléphones, les joueurs étant géolocalisés et donc une proie facile. C'est le jeu dans le jeu : le chasseur chassé… Les maitres du jeu sont naturellement les plus ciblés pour accaparer leur gros gibier, y compris par des malfaiteurs organisés en meute[165]. La récompense virtuelle se confond ainsi avec la réelle. Fascinant !

---

[163] Julien Lausson, « L'action nintendo explose grâce à Pokémon Go », www.numerama.com, 11 juillet 2016.

[164] https://www.francetvinfo.fr/culture/jeux-video/pokemon-go/le-senat-annule-la-premiere-chasse-pokemon-go-prevue-a-paris_1546351.html

[165] https://blog.americansafetycouncil.com/the-dangers-of-pokemon-go

Le cerveau, cet organe complexe et si fragile

Les boucles ludiques relatives aux jeux et applications mobiles atteignent toutes les tronches d'âge. Pour les ados, ce phénomène est démultiplié, car le cortex préfrontal responsable de décisions réfléchies n'atteint sa maturation qu'à l'âge de 25 ans[166]. Cette région du cerveau est en effet le siège des fonctions cognitives dites supérieures (notamment le langage, la mémoire de travail, le raisonnement, et plus généralement les fonctions exécutives). C'est aussi la région du gout et de l'odorat. C'est l'une des zones du cerveau qui a subi la plus forte expansion au cours de l'évolution des primates jusqu'aux hominidés[167].

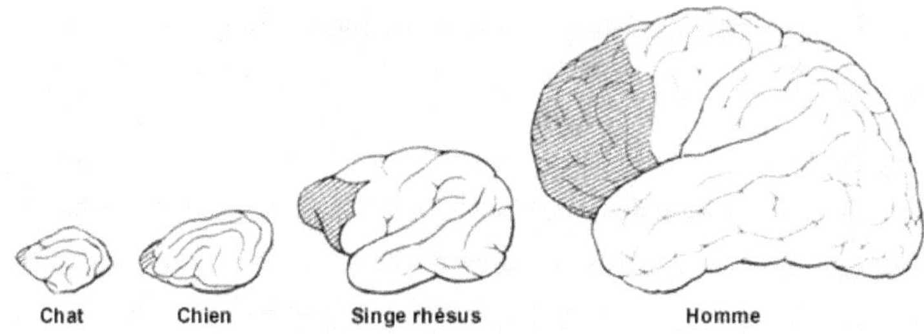

Figure 16 : Taille du cortex préfrontal (partie hachurée).

Ce n'est pas le cas de la partie du cerveau reptilien appelée striatum. Cette structure nerveuse située sous le cortex est impliquée dans le mouvement volontaire, la motivation alimentaire ou sexuelle, la gestion de la douleur et la cicatrisation, voire la régénérescence de certains tissus cérébraux. Ce sont des fonctions primitives que l'homme partage largement avec la plupart des mammifères. D'après une récente étude[168],

---

[166] Mariam Arain, Maliha Haque, Lina Johal, Puja Mathur, Wynand Nel, Afsha Rais, Ranbir Sandhu, Sushil Sharma, "Maturation of the adolescent brain", Neuropsychiatr Dis Treat. 2013; 9: 449–461.

[167] Xing Fu, Patrick Giavalisco, Xiling Liu, Gareth Catchpole, Ning Fu, Zhi-Bin Ning, Song Guo, Zheng Yan, Mehmet Somel, Svante Pääbo, Rong Zeng, Lothar Willmitzer, and Philipp Khaitovich, "Rapid metabolic evolution in human prefrontal cortex", Proc Natl Acad Sci USA 108:6181–6186.

[168] Raznahan A, Shaw PW, Lerch JP, Clasen LS, Greenstein D, Berman R, Pipitone J, Chakravarty MM, Giedd JN (2014) Longitudinal four-dimensional mapping of subcortical anatomy in human development. Proc Natl Acad Sci U S A 111:1592–1597.

le striatum atteint son pic de croissance chez l'homme en pleine puberté, à l'âge de 15 ans chez les garçons et plutôt chez les filles, à seulement 12 ans. Si on caricaturait un peu, on pourrait dire que l'homme à l'adolescence est un animal comme un autre et ne devient réellement mature qu'après ses vingt ans. Cela est juste pour dire que l'adolescent est un être très fragile. On ne doit donc pas être étonné de constater par exemple que Snapchat atteint 90 % des 13-24 ans et 75 % des 13-34 ans, soit davantage de socionautes de la même tronche d'âge que sur Facebook, Instagram et Messenger réunis[169].

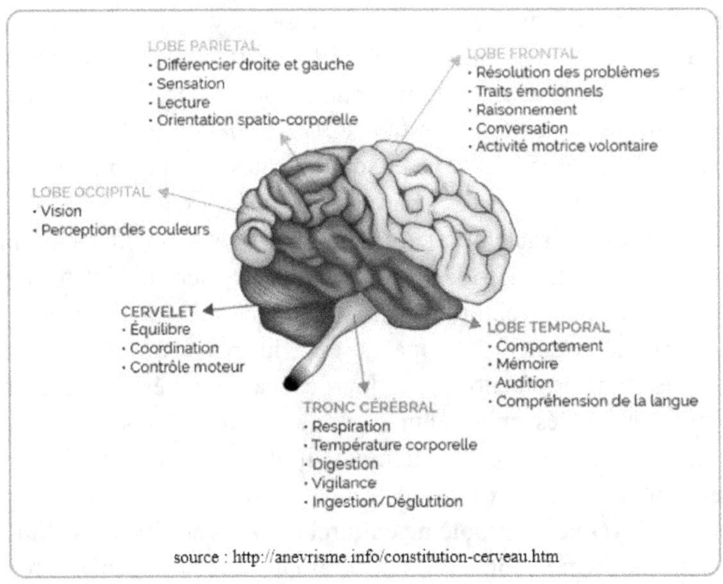

source : http://anevrisme.info/constitution-cerveau.htm

Le hic est que l'écran est encore plus nocif pour le cerveau des enfants avant d'atteindre la puberté. Une exposition durable provoque le rétrécissement du cortex frontal. D'après une étude américaine portant sur plusieurs dizaines d'enfants d'âge préscolaire[170], une première démonstration du genre en neurobiologie, une utilisation accrue des médias sur écran altère « l'intégrité microstructurale des faisceaux de

---

[169] Snapchat Data from Snap Ads Manager as of April 19, 2019. Facebook, Instagram, and Messenger data from Facebook Ads Manager as of April 19, 2019.

[170] Hutton, J. S., Dudley, J., Horowitz-Kraus, T., DeWitt, T., & Holland, S. K. (2020), "Associations between screen-based media use and brain white matter integrity in preschool-aged children", JAMA Pediatrics, 174(1), e193869-e193869.

substance blanche »[171] de la partie du cerveau responsable du langage, des fonctions exécutives et des compétences d'alphabétisation émergentes (avant de savoir lire et écrire). L'utilisation accrue de l'écran est également associée à des scores plus faibles sur plusieurs mesures comportementales : sociales, psychologiques, émotionnelles, et éducatives.

En Chine, l'exposition aux écrans est devenue l'un des tout premiers fléaux du pays. L'addiction à cette cocaïne numérique y est officiellement déclarée comme un trouble mental, « la menace publique n° 1 en matière de santé » pour la jeunesse. Il y a plus de 400 centres dédiés au traitement de plus de 24 millions de personnes dépendantes dans tout le pays. C'est l'histoire vraie racontée dans un documentaire américano-israélien édifiant intitulé « *Web Junkie* »[172]. Certains jeunes patients y sont internés de force et soumis à des régimes militaires. Ils y sont emmenés parfois par des parents désespérés de les voir enfermés dans des bulles, ne sachant plus communiquer et n'allant même plus à l'école depuis des mois, voire des années. Une mère a déclaré que son fils n'a pas quitté sa chambre durant 40 jours et ne se lavait même plus ! Ces nombreux parents désemparés ont dû ruser pour conduire les adolescents dans les centres, en leur cachant la vérité sur la réelle destination ou en les endormant avec des médicaments. Tao Ran, un psychiatre et spécialiste des addictions, directeur d'un centre hospitalier au camp militaire de Daxing, Pékin, a déclaré ceci : « La dépendance à Internet est devenue un problème culturel chez les adolescents chinois. Il a surpassé tout autre problème. » Et d'ajouter : « Nous remarquons que les enfants ont un penchant pour la réalité virtuelle. Ils pensent que le monde réel n'est pas aussi séduisant que le monde virtuel. Nos recherches montrent que ces toxicomanes passent plus de six heures par jour en ligne. Et non dans le but de travailler ou d'étudier. Certains enfants sont tellement accros à ces jeux qu'ils pensent qu'aller aux toilettes affectera leurs performances. Alors ils portent des couches. Ils sont comme les héroïnomanes. C'est pour cela qu'on l'appelle *héroïne*

---

[171] La substance blanche est un tissu du système nerveux central, principalement composé des axones myélinisés des neurones, qui relie différentes aires de la substance grise.
[172] Shosh Shlam and Hilla Medalia, "*Web Junkie*", 2013.

électronique. » Certains de ces enfants ont laissé leur vie dans des cybercafés, d'épuisement après des jours à jouer sans relâche. D'autres ont essayé de se suicider quand leurs parents ont interrompu leur partie de jeu. Alors qu'ils étaient internés au centre de Daxing, sept adolescents se sont évadés et ont pris un taxi directement vers… un cybercafé !

Plusieurs sujets chinois ont été passés au scanner cérébral et les résultats sont spectaculaires : la circulation des fluides est altérée, des zones entières du cerveau rétrécies et leurs communications ralenties ; des défauts de connexions pouvant mener à des symptômes tels que l'autisme, l'impulsivité, et l'agressivité ; les capacités logiques de raisonnement diminuées. Le pire est que le lobe frontal capable de réguler le système dopaminergique étant rétréci, l'addiction est encore plus facilitée. Plonger dans un écran est comme percer son parachute avant de sauter d'un avion un jour de pluie. Non seulement la chute n'est pas ralentie comme il faut, mais le corps devient de plus en plus lourd avec la flotte qui lui tombe dessus. Le crash fatal est assuré !

Nir Eyal, le spécialiste en design comportemental à l'origine du modèle de *Hook*, a déclaré : « je ne laisserai pas ma fille de neuf ans aller au casino jouer au black jack. Je ne la laisserai pas aller au bar prendre un gin-tonic ; je ne laisserai pas mon enfant regarder la télé pendant des heures. Toute exposition aux écrans non surveillée est dangereuse. Je répète, toute exposition aux écrans non surveillée est dangereuse. » Celui qui voulait rendre fous les utilisateurs des applications mobiles n'est évidemment pas un cas isolé. Tous les grands patrons de la Silicon Valley interdisent l'usage des téléphones à leurs petits. Bill et Mélinda Gates n'ont autorisé leurs enfants à avoir un smartphone qu'à l'âge de 14 ans. En 2010, Steve Jobs a dévoilé l'iPad sous un tonnerre d'applaudissements. Il a passé exactement 91 minutes à parler de l'intérêt de son nouveau bijou et de « ce qu'il fait d'extraordinaire ». Il précise que « c'est le meilleur moyen jamais utilisé pour surfer sur le Net, pour visualiser des photos, regarder des vidéos… » et qu'il est tellement facile de s'en servir. Peut-être, mais tout le monde n'est pas de cet avis, y compris lui-même en réalité.

Kimberly Young, une psychologue américaine et professeure à l'Université de Pittsburgh, a été une pionnière dans le domaine des troubles de comportement en ligne. Elle a ouvert le *Center for Internet Addiction Recovery* à Bradford, Pennsylvanie, en 1995 déjà. Elle s'est intéressée au sujet de l'addiction Internet quand un ami à son mari dépensait des centaines de dollars par mois pour se connecter à des salles de chat AOL à l'époque. Elle a déclaré concernant la recrudescence de cette dépendance d'un nouveau genre : « Au milieu des années 2000, avec l'amélioration de l'infrastructure d'Internet, la dépendance à Internet est devenue un problème plus important. Mais les changements les plus remarquables, de loin, ont été l'introduction de l'iPhone puis de l'iPad en 2010 ».

Quand un journaliste a posé la question à Steve Jobs si ses enfants aimaient le nouvel iPad, voici sa réponse : « Ils ne le possèdent pas. Nous limitons l'usage de la technologie à nos enfants à la maison. » Walter Isaacson, l'auteur d'une biographie de Jobs abonde dans le même sens : « Chaque soir, Steve se faisait un devoir de dîner à la grande et longue table de sa cuisine, discutant de livres, d'histoire, et une variété de choses. Personne n'a jamais sorti d'iPad ou d'ordinateur. Les enfants ne semblent pas du tout accros aux appareils. »[173]

Sans oublier que ces patrons du numérique ne scolarisent leurs enfants que dans des écoles aux anciennes méthodes, tableau noir et craie comme seuls outils, sans tablette ni aucun autre moyen numérique. L'école privée la plus recherchée de la Silicon Valley, la *Waldorf School*, a interdit les appareils électroniques pour les moins de 11 ans en 2011, dès la sortie des premiers rapports d'alerte sur les dangers des smartphones. Cette école apprend aux enfants du personnel d'eBay, d'Apple, d'Uber et de Google plutôt à fabriquer des objets à la main, à tricoter et à cuisiner[174]. Contrairement à la majorité de la population, les entrepreneurs de la Valley savent que la technologie est nocive pour les enfants et les en éloignent. Quand l'inquiétude a commencé à monter

---

[173] Doug Bolton, "The reason Steve Jobs Didn't let his children use an iPad", www.independent.co.uk, 24 February 2016.
[174] Kamal Nathani, "The Techpreneurs of Silicon Valley are Keeping their Families Away from Technology. Should You Too?", www.entrepreneur.com, August 30, 2018.

parmi le public, le réseau Facebook a poussé le cynisme à son paroxysme en ouvrant en 2017 l'application Messenger Kids, spécialement conçue pour les enfants ! Mais bien sûr pas pour les filles de Zuckerberg, encouragées elles à lire des livres et à jouer à l'extérieur de la maison. La nouvelle a créé un tollé parmi des associations de protection de l'enfance et des professionnels de l'éducation. Ils ont publié une lettre ouverte et lancé une pétition pour le bannissement de cette incroyable application[175]. C'est sûrement un appel vain tant la puissance des GAFA dépasse celle des États maintenant.

Beaucoup de médecins et pédopsychiatres tirent la sonnette d'alarme tant le nombre d'enfants déjà accros aux écrans explose. Ils voient de plus en plus d'enfants en difficulté et leurs parents en détresse face à cette nouvelle « héroïne numérique ». Un médecin intervenant dans des écoles de la région parisienne constate une multiplication du nombre de consultations par six en quinze ans pour ce motif[176]. Près d'un parent sur deux, inconscient du danger, accepte en effet de prêter son téléphone à son enfant pour l'occuper ou le consoler ! Quand le bambin maitrise le joujou comme un pro de la technologie, un parent pourrait même en tirer une certaine fierté en associant inconsciemment cela à de l'intelligence. J'ai moi-même ressenti cela quand j'ai vu mon petit de cinq ans jouer avec la télécommande de la télé en allant chercher seul ses dessins animés préférés jusque sur YouTube. Mon sourire a été de courte durée et s'est transformé en inquiétude sachant le danger de cela. Je lui ai donc interdit de toucher la télécommande purement et simplement. On pense parfois aussi que la tablette par exemple est un bon moyen éducatif. Non, l'écran ne remplace pas le face-à-face et les jeux physiques. Beaucoup d'études montrent que l'apprentissage à travers l'écran est maigre, voire inexistant pour les enfants, surtout quand les adultes ne sont pas présents[177]. Reproduire une tâche vue à travers un écran est très difficile pour un enfant. C'est ce qu'on appelle « déficit de transfert ».

---

[175] Samuel Gibbs, "Child campaigners to Zuckerberg: scrap Messenger Kids", www.theguardian.com, 14 may 2018.

[176] Envoyé spécial, « L'addiction aux écrans : héroïne numérique », 18 janvier 2018 (France 2)

[177] Kuhl PK, Tsao FM, Liu HM (2003), "Foreign-language experience in infancy: Effects of short-term exposure and social interaction on phonetic learning", Proc Natl Acad Sci USA 100:9096–9101.

On peut toujours essayer de trouver un quelconque bienfait à ces appareils, mais la réalité est là : les écrans font beaucoup plus de mal que de bien aux enfants.

Qu'attendent donc les autorités sanitaires pour informer et imposer au moins dans les publicités concernant les téléphones et autres tablettes un message comme « Cet écran est nocif pour le cerveau de votre enfant » ? Voilà un exemple concret où la communication politique est d'utilité publique. La formation en 2017 du collectif COSE pour Collectif Surexposition Écrans[178] pour sensibiliser les parents est une très bonne chose, mais avec ses modestes moyens son impact reste limité. Le manque de réactivité des autorités publiques est clairement une « non-assistance à personne en danger », pour paraphraser un médecin du collectif. Rien d'étonnant quand on sait qu'il y a des téléphones sur le marché à destination des enfants de 4 ans, « qui ne savent pas lire ou écrire », peut-on lire sur l'emballage sans autre avertissement ! Qu'attend-on pour les interdire ? L'accès précoce aux téléphones mobiles et aux images pornographiques les unes aussi atroces que les autres fait des ravages chez les enfants. Ils sont victimes de « viol psychique » et « maltraitance psychologique » selon les propos de spécialistes de l'enfance. Sabine Duflot, psychologue en centre médico-psychologique, qui reçoit des enfants et adolescents souffrant de divers troubles psychiques, déclare : « Il existe des situations où l'exercice de mon métier est rendu impossible. Je suis comme un chirurgien devant qui on amènerait de grands accidentés de la route : il y a un stade où je ne peux plus réparer. » Pour elle, si la prise de conscience et les mesures tardent, c'est à cause de lobbies du numérique qui pèsent de tout leur poids pour empêcher un vrai débat de se tenir. « On voit fleurir sur les plateaux de télévision et de radio et dans les articles, même dans les plus grands médias, des "pseudo-experts" qui assènent de façon très péremptoire qu'on dispose de peu d'études scientifiques sur le sujet et/ou qu'elles ne sont pas concluantes. Ils affirment tranquillement que les écrans sont bénéfiques pour les compétences cognitives de nos enfants, ce qui constitue une contre-vérité scientifique absolue. D'innombrables études très sérieuses démontrent, sans ambiguïté, que

---

[178] http://www.surexpositionecrans.org/

les dommages commencent à des "doses" assez réduites et qu'ils augmentent de façon exponentielle avec le temps passé sur les tablettes, smartphones et ordinateurs »[179].

Si on continue avec l'inertie actuelle, des générations entières seront sacrifiées…

Les pays asiatiques, lieu de fabrication de tous les gadgets numériques, sont dans la phase d'après. La Chine qui a conscience du danger qui menace sa jeunesse a pris des mesures en introduisant dans la loi en 2007 déjà un système qui bride les jeux en ligne après une certaine durée de jeu. Devant l'inefficience de la mesure, les autorités sont revenues à la charge en 2016 en introduisant une loi qui oblige tous les constructeurs de jeux à installer des logiciels de protection des mineurs. La Corée du Sud qui fait face aux mêmes problèmes d'addiction a introduit la loi dite Cinderella Law (ou *Shutdown Law*) en 2011. Elle interdit purement et simplement aux enfants de moins de 16 ans de jouer en ligne entre minuit et 6 h du matin. La même année, le Vietnam va plus loin en interdisant les jeux en ligne entre 22 h et 8 h du matin et en ordonnant la fermeture des cybercafés dans cette plage horaire. En Europe, des tentatives ont été faites dans certains pays comme le Royaume Unis ou l'Allemagne pour éviter l'accès à des contenus pornographiques aux mineurs mais elles se sont soldées en échecs. Sous couvert de vouloir préserver les libertés individuelles, ce qu'on piétine pourtant sans limite durant la crise du covid19, les mesures proposées sont one ne peut plus molles. Il ne reste donc plus qu'aux parents de préserver leurs enfants…

Mon défunt père n'a pas fait d'études supérieures, mais avait souvent la bonne intuition au bon moment. Il m'inspirait l'admiration et continue de le faire aujourd'hui encore quand je pense à lui. Il avait bien compris le danger des jeux. Il m'avait imposé une « Shutdown Law » assez radicale dans les années 1990, de l'école primaire au lycée. La règle était très simple : la console Nintendo va dans le « coffre » et n'en sort pas avant les vacances scolaires. Ce qu'on appelait « coffre » était un compartiment de la bibliothèque du salon dont lui seul avait la clé. Moi

---

[179] http://www.sabineduflo.fr/porno-pandemie-les-enquetes-de-larriere-cour

qui rêvais jour et nuit de Super Mario à cette époque et salivais à l'idée même que les vacances arrivent, ne peux que l'en remercier aujourd'hui. Il a sans doute sauvé ma scolarité. Un ami proche n'a pas eu cette chance. Alors qu'il était un excellent élève, ses résultats se sont dégradés très rapidement avec l'arrivée des jeux. Il montait en ville et dépensait sans compter dans les salles de jeu le peu d'argent que sa maman gagnait durement au village, dans un travail par ailleurs très pénible. Même pour l'adolescent que j'étais, son attitude m'était incompréhensible et semblait extrême. Aujourd'hui, je comprends mieux pourquoi et j'aurai sans doute suivi son parcours si ce n'est les garde-fous qu'ils y avaient autour de moi. Personne n'est à l'abri en réalité, pas même les adultes.

Le bouton fatal

Le 1ᵉʳ avril 2015, le site Internet Reddit.com a mis en ligne une page web avec rien d'autre qu'un simple bouton et le message mystérieux suivant : « Le compteur va opérer un compte à rebours en partant de 60 secondes. Si quelqu'un appuie sur le bouton, le décompte recommencera immédiatement à partir de 60. Seuls les utilisateurs avec des comptes créés avant le 1ᵉʳ avril 2015 pourront appuyer sur le bouton. Vous pourrez appuyer une seule fois sur le bouton. Nous ne pouvons pas vous dire ce que vous avez à faire à partir de maintenant. C'est votre choix ».

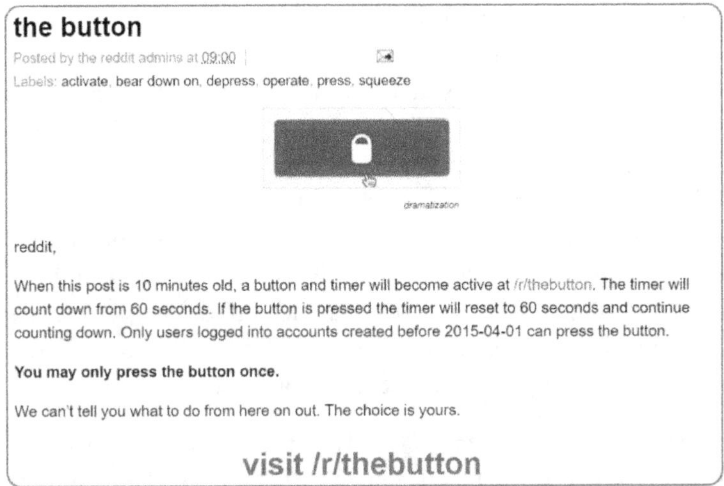

Il n'aura pas fallu plus pour que cela devienne un véritable phénomène sur la Toile. Plus d'un million de personnes ont appuyé sur ce fameux bouton, resté visible jusqu'au 5 juin 2015, jour où le compteur a finalement atteint zéro. Il aura occupé des millions d'internautes durant 66 jours ! Il aura fallu deux semaines pour que le compteur à rebours descende pour la première fois en dessous de 27 secondes. C'était la course au clic sans trop savoir ce qu'il y avait à l'arrivée.

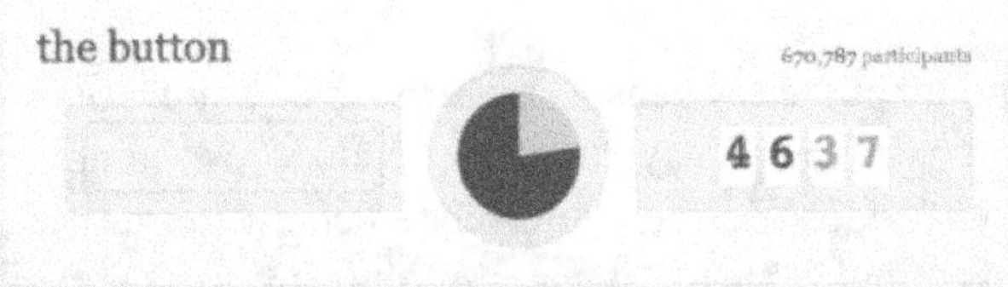

Pour épaissir encore un peu plus le mystère, chaque utilisateur reçoit un badge d'une certaine couleur suivant la plage de temps dans laquelle il a appuyé. Pour ceux entre 52 s et 60 s, c'est le violet et pour ceux entre le 0 s et 11 s, c'est le rouge. Ceux qui n'ont pas appuyé du tout, c'est le gris. Les Internautes se sont éventuellement organisés en clans, avec des avatars et des noms propres, suivant la couleur de leur appartenance. C'est Le Conseil de l'Émeraude pour les verts par exemple. Des sites Internet et des applications mobiles ont été créés pour suivre les statistiques des différents clans. Des analyses sur la psychologie de chacun des groupes sont avancées, ceux du violet ayant appuyé trop tôt étant par exemple estampillés comme des « impatients ». Ceux qui n'appuyaient pas se voyaient forts psychologiquement, ayant suffisamment de self-contrôle pour ne pas céder à ce qui s'apparente à une addiction. Toute une légende s'est finalement formée autour de ce bouton. La fréquentation du site Reddit a littéralement explosé. Les gens revenaient plusieurs fois par jour visiter la page du compteur web pour voir où en est le jeu et surtout découvrir le dénouement. Celui qui aura « la chance » d'appuyer en dernier a été surnommé le Pressiah (le Messie). Un clan de « Chevaliers du Bouton » s'est créé aussi pour empêcher que ce compteur n'arrive jamais à zéro.

À la grande déception des 1 008 316 personnes ayant appuyé et les nombreuses autres qui leur tenaient tête en poussant les gens à ne pas appuyer, pour que soi-disant le compteur atteigne zéro plus vite et découvrir l'issue, rien ne s'est passé. Chacun est finalement retourné à sa vie et l'histoire est restée là. On en parle maintenant comme étant une expérience sociale tant elle a basculé dans un phénomène de masse inattendu avec une communauté de 800 000 personnes ! Pour l'administrateur de ce poisson d'avril, il n'en était rien à la base. « Je l'ai juste mis là et je voulais le laisser à la communauté Reddit pour voir ce qu'on allait en faire. Les gens sont vraiment imaginatifs », a-t-il déclaré à NBC News[180].

Qu'est-ce qui a poussé les gens à se ruer vers ce simple bouton ? On est en 2021 et un internaute ayant vécu l'épopée du bouton est revenu commenter une vidéo YouTube qui relate cette histoire. Il en donne un début d'explication[181]. Il a écrit ceci : « J'étais un vert. Je pensais que je n'allais jamais appuyer sur le bouton, mais la tentation était trop forte… » Oui, il parle bien de tentation, ce qui présuppose une récompense à la clé. Et effectivement les gens cèdent plus ou moins facilement à la tentation, surtout quand ils s'ennuient.

Le professeur Walter Mischel de l'Université de Stanford a mené une expérience dite du marshmallow sur la gratification différée en 1972[182].

---

[180] https://www.youtube.com/watch?v=LQ7Zr9xB71g
[181] https://www.youtube.com/watch?v=eaUufkRuTdo

Les sujets étaient des enfants âgés de 4 ans en moyenne. Dans cette étude, un enfant se voit offrir le choix entre une petite récompense, mais immédiate, ou deux petites récompenses s'il attend 15 minutes. La récompense est soit un marshmallow (guimauve), soit un bâton de bretzel, selon la préférence de l'enfant. Plusieurs configurations ont été mises en place, la récompense étant visible ou pas pendant l'attente, ou encore l'enfant étant distrait ou pas avec un jouet.

Globalement, la visibilité de la récompense ou l'absence de distraction rend plus difficile l'attente pour les enfants. L'ennui est ce qui a de plus difficile à gérer. C'est ce qui pousse le plus souvent les gens à aller vers la Toile, ou toute autre tentation. Et tous les moyens sont bons pour l'éviter. J'ai pu constater cela sur LinkedIn où une simple question comme « quel a été votre premier téléphone ? », ce qui n'a normalement même pas sa place sur ce réseau professionnel, a recueilli plus de 500 commentaires et plus de 100 000 vues.

Mais l'ennui n'explique pas tout. En effet, deux groupes d'enfants se sont dégagés dans l'expérience du marshmallow, ceux ayant pu attendre et les autres ayant préféré consommer immédiatement leur guimauve. Et la suite a été étonnante.

Dans les études de suivi, le professeur Walter Mischel a trouvé des corrélations inattendues entre les résultats de l'expérience de la guimauve et le succès des enfants plusieurs années plus tard. Une première étude datée de 1988 a montré que les enfants qui retardaient la gratification étaient décrits par leurs parents plus de 10 ans plus tard comme des adolescents significativement plus compétents.

Une deuxième étude de suivi, faite en 1990, a montré que la capacité de retarder la gratification était également corrélée à des scores SAT (Scholastic Assessment Test) d'aptitude pour les études universitaires plus élevés.

---

[182] Mischel, Walter; Ebbesen, Ebbe B.; Raskoff Zeiss, Antonette (1972). "Cognitive and attentional mechanisms in delay of gratification". Journal of Personality and Social Psychology. 21 (2): 204–218.

Enfin, une étude d'imagerie cérébrale faite en 2011 sur un échantillon des participants originaux de Stanford a montré des différences entre les deux groupes[183]. Ceux ayant différé la gratification ont un cortex préfrontal plus actif alors que les autres affichaient plus d'activité au niveau du striatum ventral. Pour rappel, le cortex préfrontal est la région responsable des fonctions cognitives supérieures comme l'apprentissage. C'est aussi la partie qui lutte pour éviter de céder à la facilité des instincts primaires, notamment la résistance aux tentations de natures diverses. Le clic sur un bouton en fait partie, surtout quand on ne sait pas ce que l'issue sera. C'est le pouvoir de la récompense variable dont nous avons déjà parlé.

Le résultat de cette expérience est d'une grande importance, car elle montre que le développement du cerveau au stade très précoce de la vie d'un humain est décisif pour le reste de toute sa vie. Or, nous avons vu que l'exposition aux écrans l'altère considérablement et affaiblit le cortex préfrontal. L'écran est sans nul doute la pire drogue à laquelle la civilisation n'a jamais été confrontée. Elle commence à détruire l'enfant à l'ouverture même de ses yeux, juste après sa naissance. Je ne prends pas trop de risque en avançant que des études montreront sans doute que cela commence même dans le ventre de la mère, à l'instar des effets de l'alcool ou de la cocaïne sur le fœtus. Et à une bien plus grande échelle hélas.

40 secondes ou quand la concentration devient impossible

Gloria Janet Mark est une professeure d'informatique à l'Université de Californie (Irvine), spécialisée dans le domaine de l'interaction homme-machine et des médias digitaux. Elle est lauréate de plusieurs prix comme en témoigne son long curriculum vitae[184]. En 2016, elle a publié un travail de recherche remarquable qui a fait un grand bruit dans les

---

[183] Casey, B. J.; Somerville, Leah H.; Gotlib, Ian H.; Ayduk, Ozlem; Franklin, Nicholas T.; Askren, Mary K.; Jonides, John; Berman, Mark G.; Wilson, Nicole L.; Teslovich, Theresa; Glover, Gary; Zayas, Vivian; Mischel, Walter; Shoda, Yuichi (August 29, 2011). "From the Cover: Behavioral and neural correlates of delay of gratification 40 years later". Proceedings of the National Academy of Sciences. 108 (36): 14998–15003

[184] https://www.ics.uci.edu/~gmark/Home_page/Welcome_files/Mark-vita-2019.pdf

médias[185]. Elle a mené une expérience unique en son genre pour mesurer la distraction des gens sur leur lieu de travail. Les résultats sont effarants[186].

Quarante volontaires, vingt femmes et vingt hommes, d'une grande entreprise américaine de haute technologie, ont répondu à une annonce particulière. Ils se sont portés volontaires pour être observés in situ, sur leur lieu de travail, pendant 12 jours. Ils ont été rémunérés à hauteur de 250 $ chacun. Leurs postes de travail impliquaient l'utilisation de l'ordinateur pour diverses tâches comme l'administration, l'ingénierie ou la gestion. L'activité informatique des participants a été enregistrée pendant les heures ouvrables automatiquement via un outil de supervision d'activité construit ad hoc pour Windows. Ce logiciel de tracking temps réel suit chaque application ouverte, quelle fenêtre est au premier plan, et si l'utilisateur interagit avec cette fenêtre avec souris, clavier, tactile, etc. La durée totale d'utilisation de toutes les applications a été mesurée. Cela est défini comme le nombre de secondes pendant lesquelles chaque application est en fenêtre de premier plan, se terminant lorsque l'utilisateur change de fenêtre ou l'ordinateur n'a aucune activité de clavier ou de souris pendant une durée de cinq minutes.

La durée de concentration en ligne des participants a été calculée en divisant le temps total d'activité enregistré avec le logiciel par le nombre de changements de fenêtres apparus lors de ce même temps.

Au début de l'expérience, des questionnaires de type OCEAN[187] ont été remplis par les participants pour en établir des profils psychologiques. D'autres outils ont été utilisés à d'autres fins, l'UPPS-P[188] pour mesurer

---

[185] Ibid.

[186] Gloria Mark, Shamsi T. Iqbal, Mary Czerwinski, Paul Johns, Akane Sano, "Neurotics Can't Focus: An in situ Study of Online Multitasking in the Workplace", CHI'16, May 07 - 12, 2016.

[187] En psychométrique, le "Big Five", ou modèle OCEAN (Openness, Conscientiousness, Extraversion, Agreeableness, Neuroticism), permet de dresser le portrait d'une personne en se basant sur cinq critères : ouverture d'esprit, perfectionnisme, extraversion, agréabilité et neuroticisme.

[188] L'UPPS-P est un autorapport de 59 éléments qui évalue cinq sous-échelles (urgence, préméditation, persévérance, recherche de sensation et urgence positive) qui sont utilisées pour mesurer cinq dimensions distinctes du comportement impulsif chez les adolescents et les adultes (12 ans et plus). Il est conçu pour mesurer l'impulsivité à

l'impulsivité, et le PSS[189] pour mesurer le stress. La productivité a été évaluée à l'aide d'une enquête de six items en fin de chaque journée, en interrogeant les participants sur leurs réalisations, efficience, satisfaction, efficacité, qualité, et productivité globale. Les réponses ont été mesurées sur une échelle de Likert[190]. Enfin, la durée de sommeil a été évaluée via un bracelet connecté Fitbit (filiale de Google) que les participants portaient 24 h/24 h et 7 jours sur 7.

Les résultats montrent que la concentration est reliée aux traits de personnalité et les gens plus neurotiques ou plus impulsifs étaient par exemple moins concentrés que les autres. Aussi, les personnes stressées affichaient une concentration moindre. Plus étonnante et contre-intuitive est la conclusion selon laquelle les personnes ayant dormi moins la nuit précédente étaient plus concentrées durant leur journée de travail. Les auteurs expliquent cela par les dates butoirs pour atteindre certains objectifs de travail, mais se montrent assez prudents sur la validité cette conclusion étant donné la courte période de l'expérience. Enfin, les résultats confirment l'hypothèse que la concentration est un facteur important de productivité.

Mais le plus étonnant est ceci : la durée médiane de concentration des participants en considérant tous les usages et applications était de 40 secondes seulement ! Les participants étaient légèrement plus concentrés lors de la gestion des emails des clients (51 s) ou de la manipulation des utilitaires MS Office (52 s). Mais celle-ci chute à 34 secondes avec les outils de communication (e.g. Skype).

---

travers les dimensions du modèle à quatre facteurs de la personnalité : préméditation (manque de), urgence, recherche de sensation, persévérance (manque de).

[189] Perceived Stress Scale (PSS) ou échelle de stress perçu a été développée pour mesurer le degré auquel les situations de la vie sont jugées stressantes. Le stress psychologique a été défini comme la mesure dans laquelle les personnes perçoivent (évaluent) que leurs demandes dépassent leur capacité à faire face. Le PSS a été publié en 1983 et est devenu l'un des instruments psychologiques les plus largement utilisés pour mesurer le stress.

[190] Une échelle de Likert est un outil psychométrique permettant de mesurer une attitude chez des individus. Elle tire son nom du psychologue américain Rensis Likert qui l'a développée. Elle consiste en une ou plusieurs affirmations (énoncés ou items) pour lesquelles la personne interrogée exprime son degré d'accord ou de désaccord. Dans une enquête de satisfaction sur un service par exemple on peut répondre 1 pour « très mauvais » et 5 pour « Excellent. »

Ainsi donc, une personne affectée à une tâche de travail sur un ordinateur décroche en moyenne au bout de 40 secondes. Et ce chiffre est donné sans compter le biais probable introduit par l'étude, car les participants devaient se concentrer davantage encore se sachant surveillés lors de l'expérience. N'est-ce pas ?

Dans une autre étude[191], il a été constaté que dans la boite email professionnelle un nouveau message est lu dans 70 % des cas dans les six secondes suivant son arrivée, soit moins que la durée de sonnerie d'un appel téléphonique avant de décrocher. Le temps moyen nécessaire après chaque interruption pour reprendre la tâche en cours a été estimé à 64 secondes.

Et toutes ces interruptions ont un coût, pas seulement en temps, comme il a été démontré dans une précédente étude de la même Gloria Mark[192]. Les données suggèrent que les gens compensent les interruptions en travaillant plus vite, éprouvant au passage plus de stress, plus de frustration, plus de contraintes de temps et d'effort. Des différences individuelles existent néanmoins dans la gestion de ces interruptions, les gens plus « ouverts à l'expérimentation » ou dans « le besoin d'ordre » étant plus rapides à accomplir la tâche interrompue.

Les interruptions des tâches résident le plus souvent dans la consultation de Facebook et des emails. Il a été constaté, dans une autre expérience menée par la même équipe[193], que les participants visitaient le réseau social en moyenne 21 fois par jour (durée totale ~10 minutes), avec un maximum de 264 visites par jour. Si on retient seulement les jours où les participants ont visité Facebook au moins une fois, la moyenne des visites grimpe à 38 visites quotidiennes. Les participants consultaient la

---

[191] Thomas Jackson, Ray Dawson, and Darren Wilson, "Reducing the Effect of Email Interruptions on Employees", *International Journal of Information Management* 23, no. 1 (February 2003): 55–65.

[192] Gloria Mark, Daniela Gudith, Ulrich Klocke, "The cost of interrupted work: more speed and stress", CHI '08: Proceedings of the SIGCHI Conference on Human Factors in Computing SystemsApril, Pages 107–110, 2008.

[193] Gloria Mark, Shamsi Iqbal, Mary Czerwinski, Paul Johns, "Focused, Aroused, but so Distractible: A Temporal Perspective on Multitasking and Communications", CSCW 2015, March 14-18, Vancouver, BC, Canada, 2015.

boite email beaucoup plus de fois : en moyenne 74 fois par jour, avec un maximum de 373, pour une durée totale d'environ 35 min.

Une personne fait naturellement plus attention sur son lieu de travail que chez elle par exemple. Ce temps de concentration est donc probablement plus réduit encore que les 40 secondes mentionnées précédemment. Chacun peut d'ailleurs le constater autour de soi pour voir ô combien les gens sont absorbés par leurs téléphones, partout, et tout le temps.

J'ai été personnellement témoin d'un événement sur cela qui m'a marqué. Une maman a ramené un bébé dans un jardin public et l'a posé par terre. Elle n'y a pas prêté la moindre attention durant au moins une heure. Elle était scotchée à son téléphone durant tout ce temps et lui rompait dans tous les sens. Je ne veux pas accabler cette jeune femme, car elle est loin d'être un cas isolé, mais je trouve ça cruel. C'est normalement un réflexe primaire pour un parent de protéger sa progéniture, par instinct de survie, mais ce satané téléphone a pris le dessus sur tout. Et les conséquences sont désastreuses.

Le New York Times a publié un article intrigant, intitulé ainsi : « Comment un iPhone peut-il entrainer des fractures chez les jeunes enfants. »[194] Il fait suite à un constat fait par Craig Palsson, un chercheur de l'Université de Yale, sur l'augmentation du nombre de blessures dont sont victimes les enfants âgés de 0 à 5 ans entre 2005 et 2012[195]. Pour ce faire, il a analysé les données de déploiement de la téléphonie 3G de l'opérateur américain AT&T et les données du système national de surveillance des accidents. Son résultat n'étonnera personne, le manque d'attention étant souvent accompagné d'accidents partout, à la maison, comme sur la route ou sur le lieu de travail. On interdit bien le téléphone au volant par exemple. Mais la distraction des parents a d'autres effets moins visibles, mais ô combien préjudiciables pour les enfants. Car le temps de distraction des parents est autant de temps d'attention et d'interaction en moins avec les enfants. Or cette interaction est fondamentale pour le développement du cerveau de l'enfant et de ses

---

[194] Dean Karlan, "How an iPhone Can Lead to Broken Bones for Young Children", www.nytimes.com, Nov. 11, 2014.

[195] Craig Palsson, "Smartphones and Child Injuries", November 2017, Journal of Public Economics 156.

fonctions cognitives avancées comme l'apprentissage du langage. La recherche a montré par exemple que les bébés de 11 à 14 mois ayant été exposés aux manifestations émotionnelles et interactives des parents apprennent deux fois plus de mots que les autres qui en sont privés. Et cela est décisif pour la scolarité de l'enfant par la suite. D'après Hirsh-Pasek, professeure à l'Université de Temple, Pennsylvanie, « le langage est le meilleur prédicteur de la réussite scolaire. Et la clé de solides compétences linguistiques réside dans ces échanges fluides entre jeunes enfants et adultes »[196]. Au-delà de l'école, un manque d'échange se traduit par la suite pour l'enfant par des difficultés de communication avec les autres. Beaucoup d'adolescents souffrent de blocage pour exprimer leurs sentiments et ont du mal à décrypter les émotions des autres personnes[197].

La communication entre adultes souffre également de la distraction induite par les écrans. Le téléphone portable est devenu le réflexe en toute circonstance et la solution de tous les problèmes. Dès qu'un moment de gêne se présente, on sort son appareil sans réfléchir. Un voisin fait trop de bruit, une personne passe devant les autres dans une file d'attente, une dispute se déclenche dans un train, une personne en difficulté pour garer sa voiture, un repas infect dans une cité universitaire ou maison de retraite…, et le smartphone pointe son nez pour filmer et tweeter l'événement. Le réflexe qui consiste à aller voir les autres et communiquer avec eux pour trouver une solution a disparu. Le soutien obtenu sur la Toile et les milliers de vues et *likes* recueillis par une publication procurent tellement plus de satisfaction. C'est désastreux pour la société. Évidemment que Twitter ne résout pas les problèmes des gens et la joie des *likes* est de courte durée. La violence redevient souvent la solution triviale et c'est ainsi qu'un simple mauvais regard peut mener à un meurtre ou le désespoir d'un étudiant seul dans sa chambre au suicide. La communication est mourante…

---

[196] ERIKA CHRISTAKIS, "The Dangers of Distracted Parenting",
www.theatlantic.com, JULY/AUGUST 2018 ISSUE.
[197] Yalda T. Uhls, Minas Michikyan, Jordan Morris, Debra Garcia, Gary W. Small, Eleni Zgourou, Patricia M. Greenfield, "Five days at outdoor education camp without screens improves preteen skills with nonverbal emotion cues",
Computers in Human Behavior, Volume 39, 2014, Pages 387-392.

Le pire est que même quand les gens se parlent, leurs échanges même les plus importants se trouvent en réalité perturbés, à leur insu, à cause des smartphones. Des chercheurs de l'Université d'Oxford ont mené une expérimentation en sélectionnant des pairs de personnes qui ne se connaissent pas et les ont mises ensemble pour avoir une discussion en face à face. Les sujets ont tous été délestés de leurs effets personnels avant d'entrer dans la salle de laboratoire. Deux groupes ont été formés : un premier groupe pour qui un téléphone a été posé à côté sur un bureau et un deuxième sans cela. Les résultats sont étonnants. La seule présence de ce téléphone dans la pièce a eu une influence négative sur la qualité de la conversation et de la relation humaine dans le premier groupe, notamment en réduisant le sentiment de confiance, d'empathie et de compréhension envers le partenaire. Le tout inconsciemment, car lors du débriefing des sujets, aucun d'eux n'a rapporté une quelconque influence de la présence du téléphone. Il était passé inaperçu[198]. Le téléphone agit comme un stimulus inconscient dans le champ visuel. En conséquence, l'attention que la personne accorde pour la tâche principale, en l'occurrence la conversation ici, s'en trouve impactée.

Plus récemment, Adrian Ward, professeur à l'Université d'Austin, Texas, s'est intéressé à la concentration de 800 sujets en présence ou absence d'un smartphone[199]. On a demandé aux participants de s'asseoir devant un ordinateur et de passer une série de tests qui nécessitent une concentration totale pour obtenir de bons résultats. Les tests visaient à mesurer la capacité cognitive disponible des participants, c'est-à-dire la capacité du cerveau à conserver et à traiter des données à un moment donné. Avant de commencer, les participants ont été aléatoirement chargés de placer leurs smartphones soit sur le bureau, dans leur poche ou leur sac personnel, ou dans une autre pièce. Tous les participants ont été invités à mettre leur téléphone en mode silencieux.

---

[198] Andrew K. Przybylski and Netta Weinstein, "Can You Connect with Me Now? How the Presence of Mobile Communication Technology Influences Face-to-Face Conversation Quality", Journal of Social and Personal Relationships 30, no. 3 (May 2013): 237–46.

[199] Adrian F. Ward, Kristen Duke, Ayelet Gneezy, Maarten W. Bos "Brain Drain: The Mere Presence of One's Own Smartphone Reduces Available Cognitive Capacity", Journal of the Association for Consumer Research, 2017; 2 (2): 140.

Les chercheurs ont constaté que les participants avec leur téléphone dans une autre pièce surpassaient considérablement ceux qui avaient leur téléphone sur le bureau, et ils surpassaient également légèrement ceux des participants qui avaient gardé leur téléphone dans une poche ou un sac.

Les résultats suggèrent que la simple présence du smartphone réduit la capacité cognitive disponible et altère le fonctionnement cognitif, même si les gens sentent qu'ils accordent toute leur attention et leur concentration à la tâche à accomplir. « Nous observons une tendance linéaire qui suggère qu'à mesure que le smartphone devient plus visible, la capacité cognitive disponible des participants diminue », a déclaré le professeur Ward. « Votre esprit conscient ne pense pas à votre smartphone, mais ce processus — le processus qui vous oblige à ne pas penser à quelque chose — utilise certaines de vos ressources cognitives limitées. C'est comme une fuite [comme une fuite d'eau] dans le cerveau »[200].

Les emplacements réservés aux téléphones portables sur les tables de réunion de certaines entreprises sont finalement une fausse bonne idée. Mieux vaut laisser les appareils dans les sacs, loin des yeux…

Les réseaux sociaux et le cercle vicieux de l'anxiété

De plus en plus de gens partent à la recherche d'informations sur les réseaux sociaux. Celui que même les médias mainstream surveillent comme le lait sur le feu à l'affut de nouvelles fraiches est de loin Twitter. Ce terme [Twitter] qui signifie gazouiller en anglais est un réseau social de micro blogging lancé en 2006. Il permet de poster des messages courts[201] appelés « tweets ». Il est devenu un canal de communication incontournable, y compris pour les gouvernements des plus grandes puissances de ce monde. Le Président américain Donald Trump en a même fait son principal moyen pour s'adresser aux

---

[200] University of Texas at Austin (UT Austin). "The mere presence of your smartphone reduces brain power, study shows", ScienceDaily. ScienceDaily, 23 June 2017.
[201] La limitation de la longueur des textes à 140 caractères était purement technique, due à la taille maximale de 160 caractères des SMS sur lesquels se basait au départ Twitter.

Américains et au reste du monde, court-circuitant ainsi les médias grand public. Ce réseau revendique plus de 320 millions d'abonnés dans le monde, parmi lesquels 100 millions d'actifs, produisant 140 millions de messages chaque jour.

Pour s'informer de l'actualité d'une personne, organisation, entreprise…, il suffit d'être son follower (suiveur). À chaque fois qu'elle poste une publication, une notification est reçue. On peut y réagir en la commentant ou bien en la retweetant (rediffusant) et donc propager à son tour le message à ses propres followers. C'est comme cela que se crée la viralité d'une information sur la toile, atteignant des millions de personnes en un laps de temps très court. Selon un rapport publié par Reuters Institute de l'Université d'Oxford concernant l'information digitale[202], Facebook est la première source de nouvelles en 2020 avec 36 % de parts, suivi de YouTube (21 %), WhatsApp (16 %), et Twitter (12 %). Ce dernier reste stable par rapport à 2018,[203] mais il est désormais talonné par Instagram (11 %), l'autre réseau détenu par la maison de Zuckerberg, en plus de WhatsApp.

Mais contrairement aux médias traditionnels qu'on consulte durant un laps de temps relativement court, regarder le JT de 20 h ou lire un journal papier ne prenant pas plus de quelques dizaines de minutes, il se crée une addiction avec les réseaux sociaux. Il y a ce besoin compulsif d'aller chercher des nouvelles sans vraie raison apparente, puis les commenter ou liker durant des heures. Comment expliquer cela ? Le Professeur en psychologie Phil Reed, spécialiste entre autres de la dépendance aux médias digitaux, attribue une large part de cette addiction à l'anxiété, en se basant sur de nombreuses études scientifiques[204]. L'anxiété et la dépression semblent inextricablement liées à l'utilisation des réseaux sociaux[205], notamment chez les

---

[202] https://reutersinstitute.politics.ox.ac.uk/sites/default/files/2020-06/DNR_2020_FINAL.pdf
[203] ELISA SHEARER and KATERINA EVA MATSA, "News Use Across Social Media Platforms 2018", www.journalism.org, SEPTEMBER 10, 2018.
[204] Phil Reed, "Anxiety and Social Media Use", www.psychologytoday.com, Feb 03 2020.
[205] Keles, B., McCrae, N., & Grealish, A. (2019), "A systematic review: the influence of social media on depression, anxiety and psychological distress in adolescents",

adolescents[206]. Alors que certaines personnes souffrent d'anxiété du fait d'un retrait des plateformes digitales (nomophobie), elles y retournent pour la réduire. Elles se retrouvent en réalité plongées dans une autre forme d'anxiété une fois engagée dans le fil d'actualité.

L'idée selon laquelle les personnes anxieuses ont tendance à se tourner vers les médias sociaux pour échapper à leurs inquiétudes est appuyée par des preuves concrètes[207], cette exposition jouant une fonction sédative comme il a été montré dans une récente étude[208]. Cent quarante-quatre participants y ont été inclus. On a évalué leur fonction physiologique (tension artérielle et fréquence cardiaque) et psychologique (humeur et état d'anxiété) avant et après une session Internet. Les individus ont également effectué un examen psychométrique relatif à leur utilisation d'Internet, ainsi qu'à leurs niveaux de dépression et traits d'anxiété. Les personnes qui se sont identifiées comme ayant un PUI (Problème d'Usage d'Internet) ont affiché des augmentations de la fréquence cardiaque et de la pression artérielle systolique, ainsi qu'une humeur réduite et un état d'anxiété accru, après l'arrêt de la session Internet. Il n'y a pas eu de tels effets chez les personnes sans PUI autodéclaré. L'étude ajoute que les changements constatés après l'arrêt d'utilisation d'Internet sont similaires à ceux observés chez les personnes qui cessent d'utiliser des médicaments sédatifs ou opiacés (comme les drogues) ! Une autre étude récente va dans le même sens en observant une augmentation de la conductance cutanée[209] chez les sujets avec PUI, une mesure fortement corrélée avec le niveau d'anxiété[210].

International Journal of Adolescence and Youth, 1-15.

[206] Boers, E., Afzali, MH et Conrod, P. (2019). « Associations temporelles de temps d'écran et symptômes d'anxiété chez les adolescents », Le Journal canadien de psychiatrie.

[207] Reed, P., Romano, M., Re, F., Roaro, A., Osborne, L. A., Viganò, C., & Truzoli, R. (2017). "Differential physiological changes following internet exposure in higher and lower problematic internet users", PloS one, 12(5).

[208] Un sédatif (tranquillisant) est une substance qui a une action dépressive sur le système nerveux central (c'est donc un psychotrope, et plus particulièrement un psycholeptique) et qui entraine un apaisement, une relaxation, une réduction de l'anxiété, une somnolence, un ralentissement de la respiration et une diminution des réflexes.

[209] Aussi appelée « activité électrodermale », c'est une activité électrique biologique enregistrée à la surface de la peau et reflétant l'activité des glandes de la sudation (sueur)

Aussi, des recherches récentes suggèrent qu'une fois sur les réseaux sociaux, quels que soient les stress qui ont motivé l'entrée dans ce monde digital alternatif, ceux-ci peuvent être remplacés par d'autres stress, qui alimentent et accentuent l'angoisse. Par exemple, les personnes atteintes de trouble d'anxiété ont tendance à faire des comparaisons à la hausse, en se comparant défavorablement aux autres, ce qui les rend plus anxieuses encore qu'avant.

La nature des médias sociaux rend de telles comparaisons sociales très probables. L'utilisation des *likes*, des *followers*, ou même des compteurs du nombre de vues ou de commentaires reçus, conduit à de telles comparaisons. Ainsi, l'individu anxieux quitte sa plateforme numérique avec de nouvelles angoisses, ce qui peut simplement le rendre plus vulnérable aux effets négatifs du stress de la vie de tous les jours durant la prochaine période internumérique, ce qui finit par le ramener vers la plateforme dans une tentative futile de se soulager. Tout cela fait entrer dans un cercle vicieux d'anxiété et une utilisation de plus en plus longue et fréquente des réseaux sociaux[211].

Plus inquiétant encore, les individus anxieux ou dépressifs, à leur retour sur les réseaux sociaux, montrent une tendance accrue à consommer de l'alcool et du tabac au moment où ils postent des publications. Cette consommation de ces substances addictives fait augmenter également les angoisses et la dépression à plus long terme, sans oublier les dérapages avec des comportements malheureux et inappropriés, y compris chez les étudiants[212].

---

et du système nerveux. Il est de notoriété que le stress fait suer, ce qui fait augmenter cette activité.

[210] Romano, M., Roaro, A., Re, F., Osborne, L. A., Truzoli, R., & Reed, P. (2017). "Problematic internet users' skin conductance and anxiety increase after exposure to the internet", Addictive Behaviors, 75, 70-74.

[211] Romano, M., Roaro, A., Re, F., Osborne, L. A., Truzoli, R., & Reed, P. (2017), "Problematic internet users' skin conductance and anxiety increase after exposure to the internet", Addictive Behaviors, 75, 70-74.

[212] Bibbey, A., Phillips, A. C., Ginty, A. T., & Carroll, D. (2015), "Problematic Internet use, excessive alcohol consumption, their comorbidity and cardiovascular and cortisol reactions to acute psychological stress in a student population", Journal of Behavioral Addictions, 4(2), 44-52.

Enfin, une utilisation problématique d'Internet est associée à une variété de comorbidités psychologiques et physiques. Cela augmente la dépression, l'anxiété, l'isolement social, et les problèmes de sommeil. Pire encore, cela est associé à une réduction des fonctions immunitaires[213], exposant ainsi un corps fragile à pléthore de maladies et virus ! Pas bon du tout en plein covid19…

FOMO ou le symptôme de vrais maux

Il existe un processus d'anxiété qui alimente l'utilisation des médias sociaux qu'on appelle « la peur de passer à côté » ou FOMO (*Fear of Missing Out*). C'est un déclencheur interne au sens de la boucle de *hook*. La FOMO est généralement décrite comme ce sentiment d'anxiété qu'on ressent lorsqu'on pense qu'il peut se passer quelque chose d'intéressant sur la Toile et qu'on le rate. Une FOMO excessive est étroitement liée aux symptômes de la dépendance comportementale (addiction). Cela conduit souvent à des comportements indésirables tels que la vérification compulsive des médias sociaux, même dans un contexte inapproprié comme au volant. Cela se traduit aussi par une préoccupation exagérée concernant les réactions aux publications et aux messages en ligne. Cela devient tellement flagrant quand on ne résiste pas à rafraichir une page avec le fameux geste de *pull-to-refresh* alors qu'on vient de passer une heure à scroller. C'est le symptôme de cette peur de rater une information ô combien vitale qui serait arrivée entre temps ! Et pourquoi cette information plus récente serait-elle si précieuse ? Elle parait surtout valoir plus qu'une information ancienne. C'est un biais humain appelé « escompte hyperbolique », introduit par l'économiste et spécialiste de la finance comportementale Richard Thaler. Plus une récompense apparait loin dans le futur, moins elle a de valeur, et inversement. Une information immédiate est perçue comme très intéressante par le cerveau même si elle n'a pas de valeur réelle. C'est ce qui pousse à vérifier encore et encore l'occurrence d'informations plus fraiches. Un plaisir présent vaut mille plaisirs du futur. C'est aussi ce qui pousse un fumeur à succomber au plaisir immédiat de la nicotine et d'écarter le réel danger de contracter un

---

[213] Reed, P., Vile, R., Osborne, L. A., Romano, M., & Truzoli, R. (2015) "Problematic internet usage and immune function", PloS one, 10(8).

cancer des poumons ou de subir un accident cardio-vasculaire, car ces risques paraissent très loin dans le futur.

La dépendance aux médias sociaux est principalement associée aux personnes âgées de 18 à 34 ans. Quarante pour cent des utilisateurs de cette tranche d'âge admettent que la première chose qu'ils font lorsqu'ils se réveillent est de vérifier leurs appareils[214]. Cette peur FOMO est un réflexe primitif comme l'explique la Dr Stephanie Rutledge, médecin au Massachusetts General Hospital : « Nous avons un cerveau câblé pour la collaboration, le compromis, la retenue, la compréhension et la gestion de sa place dans les alliances changeantes. Nous remarquons quand les autres font quelque chose sans nous. Cela déclenche des réponses de survie primitives. » Le Dr Rutledge explique que, comme les moins de trente ans en sont à un moment de leur vie où des relations sociales se forment encore et où une identité personnelle est toujours en cours de construction, cette obligation de vérifier les appareils est produite pour s'assurer que la place dans la hiérarchie sociale est préservée.

Les humains sont des créatures fondamentalement sociales. Notre identité, nos croyances et nos comportements sont façonnés par nos interactions avec les autres. Avec l'émergence des plateformes de médias sociaux, l'accès à l'information et aux interactions sociales n'a jamais été aussi simple et continu. Ce flux constant d'interactions a naturellement un effet sur la perception de l'information. Malgré l'adage selon lequel « rien sur Internet ne disparait jamais », l'information y expire très vite en réalité et devient moins significative avec le temps. Pour ne rien rater et rester dans la course, il faut rester connecté en permanence. C'est ce qui génère la FOMO, d'autant plus que les gens ont généralement des comptes sur plusieurs plateformes et qu'il est difficile de tous les suivre. La FOMO peut également se produire lorsque les gens sont frustrés par les autres qui ne répondent pas à leurs messages. Ils peuvent aussi craindre d'avoir raté l'occasion de faire preuve d'empathie. On pourrait se poser une question du genre : « Et si mon ami a posté qu'il vient de réussir un concours et je n'ai pas réagi ? »

---

[214] "Social Media: Why it might be doing more harm than good", https://www.globalpropertyscene.com/news/2017/6/16/social-media-why-it-might-be-doing-more-harm-than-good

Au plus fort de mon immersion dans la Toile, j'ai remarqué sur LinkedIn une publication qui m'a fortement intrigué. Une personne a posté ceci : « Je serai en vacances de telle date à telle date. Merci de ne pas commenter mes publications avant mon retour. » Quelle était la raison d'un tel message ? Quel serait le problème si quelqu'un commentait sa publication en son absence ? Sur un réseau, par définition, on peut bien commenter sans forcément attendre une réaction de l'auteur. N'est-ce pas ? La seule explication que je trouve est cette notion de FOMO. Les gens n'étant pas toujours bienveillants, on peut effectivement avoir peur d'être critiqué ou dénigré à la vue de tout le monde dans sa propre publication sans pouvoir se défendre, car absent.

La FOMO est associée à des sentiments négatifs, de stress et d'anxiété, et à des préoccupations concernant la façon dont nous interagissons en ligne. Les réseaux sociaux dans leur conception actuelle sont par conséquent considérés par beaucoup comme des outils antisociaux, visant principalement à attirer l'attention des gens et moins axés sur une interaction saine et humanisée.

Comme nous avons vu, plusieurs études récentes suggèrent que l'utilisation des médias sociaux provoque des sentiments problématiques pour le bien-être de la personne. Plus que cela, il semble que les médias sociaux, au moins en partie, se nourrissent des angoisses qu'ils génèrent dans une sorte de cercle vicieux destructeur. Alors que de plus en plus d'efforts sont déployés par les gouvernements pour numériser la société, nous devons plus que jamais intégrer dans le débat les dommages collatéraux sur la santé mentale et physique des populations de ces nouvelles technologies.

CHAPITRE IV : Data, algorithmes, et vous

« Un téléphone portable est un sondage psychologique que nous remplissons en continu »,

—Michal Kosinski

Les données sont l'essence même de la boucle infernale de l'addiction aux écrans. Plus on passe de temps sur la Toile, plus on laisse des données personnelles. Ainsi, le profilage établi à l'aide des algorithmes est plus précis, ce qui rend le ciblage publicitaire ou émotionnel plus effectif. Le résultat de cela est l'accaparement de l'attention et l'augmentation du temps passé sur la Toile. Sans oublier que les données personnelles sont également exploitées par des personnes malveillantes pour viser des personnes fragiles pour leur extorquer de l'argent. S'agissant des enfants, c'est pire encore.

La fin de l'anonymat et la vie privée

Règle simple à retenir : dès que nous activons un objet connecté (téléphone, tablette, PC, montre, bracelet, assistant vocal, voiture, frigo, brosse à dents…), une bonne partie des actions qui s'en suivent sont enregistrées quelque part, en local sur la machine personnelle ou sur le cloud. Chaque fois que nous cliquons, regardons ou zappons (Netflix), partageons ou commentons, les moteurs de recherche et les plateformes récoltent des informations. La vie des gens se passe de plus en plus sur la Toile. Certains accros aux réseaux sociaux y passent des journées entières. D'autres dorment avec des montres ou des bracelets connectés qui supervisent la qualité de leur sommeil. Le résultat de cela est le suivant : ce qu'on appelle «jumeau numérique, notre copie dans l'espace digital en quelque sorte, nous ressemble de plus en plus. C'est si vrai que certaines plateformes savent sur nous plus que ce que nous savons sur nous-mêmes. Car oui, il y a des choses que nous ignorons de nous-mêmes, notamment sur le plan psychologique. C'est comme si nos copies numériques contenaient des parties invisibles à l'œil nu que seuls les algorithmes pouvaient voir. Nos faiblesses apparaissent ainsi au grand jour pour ces marchands de l'attention pour qui notre temps de cerveau est synonyme d'argent. Ce n'est pas pour rien que plus de 90 % des revenus de Facebook sont dus à la publicité. D'aucuns penseraient que j'exagère, mais pas du tout. Des preuves sont là et existent.

Avant de les exposer, voyons d'abord comment se fait la collecte des données, parfois dans des circonstances insoupçonnées.

Un adage des années 1990 concernant l'anonymat sur la Toile disait : « Sur Internet, personne ne sait que vous êtes un chien. » Mais cela, c'était avant. Maintenant non seulement on sait que vous êtes un chien, mais aussi la marque de croquettes que vous préférez, et celles qui vous feront encore plus saliver avant même d'y avoir gouté !

Le Wall Street Journal a réalisé une importante étude en 2010[215] concernant les outils les de tracking (suivi) utilisés par les cinquante premiers grands sites Internet américains pour faire de la publicité en ligne, un marché évalué à 23 milliards de dollars à l'époque[216]. On y révèle qu'une moyenne de 64 cookies est installée par ces sites web. Le seul qui ne laisse pas de trace est wikipedia.org. Douze sites dépassent en revanche la barre des 100 ! C'est le cas par exemple du site Dictionary.com qui sauvegarde quelques 234 fichiers de suivi. Il suffit ainsi de rechercher la signification d'un mot sur ce site, par exemple « anxiété », pour se voir bombardé de publicités sur les anxiolytiques dans les minutes suivantes. Deux tiers des outils de tracking, pas que les cookies, proviennent de 131 entreprises spécialisées pour la plupart dans la collecte, exploitation, et vente de données. Celles qui en ont installé le plus sont Google, Microsoft, et Quantcast. Il ne faut alors pas s'étonner de se voir proposer par exemple des publicités de cabinets d'avocats après avoir tapé « divorce amiable » dans le moteur de recherche. L'enquête du journal révèle un fait plus inquiétant encore. Certains

---

[215] http://www.cs.cornell.edu/~shmat/courses/cs5436/whattheyknow.pdf
[216] Julia Angwin and Tom McGinty, "Sites Feed Personal Details To New Tracking Industry", www.wsj.com, june 30, 2010.

fichiers de suivi contiennent un enregistrement de tout ce qui a été tapé par l'utilisateur lors de ses visites en ligne, lesquels sont envoyés ensuite à des entreprises d'analyse de données pour y déceler diverses informations, y compris celles relatives à des personnes de son entourage ! Le journal a découvert que le détail contenu dans les fichiers est si important que l'anonymat supposé à cause de l'absence des noms des personnes n'est qu'un écran de fumée. Une simple analyse de ces données permet d'en déduire l'âge, sexe, groupe ethnique, code postal, revenu, statut marital, problèmes de santé, achats récents, programmes favoris, etc.

Mais ce n'est pas tout, car les cookies peuvent être bloqués. Il y a une autre technique peu connue et très utilisée dans le tracking qui s'appelle *fingerprinting* ou « prise d'empreinte »[217]. Elle vise à identifier un utilisateur de façon unique sur un site web ou une application mobile en utilisant les caractéristiques techniques de son navigateur. Le matériel dont se sert l'utilisateur pour se connecter fournit un certain nombre d'informations au serveur, par exemple la taille de l'écran ou le système d'exploitation. Ces informations, si elles sont suffisamment nombreuses, peuvent permettre distinguer les individus entre eux et de les suivre. Une étude belgo-américaine[218] a révélé en 2013 qu'au moins 404 du top-million des sites web les plus populaires dans le monde utilisaient des techniques avancées de fingerprinting. Le fournisseur en outils de 250 de ces sites est une startup dénommée BlueCava. Cette dernière avait identifié 200 millions d'appareils en 2010[219]. Le but est bien sûr de relier ces identités avec celles de vraies personnes, pour mieux les cibler en publicité, surtout depuis que les gens utilisent plusieurs appareils à la fois. Le *fingerprinting* n'étant pas techniquement à base de cookies, les mécanismes de gestion ou blocage de ces fichiers ne permettent pas de s'en débarrasser. Il faut utiliser d'autres outils pour cela. La bonne nouvelle est que les versions récentes du navigateur Firefox en sont équipées par défaut.

---

[217] https://www.cnil.fr/fr/definition/fingerprinting

[218] https://www.esat.kuleuven.be/cosic/publications/article-2334.pdf

[219] Julia Angwin And Jennifer Valentino-DeVries, "Race Is On to 'Fingerprint' Phones, PCs", www.wsj.com, Nov. 30, 2010.

Depuis l'explosion de l'usage des smartphones, on peut dire sans risque de se tromper que l'anonymat n'existe plus pour une large partie des utilisateurs. L'installation des applications étant conditionnée par l'acceptation d'un certain nombre de contraintes concernant leurs données, les gens n'ont plus aucune marge de manœuvre, sauf à y renoncer. Ils livrent alors leurs données sur un plateau : la liste des contacts, les photos, l'accès au microphone et caméra, la géolocalisation GPS, etc. Et toutes ces données ne sont pas à l'abri d'être retrouvées à la portée de tout Internet, résultat d'une attaque informatique ou simplement de la curiosité d'une ou plusieurs personnes. Nul besoin de revenir ici sur toutes les histoires de données personnelles, y compris médicales, ayant fuité. Je veux néanmoins revenir sur une qui mérite notre attention et qui en dit long sur tout le reste. Le journal d'investigation Mediapart a réussi à identifier, via différentes applications, plus de 800 profils de soldats français déployés à l'étranger et plus de 200 profils de membres des forces spéciales[220]. "Alexandre est un soldat des forces spéciales. [...] Pourtant, via l'application de fitness Strava, qui enregistre ses performances cyclistes, nous n'avons pas seulement pu trouver le profil d'Alexandre et suivre ses trajets en France. En novembre 2019, le militaire s'est également géolocalisé lors d'une partie de foot à Erbil, en Irak. Sa montre connectée Garmin Fenix 3 a enregistré tous ses déplacements. En aout 2018, il était repéré par Strava en train de faire un peu de vélo sur une base des forces spéciales françaises au nord de Ouagadougou, au Burkina Faso. Deux mois plus tard, il s'adonnait à quelques exercices près de l'aéroport de Tombouctou, au Mali. Ces trois pays font partie des théâtres d'opérations les plus sensibles pour les soldats français", peut-on lire dans l'article du journal. Tout cela a été fait en quelques heures seulement par les journalistes, en recoupant uniquement des données publiques ! Parmi les infos trouvées figuraient l'adresse de domicile du soldat, les trajets de vélo et de course à pied qu'il affectionne, les endroits où il a été envoyé en opérations ces deux dernières années, mais également son nom, celui de sa compagne et de son fils, ainsi que des photos d'eux trois. Un travail d'investigation similaire a été effectué par

---

[220] Sarah Brabant et Sébastien Bourdon, « Des militaires français compromettent la sécurité de leurs opérations sur les réseaux sociaux », Mediapart, décembre 2020.

des journalistes du Canard Enchainé en 2018 concernant des agents de la DGSE, ce qui leur a permis d'identifier précisément des locataires du boulevard Mortier[221]. Et cela ne concerne pas que la France. Les données de la même carte Strava ont permis de révéler la localisation de plusieurs bases secrètes de l'armée américaine, dans des zones de conflit comme la Syrie, l'Afghanistan ou ailleurs comme à la fameuse Zone 51 au Nevada[222].

Si des gens censés restés dans le secret comme des agents des services de renseignement sont si facilement identifiés, je laisse au lecteur imaginer ce que cela signifie pour le simple quidam qui installe toutes sortes d'applications, les unes plus gourmandes en siphonnage des données que les autres. On ne doit être surpris d'apprendre par exemple que tous les faits et gestes d'une enseignante de mathématique sont enregistrés toutes les deux secondes : trajets quotidiens, sa réunion avec un conseiller en perte de poids, sa visite chez un dermatologue, sa promenade avec son chien, et son passage chez son ex petit ami. Rien de surprenant non plus de découvrir tous les déplacements d'une infirmière au sein même de son hôpital[223]…

Les utilisateurs d'application de réservation de voiture et autres moyens de transport sont naturellement des « proies » faciles. On apprend par exemple que chez Uber, on peut suivre en temps réel les déplacements de tous les clients en temps réel sur écran. C'est ce qu'on désigne en interne par l'expression « vue de Dieu »[224]. Une prouesse qui a été présentée à des invités lors d'événements d'inauguration de certains de ses services à Chicago. En voyant les noms affichés sur la carte de la ville de New York, une invitée [Julia Allison] a reconnu plusieurs noms, dont Peter Sims, un patron à qui elle a envoyé des SMS pour l'informer

---

[221] Benjamin Hue, « Des agents de la DGSE localisés jusqu'en Irak à cause d'une application de running », www.rtl.fr, 21/02/2018.

[222] Alex Hern, "Fitness tracking app Strava gives away location of secret US army bases", www.theguardian.com, Jan 28, 2018.

[223] JENNIFER VALENTINO-DeVRIES, NATASHA SINGER, MICHAEL H. KELLER and AARON KROLIK, "Your Apps Know Where You Were Last Night, and They're Not Keeping It Secret", www.nytimes.com, DEC. 10, 2018.

[224] Kashmir Hill, "'God View': Uber Allegedly Stalked Users For Party-Goers' Viewing Pleasure", www.forbes.com, Oct 3, 2014.

de sa position en temps réel. Il a été terrifié par cette mésaventure et quitté le service dès qu'il a su de quoi il retournait. Il a même exprimé son mécontentement dans un article devenu viral, publié sur le site Medium[225]. Il y a écrit : "J'ai reçu un texto d'une sorte de technophile [Julia Allison], c'est quelqu'un que je connais à peine, me demandant si j'étais dans une voiture Uber aux 33e et 5e (ou quelque chose du genre). J'ai répondu que j'y étais en effet, en pensant qu'elle devait se trouver dans une voiture adjacente. Tout en regardant autour de moi, elle a continué à m'envoyer des SMS avec des mises à jour sur la localisation de ma voiture, à tel point que j'ai demandé au conducteur si d'autres pouvaient voir mon profil de localisation Uber. Sa réponse était que non, et que ce n'est pas possible. À ce moment-là, tout a commencé à devenir étrange." La dérive avec ce genre d'outils est vite arrivée. C'est ainsi que la plateforme a dû payer en 2014 une amende de 20 000 $ après qu'un haut cadre de la boite eut consulté les déplacements d'une journaliste du média BuzzFeed. Le prévenu a avancé le prétexte qu'il a dû la suivre sur la « vue de Dieu », car « elle était en retard de 30 minutes à une réunion »[226]. Il est improbable que ce petit châtiment de quelques milliers de dollars soit à la hauteur du péché, malgré l'élégance de la confession…

Pour ma part, la géolocalisation GPS est désactivée en permanence sur mon téléphone, sauf quand j'utilise Waze (Google), soit une fois par tremblement de Terre quand je me perds ou en allant visiter un lieu que je ne connais pas.

Sans être exhaustif, voici quelques types de données personnelles collectées, souvent à l'insu de l'utilisateur :

o Site web et appli de santé par exemple : chaque interaction avec un site ou application mobile de conseil en santé (e.g. Doctissimo) est enregistrée et vendue à des partenaires. Les tests psychométriques et autres passés à l'aide de formulaires à remplir sont des pompes à données personnelles. Si on vous

---

[225] Peter Eagle Sims, "Can We Trust Uber?", https://thoughts.siliconguild.com/can-we-trust-uber-c0e793deda36

[226] Chris Welch, "Uber will pay $20,000 fine in settlement over 'God View' tracking", www.theverge.com, Jan 6, 2016.

diagnostique une dépression à l'issue du test, sachez que vous recevrez des publicités d'anti dépresseurs dans l'heure qui suit. Et un jour vous vous étonnerez de découvrir que le prix de votre mutuelle santé a augmenté sans trop savoir pourquoi. Ce sera probablement dû à toutes les données que les assurances ont amassées sur vous à votre insu.

- o Carte vitale : je dois avouer que même moi qui baigne dans le monde de la donnée suis tombé de ma chaise, et même choqué, en découvrant dans un numéro du magazine Cash Investigation[227] qu'une pharmacie sur deux en France transmet à des tiers les données personnelles relatives à tous les médicaments achetés par une personne. Les officines se sont en effet laissées séduire (pour 6 euros, honte à elles) par une entreprise américaine (IQVIA) spécialisée dans la collecte et vente de données médicales. Ce *data broker* a ainsi gagné 63 millions d'euros en 2016 rien qu'en France. Il affiche un chiffre d'affaires de 10 milliards de dollars. IQVIA a donc proposé un logiciel gratuitement aux officines pour leur permettre d'avoir quelques statistiques sur leurs ventes. En échange, toutes les données sont remontées vers l'Américain, le tout en s'appuyant sur une autorisation délivrée par la CNIL, le gendarme censé protéger les données des citoyens ! Cerise sur le gâteau, c'est le patron de IQVIA qui a été chargé par l'Etat de mette en place le Health Data Hub, la fameuse base de données géante qui regroupera toutes les données de santé des Français (radios, traitements, analyses…) ! Je n'ai plus de mots…

- o Les conversations avec les assistants vocaux, enceinte ou application sur mobile, sont enregistrées. La captation du son se fait en permanence[228] ou parfois de manière intempestive, en dehors de toute demande de l'utilisateur, accédant ainsi à ses conversations intimes telles des échanges intrafamiliaux, téléconsultations avec des médecins, négociations avec des

---

[227] Cash Investigation, « Nos données personnelles valent de l'or ! », France 2, diffusé le jeudi 20/05/2021.

[228] TJ McCue, "Alexa Is Listening All The Time: Here's How To Stop It", www.forbes.com, Apr 19, 2019.

dealers de drogue,… C'est comme cela qu'un couple en train de discuter d'un objet a été surpris de se voir proposer des publicités sur ce même objet à leur première connexion à Internet. Une démonstration live intéressante de cela concernant des jouets pour chien peut être visionnée ici[229]. Il faut savoir aussi que les bandes audios captées sont parfois écoutées par des employés des fournisseurs des assistants vocaux ou par leurs sous-traitants pour en effectuer la transcription et ainsi aider à l'entrainement des IA de reconnaissance vocale[230].

- o Lors de la lecture d'un livre sur Kindle, des tas de données sont collectés par les serveurs d'Amazon. Des centaines de requêtes sont envoyées à la simple ouverture d'un livre et sa fermeture, après avoir feuilleté quelques pages[231]. En plus des informations concernant l'appareil et le livre en cours de lecture (heure, pays de résidence, adresse IP, version de l'appareil, orientation de l'écran, taille de la police, premier et dernier caractère, présence d'une image…). Grosso modo, toute interaction est enregistrée, y compris le fait de surligner ou appuyer sur n'importe quel mot ! Si l'appareil est déconnecté, tout est stocké en local et envoyé par la suite à la prochaine reconnexion à Internet. Une journaliste du Guardian ayant demandé l'accès à ses données comme la loi de Californie le lui autorise, est tombée des nues en voyant tout ce qui a été enregistré sur elle. Elle a rapporté ça dans un article intitulé : « Ils nous connaissent mieux que nous nous connaissons nous-mêmes. »[232] Elle y a trouvé même des données sur ce qu'elle a aimé et moins aimé lors de ses lectures, résultat d'une analyse faite par Amazon sans doute grâce à des algorithmes d'IA. « Les types de corrélations nuancées qu'Amazon est capable de trouver en analysant ces données

---

[229] https://www.youtube.com/watch?v=zBnDWSvaQ1I&ab_channel=Mitchollow

[230] Boussad Addad, « Souveraineté numérique européenne : Innovations, échecs et espoir de 1900 à nos jours », VA Editions, 24 juin 2021.

[231] Charlie Belmer, "Kindle Collects a Surprisingly Large Amount of Data", https://nullsweep.com/kindle-collects-a-surprisingly-large-amount-of-data/

[232] Kari Paul, "'They know us better than we know ourselves': how Amazon tracked my last two years of reading", www.theguardian.com, 12 Feb 2020.

dépassent ce que nous pouvons conceptualiser en tant qu'êtres humains », confie une spécialiste à la journaliste.

- o Google garde évidemment l'historique de toutes recherches effectuées par les utilisateurs. Et la dérive là aussi peut vite arriver quand on a accès la base de données. Jaron Lanier, un spécialiste en informatique sur lequel nous reviendrons plus tard, relate dans un livre qu'un ami programmeur travaillant dans cette firme à ses débuts lui a raconté l'histoire d'une femme qui leur a envoyé un émail pour se plaindre, car la première chose qui ressortait à chaque fois qu'on tapait son nom dans le moteur de recherche était un blog qui dévoilait son obsession pour l'urine. « Du point de vue divin incroyable de la Silicon Valley, les gens ou les algorithmes peuvent toujours voir qui a écrit quoi et quand ; qui l'a recherché et l'a lu, et quand. Nous pouvons voir l'ensemble du processus comme si nous supervisions une fourmilière. Et les petites fourmis le savent. Elles savent qu'elles sont surveillées. La femme a lancé des appels à l'aide de plus en plus pressants. Certains employés ce jour-là se sont sentis désolés pour elle, tandis que d'autres se sont moqués d'elle », écrit Lanier.

On voit là la dérive possible dans les plateformes numériques lors de la collecte des données personnelles, mais il faut dire que les utilisateurs sont souvent les principaux responsables de cela. On le voit par exemple sur de nombreuses personnes qui étalent leur vie sur Internet volontairement. Ce n'est pas leur jeter la pierre que de le dire. C'est juste un constat que tout un chacun peut faire. Évidemment chaque personne a ses raisons, plus ou moins compréhensibles. Il y a naturellement le besoin pour certains de se montrer sous la plus belle des postures, y compris en usant du « *humblebrag* » (fausse modestie). Pour informer les gens de quelque chose dont on est très fier, on procède d'une manière qui donne l'impression qu'on se plaint ou qu'on est gêné : « J'ai dépensé 2000 $ pour un sac à main. Je suis si terrible avec l'argent. » Mais cela n'explique pas tout. Les gens consacrent en réalité 30 % à 40 % de leur temps à parler de soi. La raison ? Une méta-analyse de Harvard regroupant cinq études y donne la réponse dans son titre : « La divulgation d'informations sur soi est intrinsèquement gratifiante. »

L'analyse révèle que cet acte « engage des mécanismes neuronaux et cognitifs associés à la récompense » et il est associé à une augmentation de sécrétion de la dopamine dans plusieurs régions du cerveau. Mieux encore, le partage d'information personnelle est si gratifiant et plaisant que « les gens sont prêts à lâcher de l'argent pour parler de soi »[233]. Comme chez le psy quoi…

Ni rigolez pas, vous êtes identifiés

L'ancien PDG de Google Eric Schmidt a dit lors d'une conférence en 2010 : « donnez-nous 14 photos de vous et nous serons capables de trouver d'autres images de vous avec une précision de 95 %. »[234] La technologie a bien avancé depuis et la reconnaissance faciale à base d'IA est désormais très répandue. Elle est devenue un standard en Chine pour alimenter le système dit de « Crédit Social » et se développe rapidement partout ailleurs.

Aux États-Unis, une startup dénommée Clearview AI, pourtant très discrète depuis sa création en 2017, est apparue au grand jour sous forme de mélange entre scandale politique et éthique. Sa technologie à base d'IA a été mise au point par un jeune expatrié australien, Hoan Ton-That, avec le soutien d'un politicien républicain (Richard Schwartz). Il a aussi été financé par Peter Thiel, un des fondateurs de PayPal puis de Palantir, une firme proche des services de renseignements américains. Thiel est par ailleurs devenu conseiller spécial de Donald Trump. Clearview AI a revendiqué pouvoir identifier une personne, à partir de sa photo, avec une précision de plus de 98 %. Elle dispose d'une base de données de 3 milliards de photos personnelles, le tout obtenu à partir de Facebook, YouTube, et Venmo (service de paiement mobile), et Twitter. Clearview vend son service à des entreprises privées et aux organismes de maintien de l'ordre. Elle compte 2400 utilisateurs actifs en Amérique du Nord selon le Wall

---

[233] Tamir, Diana I., and Jason P. Mitchell. "Disclosing Information About the Self Is Intrinsically Rewarding." Proceedings of the National Academy of Sciences (May 7, 2012).

[234] By Gareth Beavis, "Schmidt: we can predict where you are going to go", www.techradar.com, August 06, 2010.

Street Journal[235]. À la suite de la révélation de l'existence de Clearview AI dans un article du New York Times, on a crié au scandale de toutes parts. Une quarantaine d'associations américaines de défense des libertés individuelles ont saisi les autorités pour l'interdire. Les réseaux sociaux ciblés pour obtenir les photos ont également demandé son retrait. Mais Hoan Ton-That a répondu dans une interview donnée à CBS en invoquant le premier amendement de la constitution américaine et son droit d'accès à l'information publique.

Une fuite de données de Clearview AI a permis d'identifier la liste de ses clients. Selon des documents consultés par le média BuzzFeed, ce sont plus de 2200 organismes de répression de fraude, agences gouvernementales et entreprises dans 27 pays[236]. Les clients ont créé des comptes et effectué au total près de 500 000 recherches pour identifier des personnes, toutes suivies et enregistrées par l'entreprise de Ton-That.

Si certains de ces clients ont des contrats officiels avec Clearview, beaucoup n'en ont pas. La majorité d'entre eux utilisent l'outil en essais gratuits, dont la plupart durent 30 jours. Lorsque BuzzFeed a contacté certaines organisations identifiées dans les documents, leurs responsables ont nié que leurs employés utilisaient le logiciel de reconnaissance faciale. Mais les dirigeants ont admis plus tard que des comptes Clearview existaient bel et bien au sein de leurs organisations après interrogation de leurs employés. Et c'est arrivé visiblement jusque dans le Bureau ovale. Dans la liste se trouvait une entrée dénommée « White House Tech Office » relative un seul utilisateur qui s'est connecté en septembre 2019 pour effectuer six recherches. Des entrées correspondant à des services de sécurité sur des campus universitaires y sont également présentes !

Clearview AI compte plus de 200 entreprises privées comme clients, y compris les grands magasins comme Kohl's et Walmart, des banques

---

[235] Council, Jared, "Facial Recognition Companies Commit to Police Market After Amazon, Microsoft Exit", www.wsj.com, June 12, 2020.
[236] Ryan Mac, Caroline Haskins, and Logan McDonald, "Clearview's Facial Recognition App Has Been Used By The Justice Department, ICE, Macy's, Walmart, And The NBA", www.buzzfeednews.com, February 27, 2020.

comme Wells Fargo et Bank of America, un nombre surprenant d'entreprises privées dans des secteurs comme le divertissement (Madison Square Garden et Eventbrite), les jeux (Las Vegas Sands et Pechanga Resort Casino), les sports (NBA), le fitness (Equinox) et même la cryptomonnaie (Coinbase). Des employés des opérateurs de téléphonie mobile comme AT&T, Verizon et T-Mobile apparaissent également dans les documents. Aussi, la société a fourni son logiciel à des enquêteurs privés et à des sociétés de sécurité. Parmi eux se trouvent Gavin de Becker & Associates, une agence de sécurité privée ayant effectué pas moins de 3600 recherches avec l'outil.

Juste après l'introduction des supporters de Trump dans le Capitole, les recherches quotidiennes sur Clearview ont bondi de 26 %. Les agences fédérales de sécurité de plusieurs États s'étaient en effet mobilisées par tous les moyens pour identifier les personnes ayant commis des actes de vandalisme dans ce symbole de la démocratie américaine[237].

En dehors des États-Unis, la firme Clearview a des clients en Australie, Belgique, Brésil, Canada, Danemark, Finlande, Irlande, Inde, Arabie Saoudite, Émirats Arabes Unis, Italie, Lettonie, Lituanie, Malte, Pays-Bas, Norvège, Portugal, Serbie, Slovénie, Espagne, Suède, Suisse, Royaume-Uni, et France.

Le logiciel coûte 50 000 $ pour un contrat de deux ans[238], deux fois rien pour certains riches clients.

Une chose pour finir. Plus vous fournissez de photos de vous sur les réseaux sociaux, plus la précision de l'algorithme à vous identifier sera élevée. La prochaine fois que vous voudrez poster une photo de vous ou de vos parents sur Internet, pensez-y…

---

[237] Kashmir Hill, "The facial-recognition app Clearview sees a spike in use after Capitol attack", www.nytimes.com, Jan. 9, 2021.
[238] Ben Gilbert, "Clearview AI scraped billions of photos from social media to build a facial recognition app that can ID anyone — here's everything you need to know about the mysterious company", www.businessinsider.com, Mar 6, 2020.

Quand le voile de l'intime devient transparent

Beaucoup de gens étalent leurs vies sur les réseaux sociaux, notamment les célébrités, dévoilant parfois les détails les plus intimes. Les autres se contentent de consulter les publications des autres personnes et d'y réagir simplement avec des commentaires ou des likes. On croit ainsi que sa vie privée est sauve. Mais cela est juste une croyance et la vérité est toute autre. En réalité on dévoile, même avec un minimum d'interaction avec les réseaux sociaux, de nombreuses informations personnelles, même les plus sensibles.

Tout commence en 2013 au Centre de Psychométrie de l'Université de Cambridge quand Michal Kosinski, alors doctorant en psychologie, publie avec ses collègues un article scientifique détonnant intitulé : « Les traits personnels sont prédictibles grâce à l'empreinte digitale du comportement humain. »[239] Ils démontrent qu'en utilisant des marqueurs de l'activité humaine sur les réseaux sociaux comme les *likes*, il est possible de prédire automatiquement et avec précision un certain nombre d'attributs personnels, aussi sensibles que l'orientation sexuelle, ethnicité, croyance religieuse et politique, traits personnels, intelligence, joie, utilisation de substances illicites, séparation ou non des parents, en couple ou pas, le sexe, etc. L'étude a été effectuée sur une base de données de 58,466 volontaires qui ont accepté de fournir le contenu de leur activité Facebook (une moyenne de 170 likes par personne), leurs détails démographiques, et les résultats de plusieurs questionnaires (des tests psychométriques sous forme de score OCEAN[240]).

Ces données sont prétraitées puis utilisées pour l'entrainement de modèles prédictifs, des algorithmes relativement simples d'IA, de profilage psychodémographique. Les résultats sont étonnamment précis, et ce en utilisant les seuls *likes* Facebook des participants : le modèle prédit avec une précision de 88 % l'orientation sexuelle des personnes chez les hommes et 75 % chez les femmes ; 95 % l'appartenance

---

[239] Michal Kosinski, David Stillwell, et Thore Graepel, "Private traits and attributes are predictable from digital records of human behavior", PNAS, 9 avril 2013.
[240] En psychométrique, le "Big Five", ou modèle OCEAN (Openness, Conscientiousness, Extraversion, Agreeableness, Neuroticism), permet de dresser le portrait d'une personne en se basant sur cinq critères : ouverture d'esprit, perfectionnisme, extraversion, agréabilité et neuroticisme.

ethnique, soit africaine-américaine, ou caucasiene-américaine ; 85 % le courant politique entre démocrates et républicain ; 82 % le courant religieux entre musulman ou chrétien !

Ces travaux ont propulsé Michal Kosinski dans la prestigieuse Université de Stanford pour y effectuer un postdoctorat et y demeurer à ce jour comme professeur associé, spécialisé en comportement organisationnel et en IA. Dans une nouvelle étude[241] publiée en début de l'année 2015 et intitulée « le jugement d'un ordinateur est plus précis que celui d'un humain », Kosinski et ses collègues sont allés plus loin encore. Ils ont utilisé une plus large base de données, de 86,220 volontaires, constituée de leurs likes Facebook, leurs réponses à un questionnaire de 100 items, et les réponses de leurs amis à un questionnaire de 10 items. Les chercheurs sont arrivés à la conclusion suivante : avec seulement 10 *likes*, on connait plus une personne qu'un collègue moyen à elle ; avec 70 *likes*, on la connait mieux que ses amis ; avec 150 *likes*, on la connait mieux qu'un membre de sa famille ; avec 300 *likes*, on la connait mieux que son conjoint. Sur certains traits, la machine arrive à de meilleurs jugements sur les personnes que ce que les personnes pensent d'elles-mêmes !

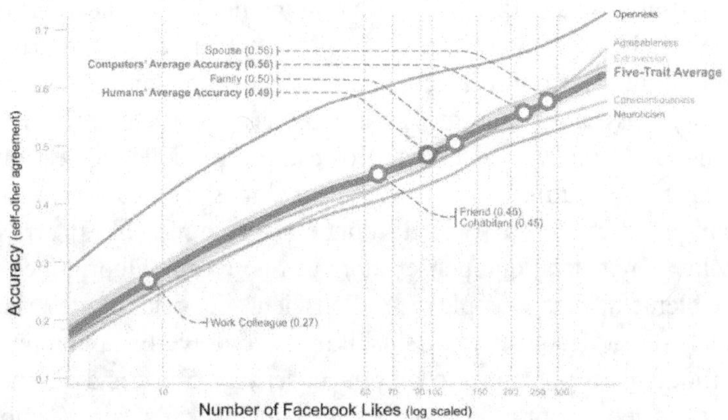

*Figure 17 : **Précision du profilage suivant le nombre de likes de la personne.***

---

[241] Wu Youyou, Michal Kosinski, and David Stillwell, "Computer-based personality judgments are more accurate than those made by humans", PNAS, 27 janvier 2015.

Le jour même de la publication de cette nouvelle étude, Kosinski a reçu deux appels téléphoniques. Un appel sous forme de menace et l'autre sous forme d'offre d'emploi. Les deux provenaient de la même maison : Facebook ! Quelques semaines après la publication, les likes qui étaient visibles par défaut pour tout le monde sur le réseau social sont devenus privés et visibles que pour les amis, une précaution prise par Facebook pour éviter une dérive certaine. Les utilisateurs ne soupçonnaient évidemment pas ce qui se cachait derrière cette décision.

La question qu'on est en droit de se poser est la suivante : ces likes ne sont plus accessibles pour tout le monde, mais restent à portée de main au sein de la maison de Zuckerberg. Est-ce que Facebook peut faire la même chose que l'équipe de Kosinski pour percer certaines informations intimes des utilisateurs ? Non seulement la réponse est oui, mais c'est pire encore, car les données détenues par le géant américain sont de loin plus riches que les simples likes des études précédentes. Facebook dispose des commentaires, messagerie privée, photos, etc. Et comme si c'était insuffisant, les gens sont souvent sollicités pour remplir des formulaires et participer à des tests en ligne, sans être informés des finalités et éventuelles conséquences de leur acte. Tout cela est à ajouter à ce que l'utilisateur offre à l'installation même de l'application mobile comme les contacts, la géolocalisation, les capteurs de mouvement, etc. Comme le dit à juste titre Michal Kosinski, « un téléphone portable est un sondage psychologique que nous remplissons en continu ». Le plus frappant dans l'étude réalisée par Kosinski et ses collègues est que les algorithmes d'IA utilisés sont très simples, mais terriblement efficaces. Si ceux-là avec un seul type de données en entrée [likes] arrivent à d'excellents résultats, que penser alors des nouveaux algorithmes d'IA, redoutablement plus complexes ? Conscient de cela et des dangers éventuels de sa découverte, Kosinski a essayé d'avertir la communauté scientifique, mais personne ne l'a pris au sérieux. Ses cris d'alarme sont donc restés lettre morte… jusqu'à l'éclatement de l'affaire Cambridge Analytica. Bien qu'il n'y soit en rien impliqué, ses travaux en sont la base. Il s'est donc senti obligé de se justifier : « Non. Ce n'est pas ma faute. Je n'ai pas construit la bombe. J'ai juste montré qu'elle était là. »

Cette affaire a éclaté, car elle relève d'un domaine sensible de la politique et concerne la manipulation des élections, un pilier central de toute démocratie. D'autres doivent en réalité couver en toute tranquillité. Car si on peut influencer le vote, ne peut-on pas faire de même pour autre chose ? Évidemment que oui, comme le prouve encore une fois l'équipe de Kosinski[242] dans un article récent sur l'utilisation du profilage psychologique de masse pour le ciblage publicitaire. Avec les algorithmes, on fait augmenter le nombre d'actes d'achat de 50 %.

Une fois la porte de l'esprit ouverte avec le profilage psychologique, toute manipulation du cerveau devient aussi facile qu'un jeu de marionnettiste. Tel un hypnotiseur, on peut ainsi faire passer le maximum de temps à une personne sur un réseau social en jouant sur ses émotions par exemple, lesquelles vont se propager chez les autres comme une trainée de poudre et ainsi les garder devant leurs écrans des heures durant…

La face cachée du nouveau monde

Une nouvelle façon de commercer a pris forme sur les réseaux sociaux. Elle peut être résumée en une phrase : il faut poster des photos sexy pour vendre des champignons ou des pommes de terre ! J'exagère ? Pas vraiment.

Prenons l'exemple d'Instagram, ce réseau permettant de poster des photos ou vidéos, propriété de Facebook depuis 2014. Il compte plus de 920 millions d'utilisateurs dans le monde en 2020. Environ 1000 photos y sont postées toutes les secondes, totalisant plus de 50 milliards à ce jour[243]. Avant 2016, les images étaient présentées dans le newsfeed (fil d'actualité) dans l'ordre chronologique : dernière photo postée, dernière photo affichée. Ce n'est plus le cas et toutes les photos ne bénéficient pas de la même exposition, certaines n'apparaissant tout bonnement nulle part. Et tout cela n'est pas dû au hasard.

---

[242] S. C. Matz, M. Kosinski, G. Nave, and D. J. Stillwell, "Psychological targeting as an effective approach to digital mass persuasion", PNAS, Edited by Susan T. Fiske, Princeton University, Princeton, NJ, and approved October 17, 2017.
[243] https://www.omnicoreagency.com/instagram-statistics

Le secret réside dans un brevet de deux ingénieurs de Facebook, Garcia David Harry et Mitchell Justin, enregistré en janvier 2015[244]. Intitulé « Feature-extraction-based image scoring », il ne revendique rien de moins que 51 inventions ! En substance, leur méthode basée sur l'IA permet d'analyser une photo et d'en extraire un grand nombre de métriques comme la probabilité qu'un utilisateur interagisse avec la photo avec un *like* ou un commentaire ; la présence d'un ou plusieurs visages, leur nombre, identités, leurs tailles, la distance les séparant, souriants ou pas, regardant la caméra ou pas… ; le sexe de la personne détectée ; le lieu et date de prise de la photo. La métrique qui a retenu mon attention, jeu de mots à part, est le « score d'engagement ». Il permet de mesurer si la photo va engager plus les utilisateurs quand ils la voient dans le fil d'actualité, c.-à-d. les retenir plus longtemps sur le réseau.

Cette technologie a été mise en application sur Facebook[245] et bien sûr sa filiale Instagram très prisée par les jeunes. Ainsi, la maison de Zuckerberg favorise les publications contenant des images à haut score d'engagement aux dépens des autres.

Il se trouve que les images contenant des personnes dénudées sont bien notées et donc mises plus en avant. Les abonnés du réseau ayant consciemment ou inconsciemment compris le truc postent plus souvent des photos d'eux en petite tenue, même en hiver ! Si l'exhibitionnisme est le jeu favori de certaines starlettes en mal de reconnaissance et un outil pour faire parler d'elles, l'audience sur les réseaux sociaux est parfois vitale pour certains commerçants et entrepreneurs. Une enquête exclusive[246] réalisée par le European Data Journalism Network, un réseau subventionné par la Commission européenne, en partenariat avec l'organisation Algorithm Watch, le démontre très clairement. Cette investigation intitulée « Se déshabiller ou échouer : l'algorithme d'Instagram incite les utilisateurs à montrer leur peau », a d'ailleurs été

---

[244] http://patft.uspto.gov/netacgi/nph-Parser?Sect1=PTO1&Sect2=HITOFF&p=1&u=/netahtml/PTO/srchnum.html&r=1&f=G&l=50&d=PALL&s1=8929615.PN.

[245] Jon Evans, "Facebook is broken", https://techcrunch.com/, June 4, 2017.

[246] https://algorithmwatch.org/en/story/instagram-algorithm-nudity/

publiée par le journal d'investigation partenaire Mediapart sous le titre : « Sur Instagram, la prime secrète à la nudité : se déshabiller pour gagner de l'audience »[247]. De nombreux témoignages y ont été recueillis par les journalistes.

Le réseau a demandé à 26 volontaires d'installer un module complémentaire sur leur navigateur Internet afin de suivre un groupe de 37 créateurs de contenu professionnels. Ces derniers utilisent Instagram pour promouvoir des marques ou pour acquérir de nouveaux clients pour leurs entreprises, principalement dans les secteurs de l'alimentation, du voyage, du fitness, de la mode ou de la beauté.

Entre février et mai 2020, 1737 articles publiés par les créateurs de contenu, contenant 2 400 photos, ont été analysés. Sur ces publications, 362, soit une proportion de 21 %, ont été reconnues par un programme informatique comme contenant des images montrant des femmes en bikini ou en sous-vêtements, ou des hommes torse nu. Dans les fils d'actualité des bénévoles, les publications contenant de telles images représentaient 30 % de toutes les publications affichées à partir des mêmes comptes.

Les messages contenant des photos de femmes en sous-vêtements ou en bikini étaient 54 % plus susceptibles d'apparaitre dans le fil d'actualité des bénévoles. Les messages contenant des photos d'hommes torse nu étaient 28 % plus susceptibles d'être diffusés. En revanche, les publications montrant des images de nourriture ou de paysage étaient environ 60 % moins susceptibles d'être diffusées dans le fil d'actualité.

À en croire son compte Instagram, Sarah habite au bord de la mer — et vit dans un monde où c'est presque toujours l'été. Sur son fil en effet, des photos d'elle à la plage, en maillot, brassière de sport, le long des dunes. Pourtant, la jeune femme réside au cœur d'une grande ville. Son compte Instagram sert à faire connaitre son entreprise de food-tech, proposant un service d'accompagnement alimentaire. Le réseau social est un outil « crucial » pour développer son activité. Si elle pose souvent à la plage, ce n'est pas que Sarah cherche à vendre des maillots de bain à

---

[247] Judith Duportail, "Sur Instagram, la prime secrète à la nudité : se déshabiller pour gagner de l'audience", Mediapart, 16 juin 2020.

ses dizaines de milliers de followers. « C'est que, pour avoir de l'audience, il faut poster des photos de soi, et encore plus en maillot », résume l'entrepreneure. Et l'ensemble des personnes rencontrées sont unanimes, « sur Instagram, être déshabillé paie ». Une autrice de livres sur le bien être dit : « Presque toutes mes photos les plus likées sont soit moi en sous-vêtement, soit moi en maillot de bain. » Et une professeure de Yoga affirme que « Le taux de couverture explose dès qu'on se dénude un peu ». Même retour d'expérience du côté des hommes. C'est le cas de Basile, professeur de sport suivi par 120 000 personnes : « Mes photos les plus likées sont celles où je suis presque nu. » « C'est très difficile d'obtenir beaucoup de *likes* sur Instagram. Alors, je fais comme tout le monde ! Mes photos les plus populaires sont les plus provocantes », ajoute Francisco, suivi par le même nombre d'abonnés.

Quand on oblige de jeunes femmes ou hommes entrepreneurs à poster des photos d'eux en petite tenue pour faire vivre leurs commerces, c'est qu'on n'est pas loin de la prostitution. Cet encouragement de la nudité est très grave. Facebook n'a pas répondu aux questions précises des journalistes, mais a renvoyé la déclaration suivante : « Cette recherche est imparfaite à plusieurs égards et montre un malentendu sur le fonctionnement d'Instagram. Nous classons les publications de votre flux en fonction du contenu et des comptes qui vous intéressent, et non en fonction de facteurs arbitraires comme la présence de maillots de bain. »

Je travaille dans le domaine de l'IA et je peux affirmer sans le moindre doute qu'effectivement on n'intègre à aucun moment directement des facteurs tels que la nudité ou autres dans les algorithmes pour classer les publications. Et c'est tout le problème de ces IA, des boites noires qui ne dévoilent presque rien pour les tenir responsables de quoi que ce soit. Laissez-moi donner un exemple simple pour faciliter la compréhension. Un tenant d'une maison close qui vient d'ouvrir ses portes présente un catalogue à l'arrivée de tout nouveau client. À chaque fois qu'une femme est choisie pour un moment de tendresse, un compteur qui lui est dédié est incrémenté. Au bout de quelques mois, le patron fait le bilan en analysant les compteurs. Il décide alors de mettre les photos des femmes les plus demandées, dont les compteurs sont les plus hauts donc, en première page du catalogue. Il a remarqué après quelques semaines que cela a boosté son chiffre d'affaires, car les clients revenaient plus souvent. Il réajuste donc le classement de temps à autre pour optimiser tout cela. Cupide et cruel qu'il est, il va un peu loin en licenciant et remplaçant les dernières du classement à chaque fois. Le seul critère réel qui l'a guidé dans ses agissements était donc son porte-monnaie, et rien d'autre. Difficile donc de l'attaquer. Mais si on regardait de plus près, ce que le patron ne fait pas forcément, pour comprendre ce qui fait le succès de certaines femmes par rapport à d'autres, on remarquerait par exemple que les plus demandées ont toutes un âge inférieur à 28 ans. Cette information n'est ni écrite ni affichée nulle part. Ainsi donc, le patron de la maison close favorise la prostitution de jeunes femmes à l'insu de son plein gré. Peut-on dans ce cas l'attaquer pour discrimination à l'encontre des femmes âgées ? Difficile, car l'âge n'est pas explicitement utilisé comme critère d'optimisation de ses affaires comme nous venons de voir. Les algorithmes fonctionnent exactement de la même manière avec la considération du seul score d'engagement. Ils sont là pour accaparer l'attention, rien d'autre a priori. Ils peuvent donc dériver vers des discriminations qui sont en réalité une amplification de biais humain existants. Pour l'exemple de la maison close, l'algorithme du patron accentue la préférence « naturelle » de la beauté de la jeunesse. Pour le cas des réseaux sociaux comme Instagram, il s'agit en l'occurrence de l'homme qui est attiré par le sexe, un instinct de survie primaire de l'accouplement et la reproduction.

Cette dérive malsaine de promotion du sexe peut par ailleurs causer la mort économique de certains entrepreneurs du jour au lendemain, s'ils s'écartent des règles imposées par les réseaux sociaux. C'est le principe du *shadow ban*, un traitement qui consiste à ne pas relayer les publications d'une personne, un bannissement semblable à celui des femmes âgées de la maison close.

Mais la promotion du sexe est autrement plus dangereuse lorsqu'il s'agit d'adolescents, voire d'enfants, très fragiles en pleine croissance. C'est ce qu'on voit sur l'application chinoise TikTok, un karaoké virtuel qui fait fureur dans les cours d'école. L'utilisateur se filme avec son smartphone en reprenant des chansons connues et en mimant toutes sortes de chorégraphies, puis envoie la vidéo sur le réseau. Tik Tok revendique 800 millions d'utilisateurs actifs dans le monde et un million de vues de vidéos par jour ! Chaque abonné y passe en moyenne 500 minutes par mois[248]. Même le président français et nombre de ses ministres y sont abonnés, sans doute dans l'espoir de toucher les 11 millions d'abonnés Français qui y passent environ une heure par jour à visionner des vidéos[249]. Mais l'application TikTok est de plus en plus contestée, pas seulement à cause du problème de collecte des données soulevé par l'Oncle Sam comme prétexte pour forcer son rachat par une entreprise américaine. Elle est accusée d'encourager les contenus fortement suggestifs de très jeunes filles, parfois âgées d'à peine 7 ou 8 ans, mimant des adultes. Elles attirent ainsi des cyber harceleurs ou même des pédophiles. En 2019, la police française a dû émettre un avis sur Twitter pour inviter les parents à la prudence face à l'application[250] : « Votre ado utilise TikTok ? Attention, il est peut-être la cible de propositions sexuelles malintentionnées. S'il en est la victime, rendez-vous en commissariat pour porter plainte. L'auteur encourt 2 ans de prison et 30 000 € d'amende. »

Je ne surprendrai personne si je dis que l'exposition des contenus sur TikTok est régie par un algorithme d'IA tout à fait semblable à celui d'Instagram, le score d'engagement étant le critère essentiel utilisé. Le mineur comprend consciemment ou inconsciemment que ses vidéos en tenue légère sont plus populaires. La dictature du like le pousse alors jusqu'à l'extrême. La suite est facile à imaginer… ou pas.

Les réseaux de toutes les dérives

Traditionnellement, un publicitaire essaie de trouver la bonne formule pour captiver l'attention des gens et les inciter à acheter. Sur la Toile, le web marketing vise la même chose en essayant de créer du buzz autour d'un produit ou un service. Pour cela, il y a des recettes comme la

---

[248] https://influencermarketinghub.com/tiktok-stats
[249] Chris Stokel-Walker, "TikTok Sweeps Britain But Norwegians Watch More Videos", www.bloomberg.com, 30 septembre 2020.
[250] https://twitter.com/PoliceNationale/status/1064454406089990144

stratégie des six boutons (tabou, non usuel, outrageux, hilare, remarquable, et secret) introduite par Mark Hughes dans un livre[251]. Quelle que soit la méthode, celle-ci joue sur certains biais ou faiblesses humaines. La curiosité par exemple, un instinct primaire qui sert à explorer son environnement et potentiellement trouver de nouvelles ressources assurant la survie, est toujours présente. Un contenu qui suscite la curiosité est toujours vendeur. Mais Facebook n'a pas besoin de faire ça pour créer le buzz autour des publications. Ça se fait naturellement. Du moins au début de l'existence du réseau social, car les gens vont y consulter à peu près les mêmes choses de proche en proche, créant une viralité naturelle. Mais ce n'était pas optimal pour le réseau qui laisse un peu faire le hasard. Depuis l'utilisation des algorithmes et ce fameux score d'engagement, le contenu vient à vous par la volonté de Facebook. La viralité est donc exacerbée autour d'un certain nombre de contenus. Le web marketing essaie toujours d'éviter l'effet boomerang du badbuzz autour d'un produit. Ce n'est pas le cas sur le réseau social où, peu importe si un contenu n'est parfois pas beau à voir. Tant qu'il fait du buzz, c'est ce qui compte, car ça capte l'attention. C'est le cas s'agissant des faits insolites (accidents, cascades…), extrémistes, haineux, racistes, insultants, etc. Le pire est que cela induit souvent des réactions de violentes de la part des internautes. Prenons l'exemple d'une vidéo d'une bavure policière sur une personne de couleur. Immédiatement après la viralité de l'information, il se crée deux camps antagonistes qui s'insultent violemment. Résultat : la polarisation latente au sein de la société est encore plus accentuée, et cela se traduit par une plus grande fracture. Les attaques et la violence redoublent alors d'intensité entre les internautes. Cela peut même déborder au-delà, jusque sur les machines. Un bot, un agent conversationnel dénommé Tay — une IA lâchée par Microsoft sur Twitter pour échanger avec les gens — a dû être retiré au bout de quelques heures, devenu raciste et extrémiste, car il a adopté le même langage que les internautes !

Cette amplification démesurée des faiblesses de la société avec la viralité de l'information sur Internet est un phénomène nouveau dans

---

[251] Mark Hughes, "Buzzmarketing: Get People to Talk About Your Stuff", Portfolio Hardcover; 1st edition July 7, 2005.

l'histoire de l'homme : il arrive à tout un chacun, quelques fois dans la vie, de tomber sur un accident sur la route et de jeter un regard sur la scène, quitte à se mettre en danger ou ralentir la circulation. L'humain n'est pas parfait, curiosité oblige, c'est comme ça ! L'algorithme d'IA va amplifier ce phénomène et présenter tout le temps de telles scènes (parfois choquantes) pour avoir plus de « regards » des internautes. Cela ne correspond évidemment pas à la vraie vie, car des accidents ou bavures, Dieu merci, on n'en voit pas tous les jours sur son chemin. C'est naturellement un grave problème à cause de : la promotion de l'extrémisme ; l'encouragement de la médiocrité et la relégation des contenus de qualité ; l'abrutissement de la société en créant des polémiques et des échanges haineux sur des futilités, faisant oublier les débats essentiels. Sans omettre la manipulation et la mauvaise interprétation d'une information sortie de son contexte, chose tellement facile à réaliser sur la Toile. Cela crée souvent de la viralité malgré l'invraisemblance de la nouvelle.

C'est valable pour toutes les *fake news* sensationnelles qui se propagent à grande vitesse, créant parfois le chaos. C'est le cas en Inde par exemple où l'application WhatsApp avec plus de 200 millions d'utilisateurs dans le pays est devenue un vrai fléau, souvent vecteur de rumeurs causant des massacres parmi la population[252]. En Birmanie, Facebook est accusé d'être un vecteur dans le nettoyage ethnique que subissent les musulmans Rohingya. Un cap a été franchi quand Ko Ni, un des avocats les plus connus du pays, conseiller de la première présidente du pays élue démocratiquement, Aung San Suu Kyi, a été assassiné. Cela a fait suite à une campagne violente de dénigrement dirigée contre lui sur les réseaux sociaux, notamment par des groupes Facebook gérés par la junte militaire[253]. La montée de la violence dans le pays contre les Rohingyas a coïncidé avec l'explosion de l'utilisation des réseaux sociaux dans le pays, avec la contribution directe de la firme de Zuckerberg. En effet, en 2016, Facebook a noué un partenariat avec MPT, un opérateur birman étatique de télécoms, pour donner un accès

---

[252] Timothy Mclaughlin, "How WhatsApp Fuels Fake News and Violence in India", www.wired.com, 12.12.2018.
[253] Megha Rajagopalan, "Internet Trolls Are Using Facebook To Target Myanmar's Muslims", www.buzzfeednews.com, March 18, 2017.

gratuit à la Toile aux clients ayant souscrit un abonnement basique chez l'opérateur. Celui-ci comprend une suite de services Internet gratuits, dont Facebook. Résultat, le nombre d'utilisateurs du réseau social a bondi de 2 millions en 2014 à plus de 30 millions en 2017[254]. Ce réseau est ainsi devenu le lieu de toutes les confrontations, y compris par la désinformation et la propagande menant à des violences physiques. Tous les pays fragiles qui connaissant de tensions ethniques ou déjà en guerre, font face au même problème. Le Soudan du Sud, plongé dans une guerre interethnique depuis 2013, après la sécession de plus grand pays africain en 2011, est la région de toutes les craintes. L'ONU a avancé le spectre d'un génocide dans un rapport de 2016 à cause de la prolifération des *fake news* et des appels à la violence sur les réseaux sociaux[255].

Mais la stabilité d'un pays n'est en rien un rempart contre les dérapages sur la Toile, ce réseau global sans frontières. Ça fait des ravages partout dans le monde chez les plus jeunes poussés à des dérives de tout genre, même les pires. La planète entière a découvert avec stupéfaction des images de décapitations réalisées par les terroristes de Daesh dans des conditions dignes des studios hollywoodiens puis diffusées sur Internet. La mise en scène des malheureuses victimes dans des tenues orange a ajouté de l'horreur à la sidération. Si ce phénomène n'est pas nouveau au Moyen-Orient, les talibans d'Al-Qaeda en ayant déjà usé en Afghanistan, son ampleur n'a jamais été aussi forte. De plus, on a découvert des terroristes qui parlaient des langues étrangères à la région, principalement l'anglais et surtout le français. La plupart des djihadistes ont en effet été recrutés sur les réseaux sociaux et sont venus d'Europe. Des jeunes filles encore dans l'adolescence, souvent déscolarisées et fragiles socialement, donc des cibles idéales des groupes terroristes, ont rejoint les rangs. Le calcul politique de certains pays européens qui croyaient se débarrasser de ses islamistes en les laissant partir combattre le dictateur Bachar El Assad s'est révélé complètement erroné. D'abord, celui-ci n'est pas tombé, sans doute grâce au soutien direct apporté par la Russie de Poutine. Ensuite, parmi les djihadistes acculés et ayant

---

[254] Kevin Roose, "Forget Washington. Facebook's Problems Abroad Are Far More Disturbing", www.nytimes.com, Oct. 29, 2017.
[255] Jason Patinkin, "How To Use Facebook And Fake News To Get People To Murder Each Other", www.buzzfeednews.com, January 15, 2017.

survécu, certains sont logiquement rentrés au bercail, en Europe. La France est alors frappée d'une série d'attentats ayant emporté de nombreuses victimes, 263 plus exactement entre 2012 et 2019, sans compter les blessés[256]. Toutes les attaques n'ont pas été l'œuvre d'islamistes revenus de l'Orient, mais leurs crimes ont fait des émules, y compris chez des loups solitaires avec très peu de moyens. Le terrorisme dit *low cost* est ainsi né. L'un des derniers actes en date qui a marqué les esprits est la décapitation d'un enseignant devant un collège, résultat d'une campagne de dénonciation violente orchestrée sur Facebook, suite à un cours qu'il a donné sur la laïcité.

La dérive sur les réseaux sociaux qui aboutit à la mort n'est pas la seule œuvre des extrémistes religieux. Elle se manifeste aussi à travers l'organisation par exemple de challenges ridicules d'une extrême violence puis de diffuser les vidéos sur la Toile[257] : sortir d'une voiture alors qu'elle est en marche, lancer un objet lourd en l'air et voir sur quelle tête il tombe dans un groupe, mettre de la glace longuement sur un œil pour lui changer de couleur, couper sa respiration durant de longues minutes…, toujours dans le but d'impressionner le plus de monde et faire le buzz.

En plus des nombreuses morts par étouffement ou blessures graves, le défi peut virer vers du cyber harcèlement entrainent les adolescents jusque dans le suicide. Le confinement lors de la crise du coronavirus n'a pas arrangé les choses et le phénomène meurtrier dit « Blue Whale Challenge », qui consiste à réaliser 50 défis en 50 jours, est revenu en force sur Instagram et Twitter, atteignant même les adultes[258]. Un premier défi serait une scarification sur la main avant d'enchainer avec d'autres qui deviendraient de plus en plus dangereux jusqu'au dernier qui mènerait au suicide. On compte plus de 120 décès dans le monde depuis l'apparition du phénomène en Russie en 2016.

---

[256] Alexis Feertchak, « Depuis 2012, 263 personnes sont mortes dans des attentats islamistes en France », www.lefigaro.fr, 07/10/2019.
[257] Shannon Raphael, "Don't Try These at Home — These Are TikTok's 7 Most Dangerous Challenges to Date", www.distractify.com, 2020.
[258] Rédaction L'Aigle, "Blue Whale Challenge : le challenge meurtrier revient plus dangereux que jamais", https://actu.fr, 27 Juil 2020.

Au mois d'avril 2021, j'ai assisté à une conférence donnée par Paul Aiss, juge-assesseur au tribunal pour enfants de Pontoise et président fondateur de l'association « Jeunes & Engagés[259]. » Travaillant avec les services de gendarmerie sur les dérives en ligne concernant les mineurs, il a raconté une histoire qui m'a fortement marqué. Les prédateurs en ligne collectent sans surprise les données personnelles des enfants pour les faire chanter, mais vont bien au-delà. Pour gagner leur confiance et les pousser à se dévoiler, ils vont parfois jusqu'à leur payer des billets de spectacle coûtant plusieurs centaines d'euros. Un mineur dont le dossier est actuellement sur le bureau des gendarmes s'est vu offrir un billet à 500 euros pour prendre un repas avec sa star préférée, le footballeur Kylian Mbappé. Une fois la confiance gagnée, le mineur s'est laissé aller jusqu'à dévoiler ses parties intimes à son gourou qu'il croyait être un ami son âge. Le prédateur lui fait alors du chantage (sextorsion) en l'obligeant à aller encore plus loin et se dévoiler plus, sous peine de tout dévoiler à ses parents s'il n'accepte pas. Les photos et vidéos intimes de la victime se retrouvent par la suite vendues à prix d'or sur les réseaux pédophiles du *dark* web. Et la vie du mineur dévastée…

Mais il n'y a pas que la divulgation de photos intimes qui peut nuire, loin s'en faut. Je me rappelle une connaissance, une jeune étudiante de 19 ans, qui a été faire des analyses médicales et qui les a prises en photo puis postées sur Facebook pour demander avis. Insouciante, elle voulait juste savoir si quelqu'un pouvait lui expliquer ce qu'il en est des résultats. Pas de bol, une tumeur a été détectée dans son corps et un étudiant en médecine le lui dit dans un commentaire au vu et su de tout le monde. Je vous laisse imaginer l'état de la pauvre fille en découvrant cela. Quand on m'a raconté l'histoire, j'ai été bouleversé. Les données médicales sont les plus intimes de toutes et il ne faut jamais, sous aucun prétexte, les livrer à la Toile.

L'effet des réseaux sociaux sur la santé mentale des adolescents est désastreux selon une large étude menée au Royaume-Uni[260]. Un garçon

---

[259] https://jeuneetengage.org/qui-sommes-nous
[260] Yvonne Kelly, Afshin Zilanawala, Cara Booker, Amanda Sacker, "Social Media Use and Adolescent Mental Health: Findings From the UK Millennium Cohort Study", The Lancet, VOLUME 6, P59-68, DECEMBER 01, 2018.

sur cinq utilise ces réseaux plus de trois heures par jour. Chez les filles, cette proportion est même doublée. Cette utilisation accrue de ces médias s'accompagne de harcèlement en ligne, de manque de sommeil, d'une faible estime de soi et d'une mauvaise image de son corps, ce qui accentue les symptômes dépressifs. Le problème est devenu tellement grave dans le Royaume que pas moins de 18 000 psychiatres britanniques ont interpelé le gouvernement pour lui demander d'obliger les géants d'Internet de mettre à la disposition des académiques l'ensemble des données pour mesurer « non seulement le temps d'utilisation, mais surtout la manière d'interagir des jeunes adolescents avec les plateformes »[261]. Il n'y a nul doute que cette demande restera un vœu pieux, car les données pour les GAFA sont comme les instruments d'un magicien. Lui demander de les dévoiler est comme lui suggérer gentiment de mettre fin à son spectacle avant l'heure. Ce n'est pas possible…

Mais il y a de l'espoir de changer certaines choses, car de plus en plus de gens prennent conscience du danger qui guette et ceux qui ont jadis œuvré à construire le monstre s'activent aujourd'hui à l'abattre.

---

[261] Denis Campbell, "Social media firms 'should hand over data amid suicide risk'", www.theguardian.com, Fri 17 Jan 2020.

CHAPITRE V : Le chemin de la liberté

« Que règne la liberté. Car jamais le soleil ne s'est couché sur réalisation humaine plus glorieuse »,

– Nelson Mandela

Les repentis de la Silicon Valley montrent la voie

Vous vous souvenez de Leah Pearlman, celle qui a inventé le *like* après avoir rejoint Facebook ? Comme tout le monde, elle a succombé à la dictature de son fameux bouton. « Au début, j'avais l'impression que ce que nous avions construit était merveilleux. Mais il y a environ deux ans, j'ai remarqué que les algorithmes de fil d'actualité avaient changé et que certains contenus n'étaient pas aussi visibles que d'autres. Et à ce moment-là, j'avais commencé à dessiner des bandes dessinées. Les bandes dessinées étaient ma façon de partager mon monde à moi, et je les mettais sur Facebook. J'attirais de plus en plus de fans et j'adorais ça. Mais lorsque Facebook a changé son algorithme, les likes ont baissé et j'ai eu comme l'impression de ne pas recevoir suffisamment d'oxygène. C'était comme si j'ai mis tout mon cœur et mon âme dans ce dessin, mais il n'y avait que 20 likes. Donc, même si je ne pouvais blâmer que l'algorithme, quelque chose en moi me disait que les gens ne m'aiment pas, que je ne suis pas assez compétente. Je dois commencer à acheter des annonces [...] Tout à coup, j'achetais des publicités, juste pour récupérer cette attention. Même si je suis gêné de l'admettre ». Quand un journaliste lui pose la question sur son besoin de validation sociale comme tout le monde, sa réponse est sans détour : « Évidemment j'en ai besoin. C'est une bénédiction quand parfois je présente une chose au public et je fais tout mon possible pour sortir du bon travail, ça me donne de la force. Mais le revers est que quand je n'obtiens pas d'attention, je flippe et je me dis que ce n'est pas assez. »[262] Leah

Pearlman se dit maintenant affranchie et se concentre dans sa vie sur ce qui lui procure de la joie et de la clarté. Elle a fermé son ancien compte Facebook et son identité n'y apparait plus que comme un simple numéro dans sa fameuse publication parlant pour la première fois du like[263]. Elle a ouvert un autre compte dédié exclusivement à son travail et a installé un plug-in sur son navigateur pour bloquer le fil d'actualité. Elle a fait même fait appel à un manager de réseaux sociaux pour s'en occuper. Elle pense que le système des réseaux sociaux reposant sur cette quête de l'attention à travers les *likes* « doit changer ».

Justin Rosenstein, un ingénieur ayant travaillé avec Pearlman pour la mise au point du like, n'en pense pas moins. Il est même plus radical, ce cocréateur du monstre de Frankenstein de la Toile dans lequel il est tombé lui-même[264]. Pour se débarrasser de ses démons et l'addiction aux réseaux sociaux, il a jeté son téléphone et acheté un autre, lequel il a confié à son assistante pour lui configurer un contrôle parental lui interdisant toute installation de nouvelles applications ! Je tiens à souligner qu'on est là devant une personne [Rosenstein] qui a 34 ans, pas un adolescent perdu durant une crise de puberté. « C'est assez commun pour les humains de créer des choses avec les meilleures intentions et de se retrouver avec des conséquences négatives. L'une des raisons pour lesquelles je pense qu'il est particulièrement important pour nous d'en parler maintenant est que nous sommes peut-être la dernière génération à nous souvenir de la vie d'avant », dit Rosenstein. Il estime qu'il faut rapidement une réglementation de la part des États de cette manipulation sournoise à travers la publicité, avec une démarche comparable à celle des actions prises à l'encontre des industries polluantes ou celle du tabac. « Si nous ne nous soucions que de la maximisation des profits, nous allons rapidement vers une dystopie », avertit-il.

---

[262] Julian Morgans, "The Inventor of the 'Like' Button Wants You to Stop Worrying About Likes", www.vice.com, July 6, 2017.
[263] https://www.facebook.com/notes/facebook/i-like-this/53024537130
[264] Paul Lewis, " 'Our minds can be hijacked': the tech insiders who fear a smartphone dystopia", www.theguardian.com, 6-10-2017.

On est en avril 2017. Les programmeurs, designers, et entrepreneurs de tout le globe se sont réunis dans une salle de conférence de la baie de San Francisco. Il fallait payer 1700 dollars pour y assister. Le conférencier est un certain Nil Eyal, le concepteur du modèle de hook, venu parler de techniques de manipulation dans le design, pour certaines déjà introduites dans son bestseller[265]. Il y a écrit : « Les technologies que nous utilisons se sont transformées en compulsions, si ce n'est de graves addictions [...] Les produits et services que nous utilisons modifient notre comportement quotidien, exactement comme leurs concepteurs l'ont voulu. Nos actions sont le fruit de l'ingénierie. » Mais la thématique de la conférence de 2017 était quelque peu chamboulée. Eyal s'est au contraire concentré sur le danger que peuvent représenter ces techniques et voulait répondre à la préoccupation croissante selon laquelle la manipulation technologique était en quelque sorte nuisible ou immorale. Même s'il ne fait pas de reproche aux créateurs, « tout comme on ne le ferait pas au pâtissier de créer des gâteaux sucrés », il a exhorté son auditoire pour qu'il fasse attention à ne pas abuser de la conception persuasive et se méfier pour ne pas franchir la ligne rouge de la coercition. Il finit même son discours par quelques astuces pour résister à cette attraction de la toile. Il a dit avoir installé un plug-in (DF YouTube) sur son navigateur qui lui permet de faire le ménage dans YouTube et enlever tout ce qui peut être distractif. Il a aussi recommandé l'utilisation de Pocket Points, une application permettant de gagner des points convertibles en bons de réduction utilisables chez de nombreux marchands quand on s'éloigne de son téléphone. Plus on éteint son téléphone, plus on est récompensé. Enfin, Eyal a confié qu'il déploie d'énormes efforts pour protéger sa propre famille. Il a par exemple installé dans sa maison une prise avec minuterie qui coupe l'accès à Internet à une heure fixe chaque jour ! « L'idée est de se rappeler que nous ne sommes pas impuissants », a-t-il déclaré. « Nous avons le contrôle ». Il continue aujourd'hui de donner des conférences pour aider à garder le contrôle sur cette ressource si précieuse, l'attention[266].

---

[265] Nir Eyal "Hooked: How to Build Habit-Forming Products", Portfolio; Illustrated edition, November 4, 2014.
[266] https://www.youtube.com/watch?v=PxhO5EvCoOs&ab_channel=RSA

Mais celui qui se montre le plus critique envers ces technologies après avoir contribué à les développer chez une filiale de Google est Tristan Harris. C'était un élève de BJ Fogg à Stanford et camarade de classe de Kevin Systrom et Mike Krieger, les co-fondateurs d'Instagram qu'il a d'ailleurs aidés dans leur projet. Cet homme de la trentaine est considéré comme « la chose la plus proche de la conscience [morale] que la Silicon Valley possède »[267]. Il est devenu une sorte de lanceur d'alerte qui avertit sur ces entreprises technologiques qui ont accumulé tellement de pouvoir d'influence sur le reste du monde. « Je veux que vous vous imaginiez entrer dans une salle de contrôle dans laquelle une poignée de personnes autour d'une table, une centaine, chacune avec un clavier. Ces gens façonnent les pensées et les émotions d'un milliard de personnes. Cela peut sembler de la science-fiction, mais cela existe réellement, maintenant, aujourd'hui. Je le sais, car j'étais dans une de ces salles de contrôle. J'étais déontologue en conception chez Google où j'ai étudié comment orienter la pensée des gens de façon éthique ». C'est par ces mots que Harris ouvre son discours lors d'un TED Talk en 2017[268] avant de poursuivre : « Quand vous sortez votre téléphone, ils conçoivent comment il fonctionne et quoi afficher sur le fil d'actualité. Ils organisent des segments de temps de votre esprit. Quand vous voyez une notification, ils vous programment pour avoir des pensées que vous n'aviez probablement pas prévues. Si vous cliquez sur cette notification, cela vous programme pour passer un peu de temps, aspiré dans quelque chose que vous n'aviez peut-être pas prévu. En parlant de technologie, nous en parlons comme d'une opportunité ouverte pouvant aller n'importe où. Je vais être sérieux un instant et vous dire pourquoi cela va dans une direction spécifique. Cela n'évolue pas aléatoirement. Il y a un but caché orientant toutes ces technologies créées. Ce but est la course pour notre attention. Tout nouveau site pour TED, les élections, les politiques, les jeux, même les applis de méditation, doit se battre pour une chose : notre attention. Et elle est limitée. La meilleure façon

---

[267] Bianca Bosker, "The Binge Breaker. Tristan Harris believes Silicon Valley is addicting us to our phones. He's determined to make it stop. ", www.theatlantic.com, NOVEMBER 2016 ISSUE.
[268]

https://www.ted.com/talks/tristan_harris_how_a_handful_of_tech_companies_control_billions_of_minds_every_day/up-next#t-22048

d'obtenir l'attention des gens est de connaitre le fonctionnement de leur cerveau. Il y a des techniques de persuasion que j'ai apprises dans un labo, le Labo de la Technologie Persuasive [Fogg], afin d'obtenir l'attention des gens. » Et de conclure : « La course à l'attention. La course classique vers les bas-fonds pour obtenir l'attention, c'est très tendu. Pour en obtenir plus, il faut descendre le tronc cérébral, descendre dans l'outrage, descendre dans l'émotion, et descendre dans le cerveau reptilien. »

Tristan Harris propose quelques pistes radicales pour remédier à cette course folle à l'attention :

- o Premièrement, il faut une prise de conscience sur le fait que nous sommes tous influençables et qu'on peut programmer des blocs de temps de nos pensées à notre insu. Une fois qu'on le sait, on doit logiquement mieux se protéger.
- o Il faut une responsabilisation et une transparence accrue quant à nos désirs de cette poignée de gens qui sont dans la salle de contrôle. La seule forme de persuasion éthique qui existe est celle où les objectifs de celui qui persuade sont alignés avec ceux de celui qui est persuadé. Il faut naturellement remettre en question le modèle commercial actuel de la publicité pour y arriver.
- o Les gens ont déjà des vies et des directions vers lesquelles ils veulent aller, chacun à son propre rythme. Il faut donc repenser la conception des applications pour les aider à y arriver et non les en dévier. Quand un ami annule un dîner et une personne se retrouve seule, il faut l'aider à trouver une autre activité stimulante et non la scotcher devant son écran pendant des heures.

Tristan Harris milite pour un « serment d'Hippocrate des concepteurs de logiciels » pour arrêter l'exploitation des vulnérabilités psychologiques des gens. Il est devenu une figure très écoutée et ses idées relayées par les personnes les plus influentes. C'est le cas d'un certain BJ Fogg, devenu fan de Harris. « C'est brave ce qu'il fait et une chose pas facile », dit-il. Pour l'anecdote, Fogg a cessé de porter une Apple Watch tant elle a fini par l'agacer avec ses notifications incessantes.

Pour éviter les comportements compulsifs, Harris a par exemple configuré son téléphone pour vibrer de sorte à différentier toute notification automatique d'un vrai message venant d'un humain. Aussi, comme il suffit de jeter un œil aux icônes rouges sur l'écran du téléphone pour que « ça déclenche toutes ces sensations et pensées », il a enlevé toutes les applications avec « puits sans fond »[269] de la page d'accueil, pour ne laisser que celles qui sont inoffensives comme Google Maps et Uber.

Harris s'est inspiré d'une expérience menée par son ex-employeur Google pour éviter la tentation de la Toile. L'entreprise a en effet réussi à diminuer la consommation de bonbons M&M dans ses locaux en remplaçant simplement les récipients clairs de ces sucreries avec d'autres de couleur opaque. Harris a donc enterré les icônes colorées de toutes les applications de son téléphone dans des dossiers. Résultat, l'écran d'accueil est quasiment noir et blanc. De plus, il lance toutes les applications à travers ce qu'il appelle « filtre de conscience », une barre de recherche dans laquelle il est obligé de taper le nom du site désiré. Cette démarche complexifie l'interaction et devient par conséquent décourageante (souvenons-nous de ce que disait Raskin et l'aptitude du modèle MAT). Enfin, Harris garde toujours un post-it sur son ordinateur avec l'instruction suivante : « N'ouvre pas sans intention. »[270]

Pour faire avancer sa cause, Harris a fondé en 2015 une organisation non caritative nommée Time Well Spent (Temps Bien Dépensé), devenue plus tard Center for Humane Technology, regroupant plusieurs personnalités de la Silicon Valley. Parmi les co-fondateurs de ce groupe de réflexion, nous retrouvons un certain Aza Raskin, le développeur du *scroll* infini. Raskin est à l'origine, avec la chercheuse en propagande Renee Diresta, de la déclaration « freedom of speech is not freedom of reach », que l'on pourrait traduire par « la liberté d'expression n'est pas la liberté d'accès ». Elle signifie que la liberté d'expression ne doit pas devenir une liberté d'atteinte ou de ciblage des internautes à travers la

---

[269] Un site sans fond est un site qui ne contient pas de limite de navigation en utilisant le scroll par exemple comme sur Facebook, YouTube, Twitter, etc.
[270] Bianca Bosker, "The Binge Breaker", www.theatlantic.com, NOVEMBER 2016 ISSUE.

publicité. Cette déclaration est devenue une maxime, reprise notamment par le créateur de Twitter, Jack Dorsey, au moment de l'interdiction des publicités politiques sur sa plateforme.

Passé dans le magazine français « Envoyé Spécia » l[271], Aza Raskin s'est montré amer. Il compare son invention [scroll] à « un verre qui se remplirait sans cesse par le fond » à mesure que nous buvons, nous faisant ainsi boire « beaucoup, beaucoup plus ». Il a calculé combien son idée géniale aurait fait perdre de temps à l'humanité. Et le résultat est effarant : « En durée, affirme-t-il, c'est l'équivalent de 200 000 vies par jour ! » Raskin travaille maintenant sur l'antidote du *scroll* infini. Il a mis au point un procédé qui ralentit le flux de l'écran à mesure que l'on fait défiler les pages. Mais c'est loin d'être gagné tant la fonctionnalité est devenue un réflexe dès qu'on utilise le téléphone.

Ironie de l'histoire, une émission de France Culture que j'ai écoutée par hasard a tenté une comparaison étonnante du *scroll* infini, le rendant presque magique[272]. « On s'engage dans le laisser-aller. Dans la dérive de contenus en contenus. Il y a même quelque chose de la rêverie que décrit Jean-Jacques Rousseau dans ses Rêveries du promeneur solitaire », entend-on sur la radio du service public. Rousseau a écrit : « M'étendant tout de mon long dans le bateau les yeux tournés vers le ciel, je me laissais aller et dériver lentement au gré de l'eau, quelquefois pendant plusieurs heures, plongé dans mille rêveries confuses, mais délicieuses, et qui sans avoir aucun objet bien déterminé ni constant ne laissaient pas d'être à mon gré cent fois préférables à tout ce que j'avais trouvé de plus doux dans ce qu'on appelle les plaisirs de la vie. » La journaliste radio qui a dit avoir « passé tout l'après-midi de la veille à scroller » a tenté de se rassurer, car très distraite dans son travail alors qu'elle était en train de préparer sa chronique : « Par exemple, pour écrire ces lignes, j'ai mis, je ne sais plus, au moins 4 heures, j'ai changé 15 fois de position sur mon siège, j'ai réglé mon écran, mais surtout : j'ai ouvert 10 fois Twitter, tout autant de fois Instagram, des pages Internet, Wikipédia, Télérama ou Zara, et j'ai scrollé, j'ai scrollé, non-

---

[271] "Les repentis des applis", un reportage passé dans "Envoyé spécial" le 10 septembre 2020.
[272] CARNET DE PHILO, « Les rêveries du 'scrolling' », France Culture, 12/03/2021.

stop, comme ça [...] Mais merci Rousseau de dire les choses vraies. Merci de trouver les mots pour décrire cette concentration déconcentrée, cette attention sans objet, cette dispersion agréable et pas douloureuse que l'on a à avoir les yeux dans le vague devant son écran. Car ce n'est pas un problème de passer son après-midi à scroller, mais non, je vous dis, c'est de la rêverie. » Cette chronique devrait sans doute être prise avec philosophie, le titre de l'émission contenant le mot « philo », mais la dissonance cognitive en ressort clairement. Je ne suis pas sûr que l'auditeur non averti n'eût finalement pas mémorisé que l'association des mots « rêverie » et « scroll », ce qui est dommage pour une radio publique censée faire la promotion de la culture. J'aurais aimé entendre au moins une fois un mot comme « addiction » ou « danger », mais rien.

Retour donc à la Silicon Valley. Il y règne clairement plus de lucidité quant aux menaces de la Toile. Loren Brichter, l'inventeur du *pull-to-refresh*, affublé du titre de grand prêtre du design applicatif par le Wall Street Journal[273], vit également dans le regret de ses inventions et dit n'avoir jamais eu l'intention de provoquer l'addiction. « Je suis d'accord à 100 %, confesse-t-il. J'ai deux enfants maintenant et je regrette chaque minute que je passe à ne pas faire attention à eux, car je suis aspiré par mon téléphone ». Brichter a mis son talent de designer en standby et se concentre désormais sur la construction d'une maison dans le New Jersey. Pour limiter sa propre addiction, il a bloqué certains sites web, désactivé les notifications, restreint l'utilisation de son téléphone aux échanges avec sa femme et ses deux amis proches, et tente encore de se libérer de Twitter. « Je perds encore du temps dessus. Je lis simplement des nouvelles stupides que je connais déjà », avoue-t-il. Il remet même en question tout son héritage en conception. « J'ai passé de nombreuses heures, semaines, mois et années à me demander si tout ce que j'ai fait a eu un impact positif net sur la société ou l'humanité », se lamente-t-il. « Le Pull-to-refresh est addictif. Twitter crée une dépendance. Quand je travaillais dessus, je n'étais pas assez mature pour y penser. Je ne dis pas que je suis mature maintenant, mais je suis un peu plus mature et je regrette les retombées »[274].

---

[273] Jessica E. Lessin, "High Priest of App Design, at Home in Philly", www.wsj.com, March 17, 2013.
[274] Paul Lewis, " 'Our minds can be hijacked': the tech insiders who fear a smartphone

Mais les concepteurs ne sont pas les seuls acteurs de la Silicon Valley à exprimer des remords. Certains investisseurs qui ont financé les développements des différentes applications n'ont font pas moins. C'est le cas de Roger McNamee, un homme d'affaires ayant investi très tôt dans plusieurs grandes entreprises. Il en a tiré beaucoup d'argent, mais se montre très critique tant le monstre semble lui échapper. « J'ai investi dans Google et Facebook des années avant leurs premiers revenus et j'en ai énormément profité. J'ai été l'un des premiers conseillers des équipes de Facebook, dont Zuckerberg en personne, mais je suis terrifié par les dégâts causés par ces monopoles d'Internet [...] Alors que les smartphones présentent de nombreux avantages, ils sont devenus une menace pour la santé publique et la démocratie », écrit-il dans une tribune du célèbre journal USA Today[275]. Il ajoute : « Facebook et Google tirent leurs revenus de la publicité, dont l'efficacité dépend du maintien de l'attention des consommateurs, avec des techniques empruntées de l'industrie des jeux d'argent. Facebook, Google et d'autres exploitent la nature humaine, créant des comportements addictifs qui obligent les consommateurs à vérifier l'arrivée de nouveaux messages, à répondre aux notifications. Ces entreprises recherchent la validation de technologies dont le seul objectif est de générer des bénéfices pour leurs propriétaires [...] Elles maintiennent un profilage sur chaque utilisateur, qui grandit chaque fois que vous aimez, partagez, recherchez, achetez ou publiez une photo. Google analyse également les enregistrements de cartes de crédit de millions de personnes. En conséquence, les grandes sociétés d'Internet en savent plus sur vous que vous en savez sur vous-mêmes, ce qui leur donne un pouvoir énorme pour vous influencer, pour vous persuader de faire des choses qui servent leurs intérêts économiques [...] Prenons un article récent en Australie, où un membre de Facebook a déclaré aux annonceurs qu'il avait la capacité de cibler les adolescents tristes ou déprimés, ce qui les rendait plus réceptifs à la publicité. » McNamee conclut : « Les motivations étant ce qu'elles sont, nous ne pouvons pas nous attendre à ce que les monopoles d'Internet se contrôlent eux-

---

dystopia", www.theguardian.com, 6-10-2017.
[275] Roger McNamee, "I invested early in Google and Facebook. Now they terrify me", https://eu.usatoday.com, 2017/08/08.

mêmes. Il y a peu de réglementation gouvernementale et aucune volonté de changer cela. Si nous voulons arrêter le piratage cérébral, les consommateurs devront forcer des changements sur Facebook et Google. »

Chamath Palihapitiya, ancien vice-président de la croissance des utilisateurs chez Facebook, a déclaré lors d'une conférence à Stanford[276] : « Les boucles de rétroaction à court terme liées à la dopamine que nous avons créées détruisent le fonctionnement de la société [...] Pas de discours civique, pas de coopération, désinformation, mensonges. Et ce n'est pas qu'un problème américain, il ne s'agit pas le résultat de publicités russes. C'est un problème mondial [...] Je ressens une énorme culpabilité. Je pense que nous le savions tous au fond de nous, même si nous avons feint ne pas le savoir [...] Je pense qu'au plus profonds de nous-mêmes, nous savions en quelque sorte que quelque chose de grave pouvait arriver [...] Nous sommes dans une très mauvaise posture en ce moment, à mon avis. Cela érode le fondement de la façon dont les gens se comportent les uns par rapport aux autres. Et je n'ai pas de bonne solution. Ma solution est que je n'utilise plus ces outils. Je ne l'ai pas fait depuis des années. » Palihapitiya a déclaré qu'il n'utilisait pas les médias sociaux parce qu'il « ne voulait naturellement pas se faire programmer ». Concernant ses enfants, il dit qu'ils « ne sont pas autorisés à utiliser cette merde ».

James Williams, un ancien stratège produit qui a travaillé plus de dix ans chez Google avant d'aller poursuivre un doctorat en philosophie à l'Université d'Oxford, pense qu'actuellement « parler de dystopie est loin d'être une exagération ». Il décrit l'industrie en ligne comme « la plus large, la plus normée, et la plus centralisée entreprise de contrôle de l'attention humaine de l'histoire ». Il a eu un déclic il y a quelques années quand il s'est rendu compte qu'il vivait dans un environnement technologique [Google] envahissant qui l'empêchait de se concentrer sur les choses importantes qu'il voulait accomplir dans sa vie. « C'était le genre de réalisation existentielle à se poser la question : que se passe-t-il ? La technologie, n'est-elle pas supposée faire tout le contraire de

---

[276] Jennings Brown, "Former Facebook Exec: 'You Don't Realize It But You Are Being Programmed'", https://gizmodo.com, 12/11/2017.

cela ? » Cet inconfort s'est aggravé pendant un moment au travail, lorsqu'il a jeté un coup d'œil à l'un des tableaux de bord utilisés chez Google, un affichage multicolore montrant à quel point l'entreprise avait accaparé l'attention des gens au profit des annonceurs. « J'ai réalisé, c'est littéralement des millions de personnes que nous avons en quelque sorte poussées ou persuadées de faire cette chose qu'elles n'allaient pas faire autrement », se souvient-il. Un mémo interne que faisait circuler Tristan Harris (dont nous avons parlé plus haut) au sein de la firme de Mountain View a fini de le convaincre de quitter Google malgré sa jeunesse, âgé tout juste de 34 ans. Il s'est finalement rapproché de Harris avec lequel il a co-fondé le groupe de réflexion Time Well Spent.

Jaron Lanier, chercheur en informatique et pionnier de la technologie de réalité virtuelle, a écrit un livre intitulé : « Dix arguments pour supprimer vos comptes des réseaux sociaux immédiatement. »[277] Il ne va pas par mille chemins pour décrire la Toile et utilise des mots crus : « Facebook et autres nous transforment en chiens. Lorsque nous sommes incités à faire quelque chose de merdique en ligne, nous pourrions appeler cela une réponse à un sifflet de chien. Les sifflets pour chiens ne peuvent être entendus que par les chiens. Je crains que nous soyons tombés sous un contrôle sournois. » Lanier a donné à ces plateformes le surnom BUMMER[278] qui signifie littéralement « Comportements des Utilisateurs Modifiés et Manipulés dans un Empire pour Rentabilité ». Pour Lanier, la publicité en ligne sur laquelle est fondé le modèle économique des plateformes numériques est devenue une industrie de manipulation et de changement des comportements. « Quelque chose d'entièrement nouveau se passe dans le monde. Au cours des cinq ou dix dernières années, presque tout le monde a commencé à porter sur soi tout le temps un petit appareil appelé smartphone, un instrument qui convient à la modification algorithmique du comportement. Beaucoup d'entre nous utilisent également des appareils connexes appelés assistants intelligents sur nos tables de cuisine ou dans nos tableaux de bord de voiture. Nous sommes suivis et mesurés en permanence, et recevons constamment des feedbacks conçus par l'ingénierie. Nous

---

[277] Jaron Lanier, "Ten Arguments for Deleting Your Social Media Accounts Right Now", Henry Holt and Company, 2018.
[278] BUMMER pour « Behaviors of Users Modified, and Made into an Empire for Rent »

sommes peu à peu hypnotisés par des techniciens que nous ne pouvons pas voir, à des fins que nous ne connaissons pas. Nous sommes tous des animaux de laboratoire maintenant ».

Avec tous les témoignages que je viens d'énumérer, je pense avoir donné suffisamment d'exemples pour convaincre de la problématique de la surexposition aux écrans et toutes ses conséquences désastreuses sur l'individu et la société dans son ensemble. Il existe des solutions pour se libérer, mais nous ne devons pas compter sur les plateformes pour le faire. Les enjeux sont trop grands pour que ça soit le cas. L'industrie du tabac qui continue de brasser des milliards après plus d'un siècle d'existence et plus de 70 ans de preuves cumulées sur la nocivité de la cigarette est là pour nous le rappeler. La cupidité est une nature humaine que ne nous pouvons effacer du jour au lendemain. Le changement des mentalités est un processus lent, très lent. Et comme l'a dit très justement Einstein, « on ne peut pas résoudre un problème en utilisant le même type de pensée ayant mené à sa création ». L'espoir est qu'il y ait une prise de conscience rapide du public pour se libérer de la Toile et aller vers un monde meilleur que d'autres inventeurs auront la tâche de bâtir sur de meilleures bases. L'architecte futuriste Buckminster Fuller (1895-1983) a dit : « Si vous voulez changer un système, construisez juste un meilleur et l'ancien s'écroule. »

Effectivement, il faut quitter la Toile et la laisser, telle une bâtisse laissée à l'abandon, se fissurer sous l'érosion et finir par s'effondrer sur elle-même. Le chemin de la liberté existe et il suffit d'avoir la volonté de l'emprunter.

La détox numérique

L'addiction numérique est devenue pandémique, si bien qu'une journée nationale de déconnexion est promue aux États-Unis (5-6 mars)[279]. Tout comme pour la drogue, des entreprises proposent maintenant leurs services pour des cures de désintoxication, des séjours où tout objet numérique, ou même mot du jargon technique est proscrit. C'est le cas

---

[279] https://www.nationaldayofunplugging.com

de Digital Detox qui attire plusieurs milliers de personnes de par le monde, de 18 à 75 ans. L'entreprise propose un retrait dans un endroit sauvage et propose toutes sortes d'activités comme la méditation, réflexion, sport, peinture, etc. Les participants disent que l'expérience les a aidés à « retrouver leur force », « se rappeler de la force des liens humains, « la reconnexion avec soi-même », « avoir les idées plus claires », « réaliser que la technologie a contribué fortement à leur anxiété », « comment ça fait du bien de sentir les choses », « se rappeler simplement combien c'est important de demander à un étranger comment il va ». Une étude menée dans le désert marocain en 2015 a rapporté des changements positifs et rapides d'une telle excursion. Un groupe de 35 PDG, entrepreneurs, et autres influenceurs, ont été invités à une expérimentation sous la supervision de neuroscientifiques. Ces derniers ont comparé les comportements des sujets durant les quatre premiers jours où ils avaient leurs téléphones et leurs comportements après. Ils ont observé leur expression faciale, mouvements physiques, et leurs liens les uns avec les autres. Le résultat est sans appel. Après trois jours de privation technologique, tout s'est amélioré (la posture, la sociabilité, la mémorisation, la qualité de sommeil…)[280].

Les séjours proposés par les entreprises sont certainement utiles, surtout pour la prise de conscience, mais clairement pas suffisants, car le retour à l'environnement d'origine (contexte) réveillera presque à coup sûr la mauvaise habitude.

L'importance du contexte…

Il y a une chose qu'on ne voit pas dans le film Rambo II, joué par Sylvester Stallone dans le rôle d'un soldat américain parti faire la guerre au Vietnam : l'ennui. Dans la réalité, les soldats avaient parfois du mal à passer le temps en attendant les instructions venant de haut. Et qui dit ennui, dit dérive assurée. Il se trouve que l'Indochine était la région qui fournissait une grosse part de l'héroïne consommée dans le monde durant cette période. Grâce à des procédés de purification introduits par des chimistes hongkongais dans les années 1960, la substance est

---

[280] ELIZABETH SEGRAN, "What Really Happens To Your Brain And Body During A Digital Detox", www.fastcompany.com, 07-30-2015.

devenue pure à 99 %, contre seulement 10 % aux États-Unis à la même époque, et a fini par inonder toute la région. Des marchands sont postés le long des routes, notamment entre la capitale Saigon et la base militaire américaine. De jeunes femmes les y attendaient pour leur vendre la drogue. Elles profitaient parfois de leur passage pour leur glisser des petits sachets dans les poches en espérant qu'ils y prennent gout et reviennent acheter. Alors qu'ils étaient partis en bonne santé et n'avaient jamais touché à cette drogue, pourtant présente aux États-Unis, 35 % des soldats y ont gouté au Vietnam. La substance était tellement pure que 54 % de ces soldats téméraires sont devenus dépendants, bien plus que les 5 % à 10 % des addicts aux amphétamines et barbituriques parmi leurs frères d'armes.

Alors que 200 000 soldats sont de retour au pays, un rapport de deux sénateurs partis au Vietnam palper la situation a sonné l'alerte. Beaucoup trop de soldats sont devenus dépendants. Il faut faire quelque chose sous peine de voir le système de santé américain s'effondrer et la délinquance exploser. Le 17 juin 1971, le Président Nixon a lancé la guerre contre la drogue, « l'ennemi public numéro un des États-Unis » comme il l'a annoncé avec gravité. Mais quoi faire avec ces milliers de toxicomanes à leur retour au pays, sachant que le taux de rechute pour cette drogue dure après une cure de désintoxication est de 95 % ? Le gouvernement a alors chargé une chercheuse de l'Université de Washington, Lee Robins, de se pencher sur le sujet et suivre l'évolution de l'état des soldats. Ce qu'elle a trouvé est pour le moins déroutant. Seuls 2 % des soldats sont redevenus accros après deux années, et 5 % de rechute après trois ans[281]. Ce sont donc plutôt 95 % des soldats qui ont abandonné l'héroïne à leur retour à la maison et non 5 % comme craint. Quand elle rend publics ses résultats, on la soupçonne de maquiller les chiffres pour cacher la vérité. C'était trop beau pour être vrai. Mais tout était bel et bien correct. Comment expliquer donc cela ? Retour au laboratoire.

---

[281] Hall, Wayne & Weier, Megan. (2016), "Lee Robins' studies of heroin use among US Vietnam veterans: Robins' heroin studies of Vietnam veterans", Addiction. 112. 10.1111/add.13584.

Adam Alter, professeur assistant et marketing et psychologie à l'Université de New York, donne une explication intéressante dans son livre « Irrésistible » en pointant l'importance du contexte. On se rappelle des expériences de Olds et Milner qui ont découvert accidentellement le centre du plaisir dans le cerveau du rat N° 34. Un professeur en psychologie et spécialiste de l'apprentissage dénommé Aryeh Routtenberg a mené des expérimentations complémentaires sur le même sujet et a découvert un fait intéressant. Il s'est procuré un petit singe (saïmiri) qu'il a appelé Cléopâtre et lui a implanté des électrodes dans centre du plaisir. Il l'a placé dans une cage avec deux leviers, le premier pour délivrer de la nourriture et le deuxième pour la fameuse décharge électrique. Alors que l'animal appuyait aléatoirement sur les deux barres au début, il a vite adopté le comportement du rat N° 34, préférant le choc à la nourriture. Par la suite, Routtenberg retire Cléopâtre de la cage pour quelques heures ou jours pour voir ce qui allait se passer. Le miracle. L'animal est comme passé par une cure de désintoxication et se comportait tout à fait normalement. Mais dès qu'il le remet dans la cage, le singe recommence à appuyer frénétiquement sur la barre. Et même quand on enlève le levier de la cage, le singe se place obstinément au même endroit comme pour se préparer à l'acte si jamais la barre est de retour. Il se met dans une situation d'anticipation, comme le chien de Pavlov qui salive au seul son de la cloche. Adam Alter pense que la cage est pour le singe ce qu'est le Vietnam pour les soldats américains. Quand on retire le singe de la cage, il redevient normal comme les vétérans chez eux aux États-Unis. Il y a une différence extrême entre les deux contextes dans lesquels ont évolué les soldats : environnement, ennui, disponibilité de l'héroïne et sa pureté, acceptabilité sociale, loi, etc.

Le point clé est donc le contexte dans lequel se trouve le sujet, jouant un rôle de déclencheur du comportement addictif. Il s'opère d'une certaine manière un conditionnement, une mémorisation dans le cerveau de l'association entre le déclencheur, le contexte dans le cas présent, et la récompense. L'explication avancée par Adam Alter est très intéressante, mais reste partielle, car un changement de contexte peut au contraire déclencher des réactions inattendues. Et c'est ce qu'on voit chez les vétérans quand on y regarde de plus près.

Le risque de la rechute...

L'extinction d'un comportement c.-à-d. la disparition d'une réponse malgré la présence d'un stimulus conditionnel est un phénomène bien connu en psychologie. C'est ce qui arrive après une détox où une personne résiste malgré la présence d'une substance addictive. Néanmoins, et sans avoir d'explication claire de la part des scientifiques, un changement de contexte peut réactiver le comportement éteint. C'est ce qu'on désigne par *effet de renouvellement*[282]. C'est un retour à zéro, comme c'est constaté dans quasiment tous les cas étudiés dans la littérature scientifique[283]. Les travaux de recherche montrent que l'extinction ne signifie pas un effacement en quelque sorte d'un apprentissage dans le cerveau et son remplacement par un nouveau, mais une coexistence des deux. L'un ou l'autre va s'activer suivant le contexte dans lequel se trouve le sujet, y compris temporel. Le temps passant peut-être vu selon certaines explications[284] comme un changement de contexte et ainsi favoriser un retour du comportement éteint. C'est ce qu'on appelle *effet de recouvrement spontané*. C'est ce qui expliquerait la rechute dans les addictions après une longue période de sevrage. C'est ainsi que par exemple deux alcooliques sur trois reprennent la boisson dans l'année suivant une cure de désintoxication complète.

Et c'est justement ce qui a été constaté chez les soldats américains héroïnomanes à leur retour à la maison. Quand on regarde les chiffres, on peut constater que plus le temps passait, plus le pourcentage de

---

[282] Un exemple est illustré par une expérience avec des rats. Un rat se trouve à l'intérieur d'une boite de couleur *bleue* et apprend qu'il recevra de la nourriture lorsqu'il entend le son d'une cloche. Ainsi, le rat courra vers son plateau de nourriture (réponse conditionnée) dès qu'il entendra le son (qui est devenu le stimulus conditionné). Le rat est déplacé ensuite dans une boite *blanche* et apprend exactement la même procédure. Éventuellement, le chercheur éteint le comportement en ne donnant plus la nourriture après le retentissement de la cloche. Le rat arrête alors d'aller au plateau de nourriture malgré le son. Quand l'effet de renouvellement se produit, le rat recommencera à aller au plateau lorsqu'il entendra le son malgré la non-présentation de la nourriture. En pratique, le réveil du comportement éteint est plus probable dans la boite bleue qui est le contexte d'origine dans lequel le rat a appris ce comportement.

[283] Bouton, Mark E. "Context and Behavioral Processes in Extinction", Learning & Memory 11, no. 5 (September 1, 2004): 485–494. doi:10.1101/lm.78804.

[284] Ibid.

soldats qui rechutaient augmentait : 1 % après un an, 2 % après deux ans, et 5 % après trois ans. De plus, si la consommation de drogue a effectivement chuté par rapport à la période Vietnam, le problème d'alcoolisme a littéralement exposé chez les vétérans à leur retour aux États-Unis d'après les chiffres de Lee Robins[285]. Conclusion, le changement de contexte n'est pas la panacée. Il ne garantit pas l'abandon d'une mauvaise habitude et peut en favoriser d'autres.

Pour bien s'en sortir, il faut inhiber tous les déclencheurs possibles des habitudes indésirables potentielles. La technique la plus efficace est de changer son environnement (condition presque sine qua non), mais surtout d'adopter de nouvelles habitudes saines : sport, lecture, cuisine, etc. Il ne faut pas laisser de la place à l'ennui et toutes les mauvaises habitudes qui peuvent en résulter.

Le témoignage d'un Américain travaillant dans l'industrie de la mode ayant quitté les réseaux sociaux pour 65 semaines avant de retomber dedans est particulièrement instructif à ce sujet[286]. « C'était beaucoup plus pour les amis », prétexte-t-il. "Je voulais faire partie de la vie de mes amis [...] Je sais que c'est une nouvelle ère, et que c'est ainsi que les gens partagent des informations sur leur vie. J'avais pas mal d'amis qui ont déménagé et vivent dans des lieux différents. Je voulais rester en contact avec eux", explique-t-il concernant son retour sur la Toile. Il a même ouvert un compte sur Instagram par la suite, qu'il justifie ainsi : « Étant dans l'industrie de la mode, je dois être conscient de ce qui se passe. Par exemple, en ce moment, c'est la Fashion Week de New York. Il est important pour moi d'être au courant de ce qui se passe dans mon secteur, et Instagram est l'un des meilleurs moyens de le faire. Pour découvrir de nouveaux créateurs et artistes incroyables. » Je laisse au lecteur le soin de juger la pertinence des arguments...

Ce témoignage fait penser aux personnes qui retombent dans leurs addictions, drogue ou alcool, après avoir arrêté pour une certaine période. Il rappelle également les personnes en surpoids qui suivent un

---

[285] Wish E., Robins L., Hesselbrock M., Helzer J. The course of alcohol problems in Vietnam veterans. Curr Alcohol 1979; 6: 239.
[286] Kareem Yasin, "I Quit Social Media for 65 Weeks. This Is What I Learned", www.healthline.com, September 29, 2018.

régime et perdent quelques kilos puis retombent dans le cycle infernal et regagnent encore plus de poids que ce qui a été perdu. La réalité est que les régimes alimentaires ne fonctionnent que rarement à long terme et ont beaucoup d'effets secondaires indésirables. Ils aggravent souvent la situation[287]. La seule solution reste l'exercice physique régulier et ne manger qu'à sa faim. Pour comprendre pourquoi, il faut encore une fois regarder ce qui se passe dans le cerveau. Le poids idéal n'est pas celui que l'individu se fixe, mais celui que le cerveau décide, sur la base d'éléments génétiques et d'expériences de vie d'après la neurobiologiste américaine Sandra Aamodt[288]. « Tout comme le corps a besoin d'un certain nombre d'heures de sommeil, le cerveau a une fourchette de poids privilégiée qu'il va s'efforcer de défendre pour chacun d'entre nous », explique-t-elle. Ce système de régulation est basé dans l'hypothalamus, une zone du cerveau impliquée dans de nombreuses fonctions comportementales comme la thermorégulation, le contrôle du rythme circadien[289] ou encore la faim. Il reçoit différents signaux relatifs aux stocks de lipides, au taux de sucre dans le sang, aux apports alimentaires. Il agit sur l'appétit ou encore le métabolisme, c'est-à-dire l'énergie consommée en permanence par l'organisme pour fonctionner, afin de maintenir un poids corporel stable. Ce poids de référence s'inscrit dans une fourchette d'environ cinq kilogrammes. Les personnes qui pratiquent de l'activité physique se situent plutôt vers le bas et les sédentaires vers le haut. Mais cette référence peut augmenter au cours de la vie. Ainsi, une personne qui grossit et reste en surpoids plusieurs années verra son poids cible augmenter, car le cerveau considérera le

---

[287] Une étude menée en 2012 chez 4 000 jumeaux de 16 à 25 ans (pour s'affranchir de l'influence génétique) montre qu'une seule cure d'amaigrissement multiplie les risques de prise de poids par deux pour les hommes et par trois pour les femmes. Ce phénomène s'expliquerait par une réaction du cerveau qui favoriserait la prise alimentaire et le stockage en prévision d'une nouvelle période de restriction, mais aussi par un changement durable du métabolisme provoqué par le régime. « Le corps dépense moins de calories pendant le régime pour économiser ses ressources et continue à travailler à ce rythme quand la personne se remet à manger normalement, et ce, jusqu'à ce qu'elle ait retrouvé son poids normal », explique la neurobiologiste américaine Sandra Aamodt (voir article du Figaro Santé https://sante.lefigaro.fr/article/le-cerveau-decide-de-notre-poids-pas-nous).

[288] Aude Rambaud, « Le cerveau décide de notre poids, pas nous », https://sante.lefigaro.fr, 22/05/2018.

[289] Se dit d'un rythme biologique dont la période est d'environ 24 heures.

nouveau poids comme la référence. « Pour le cerveau, il n'y a pas de surpoids, juste un poids stable à défendre », clarifie Sandra Aamodt.

Or, l'hypothalamus est aussi impliqué dans le comportement sexuel et les émotions[290]. C'est l'une des régions du cerveau de sécrétion de la dopamine. Et la régulation qui s'opère à ce niveau est différente de celle du poids, ce qui explique l'escalade des addictions. Une sécrétion abondante de la dopamine est d'abord interprétée comme le résultat d'une récompense, de plaisir, mais elle est rapidement considérée comme problématique avec la répétition de la même récompense. Le cerveau régule donc cela en réduisant la quantité secrétée, ce qui se traduit par un moindre plaisir pour la personne sujette à l'addiction. C'est la lassitude. En termes d'évolution de l'espèce, défavoriser un comportement acquis est une manière de pousser à l'exploration. C'est de la survie, car l'exploitation seule est dangereuse. Le sort tragique des habitants l'Ile de Pacques est un exemple concret de cela. L'homme préhistorique chassait la gazelle, mais explorait son environnement pour aller chasser autre chose comme le bison. Ce qui n'a pas été anticipé par mère Nature est que les humains n'allaient pas juste courir derrière des animaux ou des plantes, mais des doses d'héroïne ou quelques kilomètres se *scroll* sur Twitter ou Facebook. Et la seule manière pour une personne sujette à ces addictions d'un nouveau genre de revivre le même sentiment de plaisir qu'à ses débuts est de consommer, malgré les risques grandissants, encore plus d'héroïne physique ou numérique[291]. C'est l'escalade.

Le cactus de la liberté

Des gestes simples, mais ô combien importants peuvent être adoptés par tout un chacun pour se débarrasser effectivement de l'addiction aux écrans. J'en ai appliqué certains personnellement avec succès comme on verra par la suite. J'ai compilé les plus importants et les ai agrégés sous

---

[290] https://www.futura-sciences.com/sante/definitions/biologie-hypothalamus-4133
[291] Aswini Kanneganti, "Brain's Dopamine: The Good, The Bad and The Ugly", DEC 10, 2018. https://www.labroots.com/trending/neuroscience/13494/brain-s-dopamine-good-bad-ugly

forme de méthode simple que j'ai appelée CACTUS[292], chacune des lettres du mot ayant un sens bien choisi. Avant de les détailler, je tiens à préciser que le mot cactus n'est pas sans arrière-pensée non plus. Le peyotl, une espèce de petit cactus qu'on trouve en Amérique, est considéré comme un traitement potentiel contre les addictions d'après les travaux de l'expert mondial John Halpern de la Harvard Medical School[293]. Cette plante est sacrée chez les Huichols, un peuple indigène vivant au Mexique. Ils lui consacrent des cérémonies cultuelles aujourd'hui encore durant pas moins de quatre mois dans l'année. Dans leur tradition, ce cactus donne pouvoir et divination au chaman, permet de connaitre l'origine des maladies et de les soigner. La méthode CACTUS est quelque peu dans cet esprit.

1) C : Comprehension (origine du mal)

La résolution de tout problème commence par sa compréhension et la recherche de sa source. En médecine on parlerait de diagnostic d'une maladie. Concernant l'addiction à la Toile, c'est la même chose. La bonne nouvelle est que c'est en grande partie fait pour le lecteur du présent ouvrage avec l'explication donnée des différents mécanismes d'accaparement de l'attention. Il ne reste plus qu'à se poser les bonnes questions pour bien comprendre chaque situation personnelle. Je vous montrerai cela sur le cas me concernant.

2) A : Awareness (prise de conscience)

On peut comprendre un problème, mais ne pas être forcément être conscient qu'il nous concerne. C'est la rationalisation de la situation présente avec la dissonance cognitive qui mène souvent au déni de réalité. Il peut s'agir aussi d'un résultat d'insouciance, car le problème est invisible ou en apparence inoffensif. La deuxième chose la plus importante dans la résolution du problème est la prise de conscience et cela passe par plusieurs étapes.

---

[292] Le sigle CACTUS signifie en anglais : Comprehension (compréhension), Awareness (conscience), Context (contexte), Triggers (déclencheurs), Unravel (détricoter), et Stitch (maille).
[293] John Horgan, "Curing Drug And Alcohol Addiction With Peyote", https://www.discovermagazine.com, Jan 12, 2009.

– Installer un programme que j'appelle « de prise de conscience » : une application comme *Moment app* permet de connaitre le temps passé sur son téléphone chaque jour. Ça permet de prendre conscience de l'étendue du temps perdu et ça peut créer le choc qui manque pour se réveiller et se débarrasser définitivement de toutes les applications chronophages. Il y a aussi des applications comme *Freedom app* qui permettent de brider les sites distractifs. Je prône la première méthode : prise de conscience puis action (suppression). Le psychologue Adam Alter pensait qu'il passait une heure par jour sur son téléphone tout au plus. Un mois après avoir installé l'application *Moment*, il s'est rendu compte qu'il sortait son appareil en moyenne 40 fois par jour pour une durée totale de trois heures, soit plus de vingt heures par semaine. C'est environ 100 heures par mois, ce qui correspond à plus de 14 années de vie pour une espérance de 84 ans ! Et Adam Alter est dans la moyenne de toutes les personnes ayant installé l'application d'après son développeur Kevin Holesh, soit les rares qui s'inquiètent de leurs temps sur les écrans. Pour la grande majorité, c'est encore pire. Une personne qui voit de tels chiffres s'afficher sur son écran devrait quand même se poser la question sur ce qu'elle veut faire de sa vie.

– Faire le bilan en toute honnêteté : après des mois ou des années passées sur un réseau social, il convient de s'arrêter un moment pour faire le bilan de tout le temps qu'on y a consacré. Qu'avons-nous gagné ? Qu'avons-nous appris ? Une analyse objective donnerait sans doute le résultat suivant : rien. Quand on s'efforce de trouver un quelconque bénéfice, on devrait logiquement faire entrer dans la balance ce qui a été perdu ou pas été fait durant tout ce temps. En thérapie cognitive comportementale (CBT), on parle de distorsion cognitive de la réalité quand on ne se concentre que sur un seul point de vue. C'est le cas par exemple d'une personne qui souffre d'anxiété, car elle ne regarde que le côté négatif quand elle est confrontée à une situation. Pour revenir à notre sujet, il s'agit de regarder que ce qui a été appris ou gagné de la Toile. Pour sortir de la situation problématique, il est nécessaire de changer de perspective dans l'analyse de la situation. Il faut se poser la question suivante : qu'est-ce que j'aurais pu gagner si je n'étais pas sur la Toile ? La recherche d'une ou plusieurs réponses à cette question peut aider à booster la motivation pour se libérer.

Quand YouTube a commencé à cibler et fermer nombre de comptes qui allaient contre la pensée unique sur la gestion de la crise du covid19, plusieurs internautes se sont sentis obligés de se censurer pour éviter le couperet. Je me suis posé la question : pourquoi donc renier ses idées pour un simple compte sur un réseau social ? La réponse m'a été donnée en écoutant un de ces internautes, un intellectuel présent sur le réseau depuis quinze ans et qui a cumulé plus de 100 000 abonnés. « Je ne veux pas qu'on me ferme ce compte. C'est toute ma vie », a-t-il lâché dans une de ses vidéos. C'est pourtant un professionnel de la santé qui vit confortablement de son travail et non de son compte YouTube. Pourquoi donc s'inflige-t-il cela ? Après tout si son compte est fermé, ce n'est pas si grave, car le plus important est que ses messages soient déjà passés auprès des gens qui le suivent. N'est-ce pas ? Il est malheureusement entré dans une escalade d'engagement dont il est difficile de s'extraire après tant de temps passé à poster des vidéos, jusqu'à plusieurs publications par semaine. Il a fallu sans doute beaucoup de temps et d'effort pour monter tout ça, sans compter le temps passé à surveiller ses performances et répondre aux commentaires. Il est difficile pour lui d'admettre l'idée que tout cela peut disparaitre du jour au lendemain. J'imagine que c'est encore plus difficile pour lui d'accepter l'idée que tous ses efforts étaient peut-être une perte de temps, ou pire le résultat d'un comportement compulsif, symptôme d'une addiction dont il n'a pas conscience. J'ai de la peine pour lui, car YouTube a finalement supprimé toutes ses vidéos, avant de fermer son compte. Cela n'a pas mis fin à son escalade d'engagement. Il a déjà rebondi sur plusieurs autres réseaux. C'est dommage, car il devait plutôt saisir cette opportunité pour se libérer. Il faut naturellement avoir le courage et la volonté de regarder la réalité en face, mais je pense que la dissonance cognitive est terriblement marquée dans ce cas. Je ressens moi-même un certain malaise rien que d'y penser.

Je pense naturellement que c'est plus délicat encore pour un entrepreneur dont l'activité repose sur les réseaux sociaux, mais je pense que ce bilan honnête reste quand même essentiel, car il pourrait aider à isoler les choses vraiment utiles pour l'activité professionnelle du reste. C'est ce qu'a fait Leah Pearlman, l'inventrice du *like,* et on peut s'en inspirer.

3) C : Context (Changement d'environnement)

Nous avons déjà vu l'importance du contexte dans l'expérience des vétérans américains ou des bonbons M&M chez Google. Pour se libérer d'une mauvaise habitude, il faut changer l'environnement et enlever toutes les sources de tentation. Le problème avec le PC ou le mobile est qu'ils sont devenus des outils incontournables et on ne peut s'en débarrasser complètement. Et je ne parle même pas du travail. Quand je lis ou écris par exemple, c'est en grande partie sur PC. C'est donc un défi de garder cette habitude tout en se débarrassant des distractions de la Toile. Je livre ici les actions les plus importantes et effectives que j'ai pu identifier quant au changement de contexte pour réussir.

– *Acheter un réveil :* pour une vingtaine d'euros, je me suis acheté un réveil avec option pour programmer deux alarmes pour des horaires distincts, ce qui m'arrange bien puisque je dois me réveiller plus tôt trois fois par semaine pour pratiquer mon activité sportive avant de partir au travail. Cela permet de chasser définitivement le téléphone de la chambre à coucher, ce qui élimine la tentation de l'utiliser.

Cette action peut paraitre dérisoire, mais elle est décisive pour retrouver une bonne qualité de sommeil ô combien importante pour la santé. C'est en effet prouvé que la lumière bleue des écrans, qui trompe le cerveau et lui fait croire qu'il fait jour, dégrade considérablement cette qualité. Elle engendre des nuits agitées avec une diminution de la sécrétion de l'hormone du sommeil (mélatonine) et la réduction de la durée des cycles du sommeil[294]. D'après des études de Harvard[295], dormir moins de six heures est l'une des premières causes de dégradation de la santé[296].

---

[294] Le sommeil n'est pas une ligne droite entre le coucher et le réveil. Il se passe beaucoup de choses au niveau du cerveau et du corps au cours de la période de sommeil. Le sommeil est constitué de plusieurs cycles successifs (4 à 6). Un cycle de sommeil dure environ 90 minutes. Chaque cycle comporte 3 principales phases : le sommeil lent léger, le sommeil lent profond, et le sommeil paradoxal.

[295] https://www.health.harvard.edu/womens-health/in-search-of-sleep

[296] Les experts recommandent au moins sept à neuf heures de sommeil par nuit pour la plupart des gens, même si certains peuvent avoir besoin de plus ou moins par rapport à la moyenne. Les personnes qui dorment régulièrement moins de six heures courent un risque plus élevé de diabète, de maladie cardiaque, d'accident vasculaire cérébral, et de

Or, 95 % des gens prennent leur téléphone au lit. Il est donc temps de s'éloigner de l'écran une à deux heures avant d'aller au lit. Le mieux est simplement de laisser le téléphone se charger tranquillement en dehors de la chambre à coucher. Au passage, ce geste diminue la consommation électrique et la pollution électromagnétique. Il ne faut pas oublier que le débit de la 4G n'est pas négligeable, surtout quand une vidéo de streaming en haute définition est en cours de visionnage. Et l'éloignement du téléphone fait du bien dans un couple... Une personne sur dix admet avoir vérifié son téléphone durant une relation sexuelle, dont 43 % d'entre elles reconnaissent le faire régulièrement, d'après un sondage mené sur 1000 personnes et repris par le New York Post ![297]

– *Surtout pas dans les toilettes :* je ne savais personnellement pas que cela existait, mais visiblement certaines personnes sortent leur téléphone dans les toilettes pour envoyer des SMS par exemple (c'est ce qui est appelé *shexting*)[298]. C'est un geste à proscrire.

Des chercheurs britanniques ayant analysé près de 400 téléphones dans plusieurs villes du Royaume-Uni ont trouvé qu'un appareil sur six (16 %) est contaminé par la bactérie E. coli (Escherichia coli), d'origine

---

décès. Un manque de sommeil réparateur augmente également la probabilité qu'une personne prenne du poids et ait des niveaux plus élevés de cortisol, l'hormone du stress, explique le Dr Manson (Harvard). « Il a également été récemment découvert que le sommeil est essentiel pour éviter ou réduire le risque de déclin cognitif », dit-elle. Les scientifiques ont identifié une fonction importante de nettoyage du cerveau qui se produit lorsque le cerveau est au repos. Pendant le sommeil, un système d'élimination des déchets dans le corps, connu sous le nom de système glymphatique, exécute ce qui est essentiellement un cycle de rinçage dans le cerveau, en utilisant du liquide céphalo-rachidien (le liquide clair présent dans le cerveau et la colonne vertébrale), explique le Dr Manson. Les experts pensent que ce fluide circule plus librement dans le cerveau lorsqu'il est au repos pendant la nuit. Pendant ce temps, il élimine une protéine nocive connue sous le nom de bêta-amyloïde. Lorsque ce processus ne se produit pas, les scientifiques pensent que la bêta-amyloïde peut s'accumuler, formant les plaques caractéristiques de la maladie d'Alzheimer. Les chercheurs ont découvert que chez les personnes qui développent cette maladie, des dépôts de cette protéine commencent à apparaitre dans le cerveau au moins 10 ans avant l'apparition des symptômes. C'est un signe avant-coureur.

[297] Jane RidleyJune, "One in 10 people checks their phone during sex: survey", https://nypost.com, June 7, 2018.

[298] Smiley Poswolsky, "Is Shexting Really Worth It? How to Bring Digital Detox into Daily Life", https://medium.com, Feb 8, 2018.

fécale, et jusqu'à 82 % par d'autres types de bactéries potentiellement pathogènes[299].

Pourquoi bon sang polluer ce moment de paix unique, tellement propice à la réflexion ? Archimède n'aurait sans doute pas crié eurêka s'il avait un smartphone dans sa salle de bain !

– *Ni à table :* manger doit rester un moment de convivialité, d'échange et, de plaisir. Sachant que c'est loin d'être un objet propre, il convient de garder le téléphone dans sa poche et ne jamais le toucher durant tout le repas.

– *Ni durant le sport :* l'activité sportive n'est pas qu'une histoire de corps mais aussi de mental. La distraction induite par l'utilisation du téléphone (sms, appel,...) ruine l'activité physique comme cela est démontré par plusieurs études scientifiques[300]. L'équilibre et la stabilité posturale, essentielle pour toute position et mouvement du corps, sont par exemple fortement impactés durant l'échange de sms[301]. Et attention à l'utilisation d'applications qui permettent de partager ses performances avec les « amis », et de livrer au passage des données très sensibles aux plateformes. Ça peut vite devenir addictif comme tout autre réseau social[302]. Le sport est pour soi, non les autres.

– *Désactiver **toutes** les notifications :* il faut garder une chose toujours en tête : c'est le téléphone l'outil et non son propriétaire. Il faut donc l'utiliser comme on utilise son marteau ou sa perceuse, au besoin, et non à la compulsion. Il faut donc désactiver toutes les notifications des applications addictives comme les réseaux sociaux ou les emails. Il ne faut pas se laisser distraire. La seule notification possible sur mon

---

[299] Sora Song, "Study: 1 in 6 Cell Phones Contaminated With Fecal Matter", https://healthland.time.com, Oct. 17, 2011.

[300] Michael J. Rebold, Timothy Sheehan, Matthew Dirlam, Taylor Maldonado, Deanna O'Donnell, "The impact of cell phone texting on the amount of time spent exercising at different intensities, Computers in Human Behavior", Volume 55, Part A, 2016, Pages 167-171.

[301] Michael J. Rebold, Cody A. Croall, Emily A. Cumberledge, Timothy P. Sheehan, Matthew T. Dirlam, "The impact of different cell phone functions and their effects on postural stability", Performance Enhancement & Health, Volume 5, Issue 3, 2017, Pages 98-102.

[302] https://triathlonmagazine.ca/gear/am-i-becoming-too-addicted-to-strava/

téléphone qui peut attirer mon attention est celle de réception d'un SMS, en plus de la sonnerie d'un appel bien sûr ! Rien d'autre.

Installer un plug-in de neutralisation : il existe de petits programmes (plugins) qu'on installe sur le navigateur pour bloquer les publicités intempestives. Il y a de même pour masquer les commentaires sur les réseaux sociaux comme avec *Shut Up*. Il y a également *Demetricator* qui permet de masquer tous les compteurs de Facebook comme le nombre de *likes*, amis, notifications, commentaires, etc. Ces petits outils permettent de gagner un temps considérable.

– *Passer au noir et blanc :* la plupart des téléphones permettent maintenant de passer en affichage noir et blanc. Si j'ai réussi à le faire sur mon vieil iPhone 5 (comme ceci[303]), je crois bien que ça soit possible sur les récents appareils. Une étude récente de Cornell University a démontré que l'effet de cette action est immédiat avec une réduction de l'utilisation quotidienne du téléphone de 50 minutes au bout de trois semaines. Cela a été constaté sur un groupe d'étudiants passant chaque jour en moyenne 261 minutes sur leurs appareils[304]. À l'inverse, le simple fait de suivre son propre temps d'utilisation avec une application (Screen Time app dans l'étude) n'apporte rien. Le fait de se définir des limites via l'application qui bloque certaines actions ne s'avère pas très concluant non plus. Le noir et blanc l'emporte haut la main. J'y reviendrai.

– *Éliminer tous les raccourcis sur l'ordinateur :* que ce soit vers les réseaux sociaux ou boites email. À l'ouverture d'un nouvel onglet, un navigateur présente généralement des icônes de raccourcis vers les sites visités récemment ou les plus visités. Il faut le reconfigurer pour que la page d'accueil soit tout le temps vide.

---

[303] Sous iOS (iPhone), accédez à Réglages → Général → Accessibilité → Raccourcis d'accessibilité → Filtres de couleur. Activez les filtres de couleur. Maintenant, il vous suffit d'appuyer rapidement trois fois sur le bouton d'accueil pour activer les niveaux de gris. Cliquez à nouveau trois fois pour revenir à la couleur si nécessaire.
[304] Laura Zimmermann, Michael Sobolev, "Digital Nudges for Screen Time Reduction: A Randomized Control Trial with Performance and Wellbeing Outcomes", https://doi.org/10.31234/osf.io/nmgdz

– *Paramétrage du téléphone pour brider les applications :* sur YouTube par exemple, une option permet d'arrêter une vidéo au bout d'un temps paramétrable par l'utilisateur. C'est 30 minutes pour moi par exemple, car ça m'arrive souvent de m'endormir avant que ce temps ne s'écoule. Cela évite que la vidéo tourne durant des heures et me pourrisse mon sommeil.

– *Ne pas hésiter à faire le nettoyage dans son réseau social :* un environnement sain est aussi social. Se mettre en lien avec des personnes sur Internet ne doit pas être source de stress ou de déception. Il ne faut donc pas hésiter à bloquer ou supprimer des contacts dont le seul but est de nuire. J'ai remarqué effectivement sur LinkedIn que certaines personnes ne sont là que pour dénigrer, moquer, troller… D'autres sont là pour défendre des causes et des intérêts, parfois en recourant au mensonge. On n'est pas obligé de s'exposer à cela. Je n'ai personnellement pas réfléchi longtemps pour les écarter, car répondre à leurs attaques n'est que perte de temps.

4) T : Triggers (déclencheurs du bien)

Les déclencheurs font partie de l'environnement, mais il est question ici de ceux que nous devons fixer nous-mêmes pour adopter de bonnes habitudes.

– *Déclencheur mnémonique :* pour réussir à bien appliquer une action, il convient de la rattacher à une habitude déjà bien ancrée. Cette dernière sert de déclencheur mnémonique pour ne pas oublier. On peut par exemple lire un livre durant 30 minutes tous les jours *juste après avoir brossé ses dents*. Comme on n'oublie pas le brossage, il sera de même pour la lecture.

Une petite anecdote pour montrer la force d'une telle association qui devient machinale avec le temps. On est début des années 1990. Je suis à l'école primaire. On est fin de semaine et je rentre épuisé. C'était un jeudi à midi, le week-end étant le jeudi et vendredi à l'époque en Kabylie. Je me suis effondré et endormi sans même manger. Deux ou trois heures plus tard, je me réveille et mon père me lance : « Fais vite tu es en retard pour l'école ». Je me lève comme une flèche et regarde le ciel. Je ne constate ni nuit ni soleil. Cela ressemble bien à une matinée. Sans réfléchir, je saisis mon cartable et pars en courant. Le petit déjeuner ? N'y pense même pas. J'ai dû parcourir une centaine de mètres avant que mon père me rappelle puis m'explique la blague. C'était pour « tester ma motivation pour les études », me dira-t-il. Ma motivation peut-être, mais surtout que tous les déclencheurs étaient là pour que j'agisse sans réfléchir…

Importance de la temporalité du déclencheur : pour ancrer une nouvelle habitude, il faut que le comportement correspondant soit répété souvent, dans le même contexte, et le déclencher fixé *après* une habitude déjà bien ancrée, pas avant. C'est ce qui a été montré dans une étude de la *University College of London*[305]. L'habitude d'utilisation d'un fil dentaire après huit mois d'expérimentation a été plus fréquente chez des sujets utilisant le fil juste *après* le brossage des dents plutôt qu'avant.

L'autre solution pour bien adopter la nouvelle habitude est de la planifier à un horaire fixe de la journée, mais il faut s'assurer de ne pas oublier en programmant une alarme de rappel.

5) U : Unravel (détricoter la Toile)

C'est l'étape du passage à l'action à proprement parler. C'est ici qu'il faut trouver la motivation pour s'engager, tenir ses promesses, et atteindre les objectifs fixés.

– *Motivateur d'évitement de dissonance :* personne n'aime perdre de l'argent, et encore moins le donner à son opposant ou ennemi. Un bon motivateur consisterait par exemple à s'engager devant une personne à reverser 20 euros à un parti politique dont on ne partage pas les idées chaque fois qu'on ne respecte pas l'objectif d'abandon d'une mauvaise habitude. L'autre version consisterait à au contraire mettre un euro dans

---

[305] Judah, G., B. Gardner, and R. Aunger. "Forming a Flossing Habit: An Exploratory Study of the Psychological Determinants of Habit Formation", British Journal of Health Psychology 18 (2013): 338–353.

la tirelire de son enfant après chaque jour où le défi est relevé. Ne pas respecter l'engagement est comme priver son enfant d'un beau cadeau.

– *Se fixer des objectifs et non des buts* : un objectif doit être spécifique, chiffré et atteignable. « Voyager souvent » est un but. « Aller en Tanzanie en couple au mois d'aout de l'année prochaine pour une durée de deux semaines » est un objectif. Le biais d'engagement nous motive et pousse à réfléchir plus sérieusement notamment à anticiper tous les obstacles qui pourraient se dresser sur notre chemin pour atteindre l'objectif.

– *Garder son objectif en vue :* avoir un indicateur de son propre progrès vers un objectif, comme une barre de progression sur le web, est source de motivation.

L'histoire au début des années 1990 d'un jeune agent canadien du nom de Trent Dyrsmid travaillant dans la vente dans une banque nous montre bien cela[306]. Il avait pour objectif de faire 120 appels téléphoniques de prospection chaque jour. Pour booster sa motivation, Dyrsmid a mis 120 trombones dans un bocal sur son bureau et a placé un autre bocal vide juste à côté. Chaque fois qu'il passait un appel téléphonique, il déplaçait un trombone dans le pot vide. Il ne s'arrêtait pas tant que les 120 n'avaient pas été déplacés. Il a ainsi atteint ses objectifs haut la main.

Il faut garder chaque nouvel objectif fixé en vue en utilisant un indicateur visuel. C'est un rappel et surtout un moyen de motivation puissant pour atteindre la cible.

– *Distraction ou la règle d'or :* c'est une méthode importante pour se débarrasser effectivement des mauvaises habitudes en général.

Prenons l'exemple des gens qui se mordent les ongles. Ils essaient souvent des méthodes de « suppression » qui consistent à arrêter l'habitude en utilisant par exemple un vernis à ongles pas agréable à mettre en bouche. Ça ne marche qu'à très court terme et dès que le verni disparait, c'est le retour à la case de départ. L'une des bonnes manières

---

[306] https://www.padraig.ca/5767/stay-motivated/

de surmonter un comportement compulsif est son remplacement par une autre habitude, une distraction. Pour le problème des ongles, certaines personnes utilisent par exemple une balle antistress. De manière générale, on doit appliquer ce que Charles Duhigg a appelé la « règle d'or du changement comportemental » dans son excellent livre « *le pouvoir de l'habitude* »[307]. Une habitude consiste en trois parties : un déclencheur (ennui, stress…), une routine (le comportement en question), et la récompense (satisfaction ou plaisir ressenti). La règle stipule que le meilleur moyen de se débarrasser d'une mauvaise habitude est de garder le déclencheur et la récompense intacts et ne changer que la routine. Ainsi, on tourne la balle antistress au lieu de mordre ses ongles. Pour le téléphone, on peut faire de même. Si on tient vraiment à sortir le joujou de la poche, l'entreprise NoPhone donne la solution pour moins de 20 dollars. Elle commercialise un produit en plastique qui a la forme d'un smartphone, mais complètement inerte. Ingmar Larsen, un des créateurs du nophone, a déclaré : « Nous voulions sensibiliser les gens sur leur dépendance en créant un produit qui peut être utilisé contre l'addiction. Cela fonctionne comme un placebo. »[308]

N'ayant pas de problème avec mon téléphone, mais avec le PC, le nophone n'a pas vraiment d'utilité pour moi. J'ai réfléchi longuement avant de trouver le bon objet. Avant de penser à acheter un gadget particulier, je me suis posé la question suivante : quel objet ai-je, ou pourrais-je, avoir tout le temps sur moi ? Après avoir pensé à un porte-clés avec les photos de mes petits dessus, j'ai finalement opté pour ma montre. Je la porte effectivement tout le temps, mais elle a d'autres avantages. Le geste de consultation de la montre est très simple. Il est naturel et personne ne vous regardera bizarrement si vous le faites même au milieu d'une conversation. Imaginez-vous sortir un nophone ou un caillou à la place ! Je trouve aussi la montre super intéressante, car une fois les yeux rivés sur les aiguilles, la tâche devient un peu plus exigeante sur le plan cognitif si on y fait vraiment attention. Dès que le besoin de consulter le web se fait ressentir, je regarde ma montre, mais tiens surtout à m'assurer d'avoir bien lu l'heure. Sinon on peut vite faire

---

[307] Charles Duhigg, "The power of habit", Random House, 2012.
[308] ALYSSA NEWCOMB, "The Fix for Your Phone Addiction? A Fake Plastic Phone", https://abcnews.go.com, 2014-08-20.

de ce geste un réflexe inconscient comme brandir un caillou. Pour faire monter un peu plus la charge cognitive, j'essaie parfois d'associer l'heure effectivement lue à un événement passé. Cela permet de faire travailler le cortex préfrontal qui contrebalance le système dopaminergique. Réfléchir est finalement la meilleure distraction pour abandonner une addiction.

Le changement de routine dans la règle d'or en utilisant un objet est très utile pour enlever une mauvaise habitude, mais cela reste insuffisant pour l'addiction à la Toile. Étant donné l'ampleur du temps dégagé en évitant le smartphone ou le PC, il faut une autre habitude pour le remplir.

– *Un livre papier sur soi :* pour les gens qui prennent les transports en commun, rien de mieux que la lecture d'un livre ou un journal. D'abord, cela évite la lumière des écrans qui éreintent les yeux. Aussi, la recherche suggère que le cerveau traite l'information abstraite plus efficacement lors de la lecture sur papier que sur écran. Les connaissances acquises sont en effet plus susceptibles d'être mémorisées tant le temps pris pour les assimiler est suffisant et la quantité d'information reçue relativement limitée. Ce qui n'est pas le cas avec téléphones où chaque information chasse l'autre à vitesse de scroll.

– *S'évader avec la lecture :* la lecture peut être une merveilleuse (et saine) évasion du stress de la vie quotidienne. Simplement en ouvrant un livre, on se permet d'être invité dans un monde qui nous distrait des tracas quotidiens. La lecture peut même détendre le corps en abaissant la fréquence cardiaque et en atténuant la tension dans les muscles. Une étude réalisée en 2009 à l'Université du Sussex (Royaume-Uni) a révélé que la lecture, même quelques minutes par jour, peut réduire jusqu'à 68 % de stress[309]. Cela fonctionne mieux et plus rapidement que les autres méthodes de relaxation, comme écouter de la musique ou boire une tasse de thé chaud par exemple. La lecture fait tout simplement du bien à tous les niveaux et améliore le bien être personnel. Ça ralentit

---

[309] http://www.telegraph.co.uk/news/health/news/5070874/Reading-can-help-reduce-stress.html

même le déclin cognitif chez les personnes âgées comme il a été prouvé dans plusieurs autres études[310].

– Éviter l'ennui à tout prix : l'ennui est le terrain fécond des mauvaises habitudes.

Une équipe de chercheurs de l'Université de Virginie menée par le psychologue Timothy Wilson a recruté des centaines d'étudiants pour participer à des « périodes de réflexion ». Les sujets ont été placés dans des pièces peu meublées et ont été priés de ranger leurs effets personnels tels que les téléphones portables et les stylos. On les a ensuite soumis à des tests qui ont duré entre 6 et 15 minutes. Alors que certains ont été invités à s'asseoir et réfléchir à ce qu'ils voulaient, d'autres ont pu choisir parmi plusieurs activités telles que sortir pour manger ou faire du sport. Sans surprise, ceux qui ont été abandonnés à leurs pensées n'ont pas apprécié leur expérience.

Les chercheurs ont par la suite poussé l'expérience un peu plus loin. Pendant 15 minutes, l'équipe a laissé les participants seuls dans une salle de laboratoire dans laquelle ils pouvaient appuyer sur un bouton pour s'autoadministrer des chocs électriques, s'ils le voulaient. Les résultats sont surprenants. Même si tous les participants avaient précédemment déclaré qu'ils paieraient de l'argent pour éviter de subir des chocs électriques, 67 % des hommes et 25 % des femmes ont choisi de se les infliger plutôt que de rester assis tranquillement sans rien faire d'autre que réfléchir[311]. Alors que rien ne les obligeait à le faire, ils ont préféré les chocs plutôt que de s'ennuyer !

– Ou accepter l'ennui tout simplement : il faut assimiler le fait que ce sentiment désagréable qu'on appelle ennui peut devenir une opportunité. Attendre à la station de bus en regardant autour de soi sans sortir le téléphone peut être bénéfique. On peut ainsi rencontrer une nouvelle personne, aider un passant perdu ou prêter la main à une personne âgée en difficulté. Cela peut également servir à réfléchir sur soi ou encore bien se préparer mentalement pour un examen ou entretien d'embauche.

---

[310] https://www.huffpost.com/entry/five-ways-reading-can-imp_b_12456962
[311] Nadia Whitehead, "People would rather be electrically shocked than left alone with their thoughts", www.sciencemag.org, Jul. 3, 2014.

– *Explorer son environnement :* cette action pourtant si naturelle et normalement innée chez tous les humains qu'on ne devrait même pas l'évoquer, mais hélas le constat est là. Combien de gens prennent le temps d'aller visiter à pied le voisinage de leur lieu de résidence ou de travail ? Au lieu de rester scotché sur l'écran, n'est-il pas mieux d'aller faire une petite balade dans un bois, un petit tour dans le jardin de l'entreprise, ou encore contempler le coucher du soleil ou des bateaux à partir d'un pont ? Les petites pauses au travail augmentent la productivité rappelons-le…

– *Reprendre ou trouver un loisir :* jetez un œil au site Internet de votre mairie et vous serez étonnés du nombre d'associations situées à moins de cinq minutes de marche de chez vous. Ses membres seraient tout à fait heureux de vous compter parmi eux. Sinon, on peut toujours se consacrer à un loisir chez soi (sport, lecture, danse, écriture…). Tout ce qui compte est d'avoir la volonté.

– *Faire de longs breaks :* il faut apprendre à se séparer de son téléphone durant quelques heures, voire des jours. On vivait sans smartphone avant et la vie n'était pas moins agréable. Personnellement, je me déconnecte complètement d'Internet durant trois à quatre semaines durant les vacances d'été. Aussi, juste après le premier confinement du printemps 2020, je sortais systématiquement tous les soirs pour une balade d'une heure sans rien d'autre dans mes poches que les clés de la maison.

– *Appliquer la règle des 20-20-20 pour préserver ses yeux :* toutes les vingt minutes passées sur un écran, prendre vingt secondes à fixer avec les yeux un objet situé à environ 20 pieds (~ 6 mètres). Ça fait travailler les muscles oculomoteurs. Et ne pas oublier de cligner des yeux pour leur éviter sécheresse et irritation[312].

– *Passer au plaisir réel :* il faut compenser les sécrétions de dopamine de la Toile en ayant plus d'interactions sociales réelles. Dire merci ou sourire plus souvent, permet de faire plaisir et de se faire plaisir. Une pratique régulière de la gratitude rend la vie plus heureuse. Ça donne de

---

[312] https://www.hine.co.uk/blog/dont-forget-blink-tips-saving-eyes-screen

l'énergie avec l'augmentation de l'activité dans l'hypothalamus et la libération d'hormones du bonheur comme la norépinéphrine et la dopamine. C'est gratuit, pourquoi s'en priver !

6) S : Stitch (maille après maille)

Quand on se fixe un objectif, l'ampleur de la tâche à accomplir peut parfois décourager. Il faut donc diviser cela en petite sous tâches très faciles à réaliser. Il faut adopter la stratégie de l'aptitude accrue du modèle MAT.

– *Avancer par petits pas :* supposons que le but est la diminution du temps passé sur un réseau social. Il faut commencer par appliquer une consigne pour seulement certains jours de la semaine, par exemple les week-ends à 19 h 30 pour une durée de trente minutes au maximum. Une fois l'objectif bien rempli durant trois ou quatre semaines, passer à une application quotidienne : tous les jours vingt minutes de navigation au maximum, toujours au même horaire. Appliquer la même assiduité pour les bonnes activités comme le sport ou la lecture en augmentant leurs durées. La création des nouvelles habitudes favorise la disparition des anciennes.

– *La puissance des petites victoires :* il n'y a rien de plus motivant que la victoire, même quand elle est petite. Il faut la célébrer pour aller chercher d'autres[313].

À travers la méthode CACTUS, je ne prétends pas avoir fourni une liste exhaustive de toutes les actions possibles pour minimiser la dépendance à la Toile. C'est d'autant plus vrai que je suis probablement mal placé pour juger certaines situations pas faciles que je ne vois pas ou ne vis pas. C'est donc subjectif. J'espère néanmoins, et très sincèrement que cela va aider le plus de gens possible. Je conseille naturellement pour les cas qui se jugent extrêmes de consulter un professionnel pour les accompagner.

---

[313] Teresa M. Amabile and Steven J. Kramer, "The Power of Small Wins", Harvard Business Review, may 2011. https://hbr.org/2011/05/the-power-of-small-wins

Je reviendrai sur certains conseils dans le dernier chapitre dans lequel je relate en détail mon expérience personnelle. Ça peut également aider en voyant une application, étape par étape, sur un cas concret. Mais d'abord un dernier conseil pour la route…

Ne pas oublier de fermer la porte

Les gens n'oublient jamais de fermer la porte de leur domicile la nuit. Les parents interdisent à leurs enfants de parler à des étrangers. Les gens mettent des voiles à leurs fenêtres — et je ne parle pas de la chambre à coucher —, car pas d'accord que leurs voisins soient au courant de ce qu'ils font à la maison. À l'extérieur, ils font souvent attention à cacher le code de leur carte bancaire quand ils le tapent au distributeur de billets. Ils baissent la voix quand ils donnent des informations personnelles à un guichet. Ils font tout simplement attention à préserver leur vie privée.

La plus grande porte donnant sur l'extérieur actuellement n'est pas celle qu'on connait, mais le smartphone ou le PC. Malheureusement, on ne peut pas la fermer complètement, sauf à s'isoler du reste du monde, mais on peut réduire sa taille pour ne laisser passer que l'essentiel. Pour ce faire, il faut appliquer des gestes simples :

– *Désactiver la géolocalisation :* elle est en permanence désactivée sur mon téléphone sans que cela affecte ma vie. Je la remets en route juste le temps d'utiliser Waze pour aller vers un lieu que je ne connais pas.

– *Naviguer sans compte :* faire ce qu'on doit faire en ligne sans se connecter à un compte. On peut la plupart du temps consulter le contenu désiré sans avoir de compte, contrairement à ce qu'on pourrait penser. Les sites web, notamment les réseaux sociaux, nous incitent souvent à le faire, mais on doit l'éviter chaque fois que c'est possible.

Astuce : si un site comme Facebook exige d'avoir un compte pour consulter une publication, il suffit de faire ceci : aller dans Google et taper l'adresse Internet désirée précédée du mot clé « site : » comme ceci :

Le passage par le moteur de recherche permet de court-circuiter la contrainte du compte. Il faut au passage bien faire attention à ne pas faire de recherches sur Google en étant connecté à son compte Gmail. Sinon, tout, je dis bien tout, sera enregistré chez le géant américain pour une durée… illimitée !

– *Limiter toutes les interactions avec les réseaux sociaux :* chaque interaction est synonyme de temps perdu et de données personnelles laissées derrière soi. Il faut donc éviter les commentaires, *likes, scroll,…* et ne jamais remplir les questionnaires proposés.

– *Ne pas installer d'app :* dès qu'on accès à certains sites web avec le smartphone, ils nous proposent d'installer une application. Le faire, c'est souvent ouvrir la boite de pandore.

– *Décocher la case :* ne pas céder à la facilité du choix par défaut et aller décocher les cases non utiles pour l'utilisateur. Ne pas le faire est sans doute signer un chèque en blanc pour une exploitation sans limites des données personnelles.

D'aucuns me diraient que ces entreprises de l'Internet ont aussi besoin de ces données pour vivre. Pas du tout. Elles ont bien proliféré avant même la collecte massive des données. La suite a été juste de la démesure injustifiable. Facebook, créée en 2004, affiche une valorisation boursière de plus 500 milliards de dollars en 2021 pour un effectif de 50 000 personnes. L'entreprise Boeing, fondée en 1916, vaut presque cinq fois moins en bourse alors qu'elle emploie trois fois plus de personnes (~161 000). Je suis désolé, mais je ne vois pas ce qu'a donné Facebook à l'humanité de bon pour mériter une telle valeur pécuniaire. Sans oublier que cette entreprise comme les autres plateformes de la Toile ne contribuent pas à l'effort collectif en termes d'impôts en recourant à des procédés complexes d'optimisation fiscale et d'évasion dans les paradis fiscaux. Ces entreprises ne se sont pourtant pas auto construites ex nihilo mais ont prospéré grâce aux câbles téléphoniques, routes, système postal, et autres infrastructures construites avec l'argent du contribuable. On ne doit pas oublier tout ça.

Je préfère donc consacrer largement mon attention à autre chose, comme me rendre sur le site du musée de l'aéronautique[314] pour admirer des créations de légendes ayant transporté l'humanité durant plus d'un siècle…

Il n'y a pas que des puits sans fond sur la Toile. Il y a des mines d'or qu'il faut juste savoir dénicher et exploiter.

Expérience personnelle

On est à l'automne 2020 et le deuxième confinement vient d'être décrété. Je ne veux clairement pas revivre l'expérience du premier en passant une bonne partie de mon temps personnel sur la Toile. Je comptais un peu sur la lassitude qui m'est un peu naturelle, mais j'ai senti que ça ne fonctionnerait pas. Il y a quelque chose de spécial avec la Toile. Aussi, j'ai hésité à appliquer la méthode dure comme on fait pour affronter une phobie et résister simplement à l'envie de consulter le web. J'ai renoncé, car je pensais, et pense toujours que la brutalité n'est jamais bonne, surtout s'agissant de tout ce qui touche au mental. J'ai décidé donc d'appliquer et suivre une méthode douce et progressive. J'ai pris mon temps pour comprendre et j'ai effectué énormément de recherches pour identifier la meilleure voie possible.

On est le 28 novembre 2020. La première chose que j'ai faite a été d'installer un petit programme de « prise de conscience », *Webtime Tracker*, sur mon navigateur. Il permet de mesurer le temps passé sur chaque site web. Pour bien évaluer l'efficacité de la méthode CACTUS, je ne l'ai pas appliquée immédiatement après cette installation. J'ai attendu de récolter suffisamment de données sur mon activité actuelle sur Internet. Cela me permet de comparer effectivement mon comportement avant et après le début d'application de la technique. Je donnerai bien sûr les courbes de mon temps passé sur la Toile, du début de l'expérience jusqu'au moment de la publication du livre, à la fin de ce chapitre.

---

[314] http://www.musee-aeroscopia.fr/fr/d%C3%A9couvrir-le-mus%C3%A9e/la-collection/les-a%C3%A9ronefs

La première chose que j'ai faite a été de comprendre ce besoin compulsif d'aller sur la Toile et les motivations pour y passer du temps. Je voulais en identifier les origines me concernant personnellement, chacun étant dans une situation singulière. Dès que l'envie est là, je m'arrête un instant. J'analyse la situation et me pose la question suivante : qu'est-ce qui a bien pu déclencher cette envie ? Les réponses que j'ai pu noter sont les suivantes :

- o L'anxiété : dès que je suis confronté à un problème quelconque, quand je lis un texte que je ne comprends pas par exemple, le réflexe est là pour aller cliquer sur les onglets des sites favoris à accès facile sur le PC. Ça a l'air d'être un moyen de soulagement.
- o Les transitions : dès que je finis une tâche plus ou moins longue (écriture d'un chapitre, lecture d'une publication…), l'envie se fait ressentir. J'ai tendance à remplir chaque temps de transition par une visite, aussi courte soit-elle, sur la Toile.
- o À l'allumage du PC, la première chose qui vient à l'esprit est d'ouvrir la boite email ou le réseau social. Une fois sur ce dernier, la première chose qui attire l'attention est le point rouge des notifications. L'envie de l'ouvrir est trop forte. Je n'y résiste pas.
- o Lors d'une interruption pour réfléchir à un sujet.
- o Je ne sais pas : parfois je n'arrive tout simplement pas à identifier ce qui a bien pu me pousser vers la Toile.
- o Lorsque je commente une publication d'un ami, j'attends souvent une réaction. C'est souvent une interpellation pour provoquer le débat. Je retourne donc souvent pour voir les réactions.
- o Lorsque je publie : de même, je retourne souvent pour voir les réactions des gens.
- o La minimisation : je minimise souvent le prix d'une action. Je me dis que la vidéo ne fait que 5 min, alors je peux la regarder avant d'aller manger. C'est oublier le temps passé à lire les commentaires ou à écrire le mien.
- o L'obligation sociale : je me retrouve souvent dans la situation de liker ou commenter une publication qui rejoint mes idées, ou

juste par réciprocité parce que l'auteur le fait souvent pour mes publications.

Rien que s'établir cette liste, on prend une certaine conscience. Je vous conseille donc de faire de même. Mais il faut aller plus loin.

À la veille de Noël, je décide de regarder un peu les chiffres sur *Webtime Tracker* et voir ce qu'il en est. Pour le seul réseau social LinkedIn, j'ai passé 15 heures entre le 28 novembre et le 23 décembre 2020. C'est le choc ! Je savais que je passais trop de temps sur le réseau, mais pas imaginé cette ampleur. C'est environ trois quarts d'heure par jour sur un réseau social censé être professionnel. Il y a clairement un gros problème. La prise de conscience est totale. C'est la claque !

Ma décision est prise d'arrêter cette mauvaise habitude, mais la dissonance cognitive est forte et je commence à rationaliser la situation : « Mais j'ai quand même appris beaucoup de choses sur le réseau, rencontré beaucoup de monde, blabla… » Je n'ai pas cédé à la facilité est analysé les choses en toute objectivité. Après plusieurs mois de présence sur le réseau, le butin est en réalité très maigre. Dans les nombreux échanges et commentaires, je n'ai pas mémoire d'avoir appris grand-chose. Certaines publications, il est vrai, m'ont été bénéfiques, mais elles se comptent sur le doigt d'une main. Et quand bien même ce serait plus que ça, je pense que durant tout le temps passé sur la Toile, j'aurai pu faire de bien meilleures choses. Ce qu'on verra bien par la suite.

J'ai immédiatement entrepris un certain nombre d'actions avant de passer au programme par étape :

- o J'ai supprimé tous les onglets des sites favoris sans fond et laissé que les outils et sites utiles (traducteur, dictionnaire, impôts…).
- o J'ai reconfiguré mon navigateur pour ne pas afficher les icônes de raccourcis des sites les plus consultés.
- o Je supprime plus souvent l'historique de navigation. Cela complique la tâche et décourage.

- o J'ai supprimé tous mes abonnements aux newsletters, notamment les sites d'information qui m'envoient un email quotidiennement, parfois même deux fois par jours comme le journal Les Échos. Quand la désinscription ne marche pas, je mets tout simplement le site dans les spams.
- o Je maintiens un bloc-notes pour cosigner toutes mes actions et surtout savoir ce qui a été accompli et ce qui reste à faire.

On est le **5 janvier 2021**. Je commence à utiliser ma montre dans pour établir un conditionnement classique. Dès que l'envie se fait ressentir, je consulte ma montre avant d'aller sur la Toile. Cette action m'a permis au passage d'évaluer la fréquence de cette mauvaise habitude. C'est environ 15 à 20 minutes. C'est une autre claque ! Cette déconcentration n'est certainement pas sans conséquence.

À partir du **20 janvier**, je décide de ne pas aller systématiquement sur la Toile après avoir consulté ma montre. Je me laisse guider par la force de l'envie, mais j'essaie de détacher la mauvaise habitude progressivement.

Le **8 février**, je me fixe une règle s'agissant de la consultation de ma boite email et LinkedIn : c'est une fois le matin à l'ouverture du PC et une fois le soir, pour une durée de dix minutes. Pas plus. C'est probablement le pas le plus important que j'ai franchi. Une fois la consultation du matin passée, c'est la cogitation toute la journée à me poser la question sur la séance du soir. J'ai fait une erreur en n'ayant pas fixé l'heure par avance. Ce sera à 19 h pétante à partir du lendemain. Et c'est passé beaucoup plus sereinement. Cet horaire [19 h] n'a pas été choisi hasard. Il est situé après la journée de travail et il donne suffisamment de marge pour traiter les emails importants avant de passer à table à 20 h.

Le **10 février** au soir, je me déconnecte de LinkedIn avant que les dix minutes soient passées. Je suis content de moi-même. Je célèbre ça avec un large sourire. Super !

Je me sens déjà beaucoup plus concentré dans mes activités sur mon PC, si bien que j'ai oublié de consulter ma boite email ou LinkedIn aux heures fixées plusieurs fois, notamment le 13 et 14 février.

Le **13 février,** je me connecte au site web de Facebook sur mon PC et désactive les notifications, une à une, dans le paramétrage pour éviter l'apparition des pastilles rouges correspondant à des événements aussi inutiles qu'insensés à chaque ouverture. Hélas, le bal des notifications continue. Quand je regarde de plus près, je comprends pourquoi en lisant l'avertissement suivant : « Facebook est susceptible de continuer à vous envoyer des notifications importantes sur votre compte et du contenu en dehors de vos paramètres de notifications favoris ». Ce qui veut simplement dire que c'est Facebook qui a le dernier mot. Je décide alors de supprimer mon compte. Mais je demande mes données personnelles d'abord...

> **La suppression définitive de votre compte est programmée**
> Si vous vous connectez à Facebook dans les 30 prochains jours, vous aurez la possibilité d'annuler la suppression et de récupérer tout le contenu et les informations que vous aviez ajoutés à votre compte.

Le fichier compressé est disponible le soir même. Je le télécharge et consulte son contenu. Je savais que la maison de Zuckerberg était gourmande, mais pas à ce point. La quantité de données qui y est sauvegardée est juste incroyable : 116 dossiers et 155 fichiers listant la moindre de mes actions sur le réseau et bien sûr la date à laquelle je l'ai effectuée. Et cela sachant que je n'ai pas posté une seule photo ou vidéo sur le réseau social...

J'ai naturellement confirmé la suppression définitive de mon compte sur Facebook. Quand j'ai besoin de consulter une information dessus, j'utilise l'astuce de passage par Google.

Retour au programme CACTUS...

Le **15 février**, je sors de LinkedIn au bout de cinq minutes. Je ne supporte plus le geste du scroll !

Le **19 février,** je commets un faux pas. Je me suis connecté au réseau social dans un geste machinal sans même m'en rendre compte. C'était un vendredi et je me suis rendu sur mon lieu de travail, contrairement aux autres jours de semaines où j'étais en télétravail. Le changement de contexte m'a fait trébucher. Je me suis rendu compte de mon erreur seulement à midi alors que j'étais en train de manger !

Le **23 février,** je tente une expérience. Et si j'arrêtais purement et simplement le scroll ? Je suis curieux de savoir ce que l'algorithme me proposera comme toute première publication dans le fil d'actualité. Très vite je constate que cela correspond à une personne proche dont je commente ou like souvent les publications. Mais je décide de ne pas réagir. LinkedIn est tellement perdu qu'il me propose la même publication durant six jours consécutifs, puis des choses anciennes de plus de quatre mois ! Je suis content. Je m'amuse…

Au bout d'une semaine, je mets fin au jeu et reviens au scroll tout en respectant l'objectif des dix minutes de présence maximum sur le site. Je reprends le programme.

Le plus intéressant est qu'une fois entré dans le processus de désescalade, ça devient presque comme un jeu et de nouveaux objectifs viennent à l'esprit sans même se forcer. Maille après maille, le détricotage devient un jeu d'enfant…

C'est ainsi que le **3 mars** je prends la décision de ne plus consulter LinkedIn tous les jours.

Le lendemain, le **4 mars** donc, je décide de supprimer mon compte YouTube du téléphone, le seul réseau social que je possède dessus. C'était pour arrêter l'envoi des notifications que je trouve dérangeantes, même si elles ne sont pas nombreuses (je ne suis pas abonné à beaucoup de comptes). Je suis content, mais ma joie est de courte durée. Je vois beaucoup plus d'interruptions publicitaires durant le visionnage des vidéos et YouTube continue quand même de m'envoyer des notifications. Ça ne va pas. Je crée alors un nouveau compte vierge et évite tout abonnement à un quelconque compte, ni commentaire ou like. De plus, je passe à la méthode radicale concernant les notifications. Je les désactive directement dans le paramétrage du téléphone. Sur PC, j'installe le plug-in *Shut Up* qui masque les commentaires. Ouf !

Pour ce même jour du **4 mars**, j'ai oublié de consulter LinkedIn. Ni le lendemain **5 mars**…

Le **6 mars** se pose alors la question suivante : pourquoi ne pas continuer ainsi quelques jours encore ? La décision est alors prise de ne pas consulter le réseau social avant le dimanche suivant, soit le **7 mars**, à 19 h.

Un nouvel objectif est fixé dans la foulée : une seule visite par semaine, le dimanche à 19 h, pour une durée de 10-15 minutes au maximum.

À partir du **11 mars**, j'évite de commenter toute publication en dehors de la sphère professionnelle. Je n'émets plus aucune critique. Je limite mes actions à des félicitations ou des encouragements. Je ne veux plus les échanges inutiles à ne pas finir et surtout ne pas blesser qui que ce soit avec des paroles qu'on peut facilement mal interpréter sur le réseau. Au début, c'est un peu difficile. Ce que j'ai fait par moment pour surmonter cela est ceci : je rédige le commentaire que je veux et dis tout ce qui me passe par la tête comme si de rien n'était. Puis, au moment de publier le message, je l'efface tout simplement. L'anticipation de la récompense fait que la satisfaction est déjà recueillie et la dose de dopamine consommée. Et ça marche !

Aussi, quand je publie une information, je ne regarde plus les compteurs ni les gens qui likent. Ce qui m'importe est qu'elle trouve une utilité chez les gens. Quand quelqu'un me pose une question, je lui réponds avec plaisir à ma prochaine connexion. Je me sens affranchi de toute obligation sur le réseau. Je me sens libre.

Le **4 avril**, je publie sur LinkedIn une annonce sur l'ouverture d'un stage au sein de notre équipe. Sachant que je ne peux venir sur le réseau en dehors du dimanche soir, CACTUS oblige, je précise bien mon émail professionnel pour qu'on m'envoie directement les CV. Ce qui a été fait. J'en ai reçu une trentaine. Je suis content !

À partir de mars 2020, je suis entré dans un rythme régulier. J'effectue une vérification par jour à 19 h de ma boite émail et je consulte mon réseau LinkedIn une fois par semaine, le dimanche soir au même horaire.

J'ai décidé de ne pas publier le livre à ce moment-là. J'ai voulu attendre ce que le résultat sera à plus long terme.

Huit mois après le début de l'expérience...

Comme promis, je vous présente les courbes des temps que j'ai passés sur tous les réseaux sociaux que je consultais. J'affiche à la fois les données brutes et lissées pour voir les tendances.

- LinkedIn : Comme je l'ai expliqué, ce réseau professionnel a été celui qui accaparait le plus mon attention. Voici le résultat :

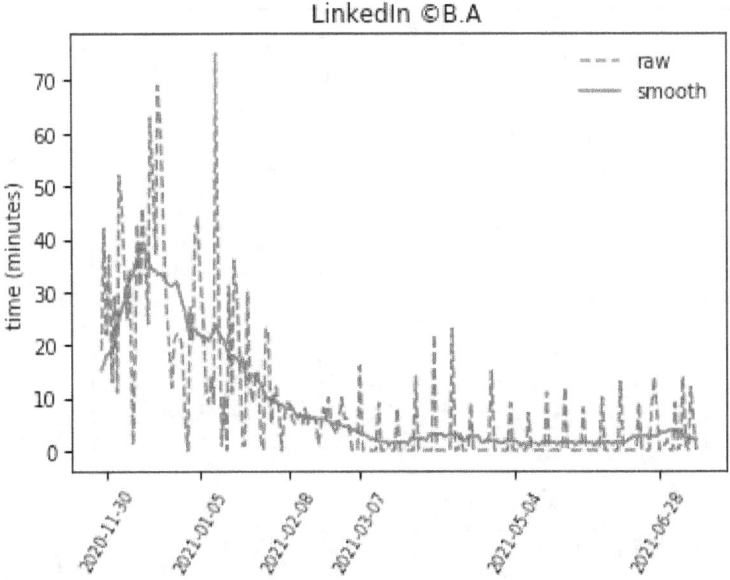

Comme on peut le voir, au tout début de l'expérience, le temps passé sur le réseau augmentait. Cela peut paraitre paradoxal mais cela s'explique simplement par le fait que lors de l'installation de l'outil de mesure Webtime Tracker, je faisais attention et regardais souvent le compteur. J'ai donc diminué mon temps mais cela a été transitoire, car j'ai fini par ne plus y faire attention. Je m'y suis habitué et fini par regagner mon ancienne habitude avec une moyenne d'environ trois quarts d'heures par jours passés sur le réseau.

Mais à partir de janvier 2021 et l'application à la lettre de la méthode CACTUS, la tendance a été constamment baissière. Il y a eu un petit frémissement fin juin 2021. Il correspond à la publication que j'ai faite sur LinkedIn pour annoncer la sortie de mon livre consacré à la souveraineté numérique. Je me connectais quelques fois, juste le temps de remercier les gens qui m'ont félicité. Je leur devais bien ça ! Retour à la bonne habitude juste après.

- Boite email Yahoo : la boite émail personnelle a été l'autre point problématique vu que je la consultais de nombreuses fois par jour.

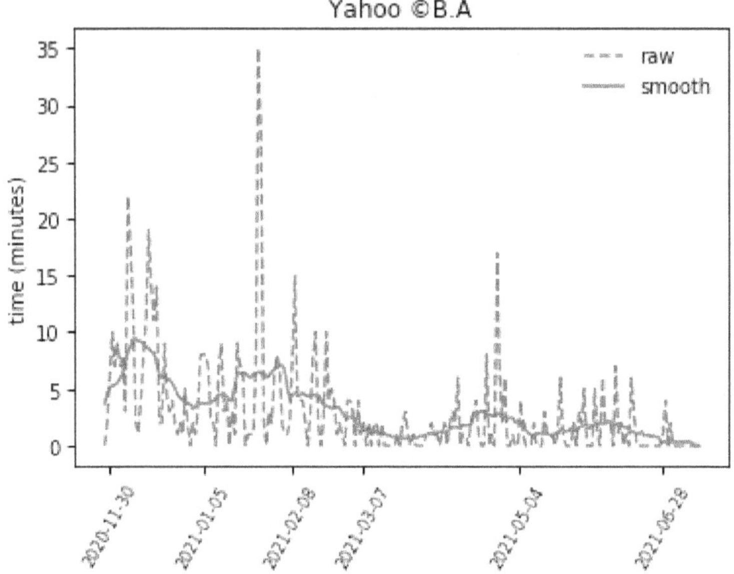

La courbe montre une moyenne d'environ dix minutes au départ, avec tout de même des pics à 35 minutes. Elle a diminué à partir de fin janvier 2021. La fréquence d'une consultation par jour a été scrupuleusement respectée (promis). Les petits pics de temps à autre correspondent à une activité tout à fait normale de lecture et d'écriture de messages.

- YouTube : ce réseau a été la surprise de cette expérience car je n'avais pas prévu de l'analyser. Je ne pensais pas passer tant de temps que ça dessus. Je ne m'en suis rendu compte que début mai 2021 quand affiché la courbe pour la première fois.

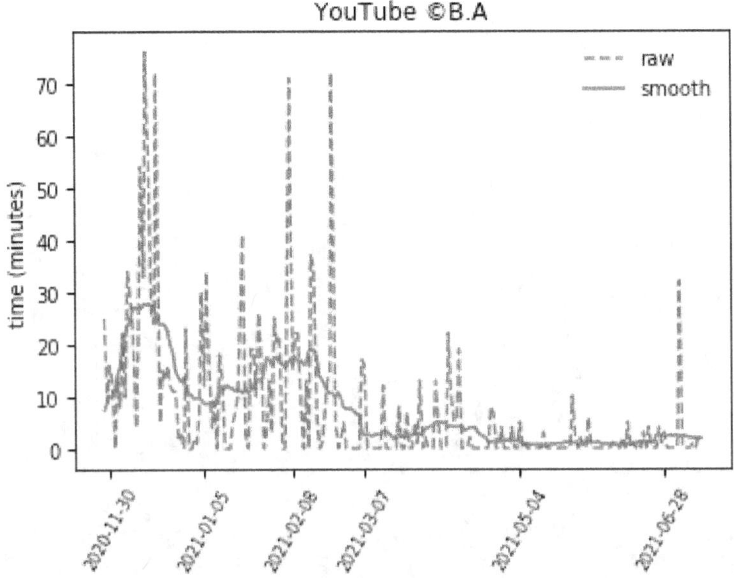

Force est de constater que je passais en moyenne 30 minutes par jour, avec des pics de plus d'une heure ! L'agréable surprise a été de voir que ce temps s'est effondré à partir de début février 2021. Il s'est tassé complètement quand j'ai décidé début mai 2021 que je ne consulterai plus ce réseau sauf au besoin, en allant chercher une information bien ciblée.

- *Facebook :* c'est l'autre réseau que j'ai surveillé. Voici le résultat :

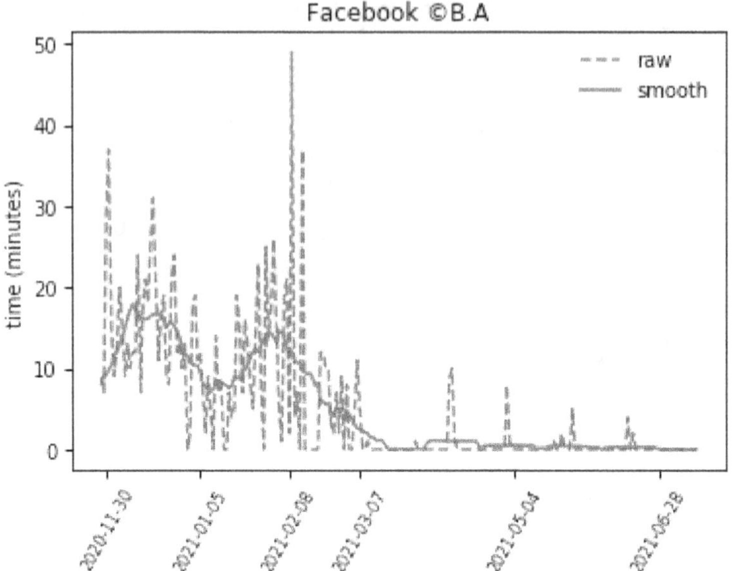

C'est une moyenne de 20 minutes par jour que je passais sur Facebook avec des pics allant jusqu'à 50 minutes. Pour rappel, je me suis définitivement débarrassé de ce réseau à partir de février 2021 en fermant mon compte. On voit sur la courbe que c'est effectivement désespérément plat depuis…

- *Twitter :* je ne consultais pas ce réseau avant l'écriture de ce livre. J'ai ouvert un compte et l'ai fait dans ce cadre-là pour analyser les comportements de groupe (psychologie sociale) et la dynamique de propagation des informations sur la Toile. C'est l'objet du tome 2 du présent ouvrage. Le résultat est le suivant.

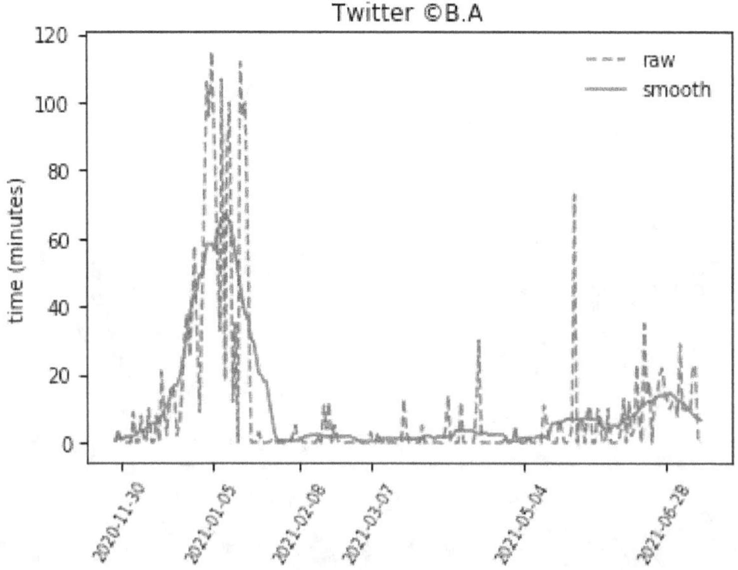

Il y a effectivement un pic qui correspond à une consultation relativement intense puis une chute brutale. Après avoir analysé et pris toutes les notes dont j'avais besoin, j'ai fermé mon compte Twitter le 19 janvier 2021. Quand je reviendrai un peu dessus par la suite, à partir de mai jusqu'à début juillet, c'est juste pour finaliser le tome 2 de l'ouvrage. Vous avez là un petit aperçu en avant-première…

- *Tous les réseaux :* voici le résultat de l'agrégation de toutes les courbes :

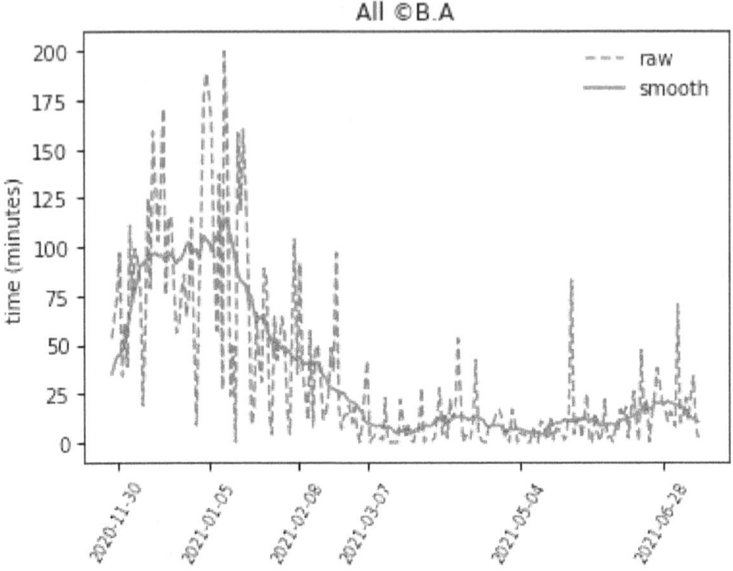

Comme on peut le constater, je passais environ deux heures par jour sur la Toile, les tous réseaux sociaux confondus. Cela correspond à 60 heures par mois ! Mais à partir de janvier 2021, ça a diminué pour se stabiliser en mars autour de 10 à 15 minutes par jour, soit 5 à 7.5 heures par mois.

Si on fait le bilan, pour une durée d'une année, le gain de temps est plus de 636 heures, soit 27 jours pleins !

Sur les huit mois de l'expérience, c'est donc énormément de temps qui s'est libéré pour moi. Cela m'a permis de lire de très nombreux livres, l'écriture du présent ouvrage et de passer infiniment plus de temps avec ma famille. Et je me sens plus libre que jamais !

Cher lecteur, rien n'est sorcier dans la recette comme vous pouvez en juger par vous-même. Ce bilan positif sera aussi le vôtre si vous le décidez. À vous de jouer !

Soyez libres, soyez les auteurs, les vrais, de vos propres histoires.

Et voici mon petit bonus pour la fin. Imprimez-le et faites-en bon usage. C'est un cactus qui guérit et ne pique pas…

Bon courage !

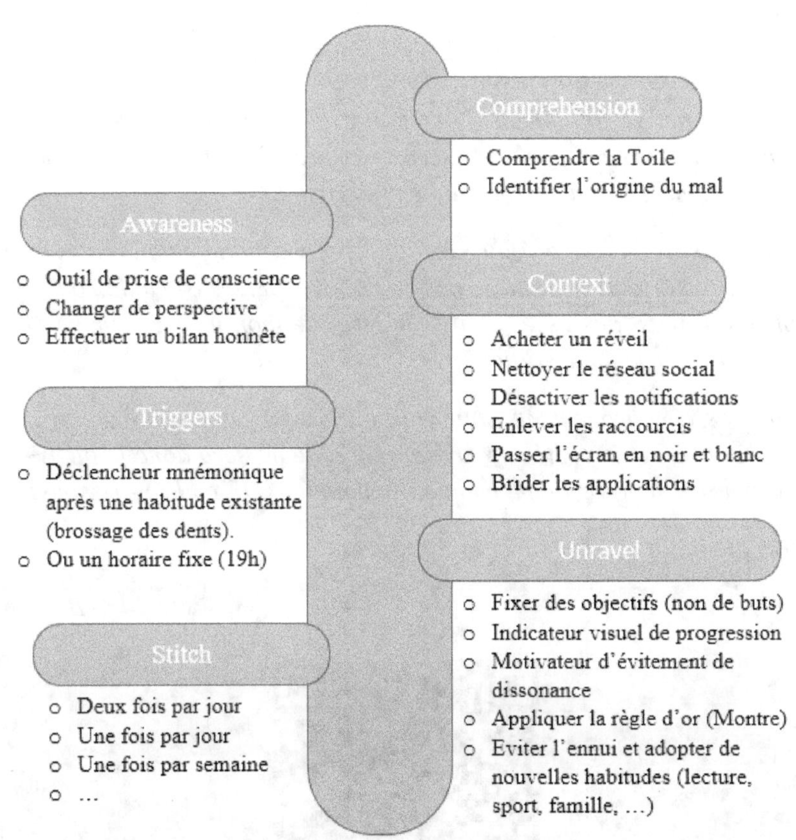

Le cactus de la liberté ©

REMERCIEMENT

Cher lecteur,

Je vous remercie infiniment d'avoir pris le temps de lire cet ouvrage. J'espère sincèrement qu'il vous sera utile. J'espère que vous avez appris des choses en le lisant comme moi en l'écrivant.

Vous pourrez m'envoyer votre critique sur ma boite email, ça me fera plaisir. Et surtout n'hésitez pas à m'interpeller si telle ou telle explication n'est pas assez claire. Je ferai de mon mieux pour corriger cela pour la prochaine édition.

Enfin, vos encouragements sont mon carburant pour continuer à aller de l'avant. Un avis posté sur Amazon ou ailleurs sera donc le bienvenu. Vous pourrez le faire simplement en scannant le QR code ci-dessous.

À très bientôt pour de nouvelles aventures.

– Boussad

Email : boussad83@yahoo.fr

Table des matières

INTRODUCTION 6

Tout a commencé par une remise en question… 6

CHAPITRE I : L'histoire aussi mérite un peu d'attention.................13

De l'homo sapiens à *l'homo distractus*...............................14

Aux sources de la marchandisation de masse de l'attention 15

La marchandisation de l'attention est un art difficile.........................17

Quand la science s'en mêle...20

De l'attention à la fabrique du consentement, il n'y a qu'un pas.........30

Connaitre l'audience pour gagner l'attention.................................40

La Toile n'est pas votre amie.......................................45

CHAPITRE II : Quand la technologie rencontre la psychologie 47

Quand le cerveau bogue..47

La captologie ou le croisement entre technologie et psychologie........57

L'art de booster la motivation sur la Toile.....................................64

De la boite à rats à la boite email.......................72

La récompense de la survie.................................75

La boucle de hook......................................78

Retour sur l'histoire d'un pouce qui fait perdre la tête 83

Le scroll infini ou la fin de la réflexion 85

Le *swipe* ou le conditionnement comportemental poussé à l'extrême.91

Bruler son cerveau pour maintenir la flamme.........................95

CHAPITRE III : la Toile est l'ennemi du bien-être.............................105

Votre sommeil est le pire ennemi de Netflix 105

Des jeux, du cash, du son, et des lumières.........................108

Le cerveau, cet organe complexe et si fragile.........................125

Le bouton fatal 133

40 secondes ou quand la concentration devient impossible 137

Les réseaux sociaux et le cercle vicieux de l'anxiété.......................144

FOMO ou le symptôme de vrais maux 148

CHAPITRE IV : Data, algorithmes, et vous......................................151

La fin de l'anonymat et la vie privée 151

Ni rigolez pas, vous êtes identifiés 160

Quand le voile de l'intime devient transparent 162

La face cachée du nouveau monde 166

Les réseaux de toutes les dérives 171

CHAPITRE V : Le chemin de la liberté 178

Les repentis de la Silicon Valley montrent la voie 178

La détox numérique 189

Le cactus de la liberté 196

1) C : Comprehension (origine du mal) 197

2) A : Awareness (prise de conscience) 197

3) C : Context (Changement d'environnement)..................................199

4) T : Triggers (déclencheurs du bien)...204

5) U : Unravel (détricoter la Toile) 205

6) S : Stitch (maille après maille)..210

Ne pas oublier de fermer la porte..211

Expérience personnelle..214

À PROPOS DE L'AUTEUR

Boussad ADDAD est actuellement chercheur au sein d'un laboratoire privé d'intelligence artificielle. Il est titulaire d'un diplôme de doctorat de l'École Normale Supérieure de Paris Saclay et est lauréat du prix de la meilleure thèse de doctorat de France dans le domaine du EEA (Électronique, électrotechnique, automatique, et traitement de signal), décerné à Strasbourg en 2013. Boussad est aussi un passionné de psychologie et des neurosciences, deux disciplines inspirantes pour ses travaux de recherche en Intelligence artificielle.

DU MÊME AUTEUR

o   *Souveraineté numérique européenne : Innovations, échecs et espoir de 1900 à nos jours, VA Press Editions, juillet 2021.*

o   *La Face Cachée de l'Intelligence artificielle, VA Press Editions, mai 2020.*